中华优秀传统文明的精华

国学经典

林之满／编著

中华上下五千年

辽海出版社

【 第五卷 】

《中华上下五千年》编委会

编者的话

在祖国源远流长的传统文化中，中国历史是祖国文化重要的组成部分。中华民族五千年来创造的奇迹有如夏夜的繁星，数不胜数，向世界展示了东方智慧的无穷魅力。丰厚的文化遗产不仅是炎黄子孙的骄傲，也是我们民族得以凝聚并且繁衍不息的源泉。

历史是一面镜子，任何一个国家和民族都注重用自己的历史教育和鼓励人民，特别是青少年。历史本来是很生动的，现代汉语中有不少词语。特别是成语典故，多半出自各种历史典籍。而现在的孩子很容易被表现形式丰富的西方现代文明"格式化"，对历史知识却产生抵触情绪，这不能不让关注子女成长、渴望孩子成为栋梁之材的家长们为之担忧。在高科技发展的今天，了解和继承本民族优秀的文化传统，对于中国青少年树立民族自尊心、自信心仍是非常必要的。

让广大读者拥有一本有益于心灵成长的历史读物，以便有效、快捷地传播祖国文化，是我们每个人的责任。编者在参考了一定量权威性的历史典籍基础上，取其所长，编写了这套《中华上下五千年》。本书力求全面客观地展示中国历史发展进程中的社会进化、政治演变、经济文化发展和国土开辟等方面的状况。

尊重历史就是尊重我们自己，历史不能割断也不能凭着个人的喜好加以修改。在编写本书的过程中，笔者注重历史读物的真实性，针对历史事件中的存疑之处，反复查找资料，以避免虚构。这样做的目的是让读者在了解历史、开启智慧、培养美德的同时，为读者提供更多、更确凿的历史知识。

本书按历史发展顺序编写，以历史事件、历史人物为主线，所选取的内容上自远古时代，近到中华人民共和国成立。其范围涵盖政治、文化、科学、军事、民族关系等历代重大事件，对少数民族的历史也有相当篇幅进行介绍。

相对于浩瀚的五千年中华文明史，本书所反映的内容是远远不够的。但编者尽己所能，争取在有限的篇幅中集中、准确地描述与之相关的史实。限于笔者的历史知识和文字水平，难免有疏漏之处，敬请专家、学者和广大读者批评指教，同时，我们真诚地希望本书能够得到广大读者的喜爱。

目 录

明 朝

清　朝

中国近代

明　朝

　　明朝（公元 1368—1664 年）是中国历史上继元朝之后的统一王朝。公元 1368 年，朱元璋在应天（今南京）称帝，国号明。同年攻克大都（今北京）推翻元朝。公元 1421 年，明成祖朱棣迁都北京。

　　明朝建立以后，明太祖采取一系列措施加强君主专政制度，从而使明朝中央集权专制空前强化。朱元璋废除隋唐以来的中书省，取消丞相制，集军政大权于皇帝。同时设置翰林院大学士为顾问，后形成内阁制度。中央设置刑部、大理寺、都察院，这种三法司体制对清代有重要影响。

　　明代社会经济发达，农产品丰富，手工业生产具备很高水平，陶瓷业、丝棉纺业、冶炼、建筑等闻名世界。16 世纪隆庆、万历年间，资本主义生产关系开始在若干手工业行业中出现。

　　明代对外交往活跃，郑和先后 7 次率大型船队下西洋，行迹遍及非洲东海岸，促进了中国与亚非各国的经济、文化交流，具有重大的历史意义。明代科技文化在专制主义空前强化的背景下，较之唐宋成就较少。思想家李贽、王守仁等人的学说对后世影响较大。文学作品产生了《牡丹亭》《水浒传》《三国演义》《西游记》等著名作品。同时出现了《三言》《二拍》等短篇小说集及长篇通俗小说《金瓶梅》。科技著作则以《本草纲目》《天工开物》《农政全书》等流传于世。明成祖倡导编著成的《永乐大典》，是我国最大的一部类书。

明代末年，政治腐败，天灾频繁，剥削惨重，崇祯初年陕北爆发农民起义，不久发展为席卷全国的农民大起义。公元 1644 年，李自成率起义军攻入北京，崇祯帝自杀，明朝灭亡。明亡后，明残余势力曾在江南建立过短期的政权，史称南明。

明　　朝

朱元璋登基封王

自从刘福通死后，朱元璋把小明王接到滁州，名义上还接受小明王的领导。到了这时候，他做皇帝的思想膨胀起来，觉得留着小明王对他是个障碍。公元 1366 年，他用船把小明王接到应天，趁小明王在瓜步（今江苏六合东南）过江的时候，派人暗暗凿沉了船，把小明王淹死。

第二年，朱元璋消灭了张士诚割据势力，接着，命令徐达为征虏大将军，常遇春为副将军，率领 25 万大军北伐。过了两个月，徐达的军队旗开得胜，占领了山东。公元 1368 年年初，朱元璋在应天即位称皇帝，国号叫明，建元"洪武"。他就是明太祖。

明军乘胜进军，元兵节节败退。这年八月，徐达率领大军直捣大都，元顺帝逃往上都。统治中国 97 年的元王朝终于被推翻。

至此，朱元璋统一了中国。

创业容易守业难。朱元璋把应天府改称南京。立其结发妻子马氏为皇后，长子朱标为皇太子。当年朱元璋 41 岁。当上皇帝后，朱元璋就想如何才能让他的子孙永远当皇帝，让朱家皇朝，传之千秋万世。

他的第一个办法是把儿子封王。朱元璋的后妃们一共给他生了 26 个儿子、16 个女儿。其中长子朱标封为皇太子，还有一个皇子朱楠，中途夭折，其余24 个皇子，全都封为亲王（也叫藩王），让他们的封地遍及全国，去主宰那里的一切。比如他将二儿子朱樉封到西安（今陕西西安），这里是古代秦国，朱樉便被封为秦王。三儿子朱棡封在太原（今山西太原），这里曾是古晋国，便封为晋王。四子朱棣封在北平（即元大都），称为燕王。以此类推，这 24个王就像一个特大的蜘蛛网，把整个中国都笼罩在朱家的势力范围之内。

亲王府内设置官署，由"相国"主持。还有护卫的军队，有着很大的权力，可以控制当地驻军的调动指挥权。不过当中有一条限制，被分封的各亲王不能干预地方的民政，除王府以外，都归各级地方官吏治理。

第二个办法是大封功臣。所谓功臣是指跟随他打天下的文官武将。这些开国元勋多是有才能的人，笼络住他们，就可以保卫着他的政权。这些功臣封公的7人，封侯的28人。当初随朱元璋起兵的24位将领，除已死的外，都得到封侯。比如徐达封为魏国公、常遇春封为鄂国公、李善长韩国公、李文忠曹国公、冯胜宋国公、邓愈卫国公、汤和信国公。

朱元璋还别出心裁，设立了一个特务机关"锦衣卫"，随时监视大臣们的行动，向皇帝报告。百密还有一疏，国家那么大，人员又那么多，再加上一些贪官污吏从中挑拨离间，自然会生出事来。而朱元璋随着年纪的增大，性格也发生变化，原先那种坦诚待人的长处不见了，变得刻薄、猜疑、凶残、好杀。特别是他看到太子朱标很像他的母亲马皇后，性情朴实，待人宽厚。他怕太子将来驾驭不了那些功臣，从而威胁朱家的皇位，于是朱元璋狠狠心，决定把一些一意孤行、擅权妄法、行动跋扈，能够影响朱家王朝安全的全部杀掉。

洪武十三年、二十六年，朱元璋两次借丞相胡惟庸和凉国公蓝玉谋反案，杀掉了几万人。死于两案的功臣有李善长、陆仲亨、费聚、唐胜宗、张温、曹震、陈桓等人，甚至连元帅徐达也不例外。朱元璋杀红了眼，对自己的亲戚也不客气，他的亲侄子朱文正被他用乱杖打死，外甥李文忠被他派人毒死。"二十四将"中，除花云等少数早期战死的以外，其余的几乎都被他杀死。只有一个汤和，看徐达、李文忠先后被毒死，急忙跑去见朱元璋，主动交出兵权，回家养老，才得以幸免。真是伴君如伴虎，可怜，当年轰轰烈烈的"二十四将"，只有此人得以善终。

逃脱朱元璋毒手的功臣，还有一个刘基（刘伯温），当年给朱元璋出谋划策，功劳不在李善长之下。朱元璋原来也想封他为"公"的，但他坚拒不受，请假回原籍去了。因为他聪慧过人，与朱元璋相识10多年，深知这位朱元璋的为人，所以故意远离皇帝，以图免害。

皇后马氏是个忠厚人，听说朱元璋滥杀无辜，便加以劝阻，但朱元璋不听。马皇后郁郁不乐，后患病拒绝就医，于洪武十五年去世。

太子朱标，性格仁厚，很像他的母亲，眼看父皇暴虐，几次进谏，都被斥退。为了讽喻太子，表明自己的隐衷，朱元璋故意丢一根棘杖在地上，要朱标拿起来，朱标面有难色。朱元璋便语带双关地说："你怕刺不拿，我替你把这些刺拔掉，然后再交给你，你不就敢拿了吗？"

朱元璋见朱标过于柔弱，倒是四皇子燕王朱棣聪颖勇武，有些像他自己，他曾打算把太子朱标废掉，立朱棣当太子，跟几个大臣商量，大臣们都认为废长立幼，不合宗法，都不同意。但朱标知道后，明白父皇不喜欢自己，终日惶惧不安，于洪武二十五年因病去世。太子朱标死后，朱元璋依据宗法原则，便立朱标长子朱允炆为帝位继承人。

明太祖是农家出身的，对农民生活多少有点了解。他即位以后，也注意实行休养生息的政策。他告诫地方官员说："现在天下刚刚安定，百姓财力困乏，好像初飞的鸟，不能拔它的毛；新种的树，不能摇它的根。"他要官员们廉洁守法，不能贪赃枉法，加重人民负担。以后，他又召集流亡农民，开垦荒地，免除 3 年的劳役和赋税；要各地驻军屯田垦荒，做到粮食自给。他还兴修水利，奖励植棉种麻。所以，明朝初年的农业生产有了很明显的发展。新建立的明王朝统治也巩固下来。

胡惟庸案件

胡惟庸是安徽定远人，他是在朱元璋攻取和州的时候前来投顺的，到明朝建立后，他从一个地方的小官吏做到了中书省丞相。

胡惟庸做了丞相以后，仗着皇帝对他的宠任，在朝廷中大肆结党营私，组成了一个以他为首的淮人官僚集团，排斥那些和自己政见不合的官员，稍有不满就招致杀身之祸。由于他位至丞相，不仅自己操纵着生杀大权，有些重大的事性也不向皇帝奏闻总是自己独断专行。在朝廷上下那些专会阿谀奉承看人眼色行事的人纷纷投靠在他的门下，为他奔走效劳。胡惟庸身后有一大批追随的人，他做起事来就更肆无忌惮了，大量贪污受贿，把一些金银财宝、名马器玩都据为己有。

胡惟庸这种行为，引起了朝中一些忠直大臣的不满，其中魏国公徐达就很嫉恨胡惟庸的奸邪言行，便向朱元璋揭露他的种种胡作非为的罪行。胡惟庸听说后，一直怀恨在心，就企图通过收买徐达的看门家人，陷害徐达。尽管他处心积虑地想了很多方法，但最终还是没有得逞。就这样，朝中不管官员地位的高低，只要对自己稍有不满，胡惟庸便想方设法把他除掉。

胡惟庸这种胡作非为也引起了朱元璋的不满。尤其是在朱元璋执政的第九年的时候，由于把行中书省改为布政使司之后，地方的控制指挥权都集中到了中书省，胡惟庸的权力也就更大了。这样，权力欲极强的朱元璋感觉到大权旁落，有一种不安全的感觉。又加上皇太子朱标的性格比较仁弱，朱元璋担心自己死后朱标治不了这些拥权自重的元勋宿将，存在着军事叛变的可能性，便决心为他除去这些障碍。

公元 1380 年，丞相胡惟庸被告发叛国谋反，明太祖毫不留情地把胡惟庸满门抄斩，追究他的同党。这一追究，竟株连文武官员 15000 多人。明太祖一发狠心，把那些有胡党嫌疑的人全杀了。这个案件，成了朱元璋政治斗争的工具。

学士宋濂，是明朝开国初期跟刘基一起受明太祖重用过的人；后来，又当过太子的老师。宋濂为人谨慎小心，但是明太祖对他也并不放心。有一次，宋濂在家里请几个朋友喝酒。第二天上朝，明太祖问他昨天喝过酒没有，请了哪些客人，备了哪些菜。宋濂一一照实回答。明太祖笑着说："你没欺骗我。"

原来，那天宋濂家请客的时候，明太祖已暗暗派人去监视了。后来，明太祖在朝廷上称赞宋濂说："宋濂伺候我 19 年，从没说过一句谎言，也没说过别人一句坏话，真是个贤人啊！"宋濂 68 岁那年告老回乡，明太祖还送他一幅锦缎，说："留着它，再过 32 年，做件百岁衣吧！"

胡惟庸案件发生后，宋濂的孙子宋慎也被揭发是胡党，于是株连到宋濂。明太祖派锦衣卫把宋濂从金华老家抓到京城，要把他处死。

这件事让马皇后知道了。马皇后劝明太祖说："老百姓家为孩子请个老师，尚且恭恭敬敬，好来好去，何况是皇帝家的老师呢。再说，宋先生一向住在乡下，他孙子的事他怎么会知道？"

明太祖正在火头上，不肯饶恕宋濂。当天，马皇后陪明太祖吃饭。她呆呆地坐在桌边，不沾酒，也不吃肉。明太祖感到奇怪，问她是不是身子不舒服。马皇后难过地说："宋先生犯了死罪，我心里十分难受，在为宋先生祈福呢。"

马皇后是跟太祖年青时候共患难的夫妻，明太祖平时对她比较尊重，听她这一说，也有点感动，才下令赦免宋濂死罪，改罚充军茂州（今四川茂县）。70 多岁的宋濂，禁不起这场惊怕，再加上路上劳累，没到茂州就死了。

过了 10 年，又有人告发李善长和胡惟庸往来密切，明知胡惟庸谋反不检举揭发，犯了大逆不道的罪。李善长是第一号开国功臣，又是明太祖的亲家。明太祖大封功臣的时候，曾经赐给李善长两道免死铁券。这一年，李善长已经 77 岁了，明太祖下令把李善长和他的全家七十几口全部处死。接着，又一次追查胡党，处死了很多人。

自从胡惟庸案件发生以后，明太祖觉得把军政大权交给大臣不放心，就取消了丞相职位，由皇帝直接管辖吏部、户部、礼部、兵部、刑部、工部 6个部的尚书(官名，部的长官)；又把掌握军权的大都督府废了，改设左、右、中、前、后 5 个都督府，分别训练兵士，需要打仗的时候，由皇帝直接发布命令。

这样一来，明朝皇帝的权力就大大集中了。

事情并没到这里结束。过了 3 年，锦衣卫又告发大将蓝玉谋反。明太祖杀了蓝玉，追查同谋，又有文武官员 15000 多人受株连被杀。

这两桩大案，几乎把朝廷的功臣一扫而空，明太祖的专制和残暴在历史上也就出了名。

明太祖严惩贪吏

明朝建国之后不久，官吏贪赃枉法的事到处发生，为了巩固自己的统治，明太祖朱元璋想出了一个惩治贪官污吏的办法。他让各府、州、县和卫所在衙门的左边修一座小庙，里面供土地神；在官衙大堂公座的左边，悬挂着一个人皮楦（音 xuàn）满草的袋子，叫"皮草囊"，据说全国都是如此。土地庙到处都有，为什么这座小庙必须修在官府衙门的左面呢？原来这庙是扒贪官皮的场所，因此人们叫它"皮场庙"。

用这种手段惩治贪赃枉法的官吏，看起来的确有点残酷，但是也说明了明太祖对贪官污吏的愤恨心情。明太祖深知"官逼民反"的道理，他从元朝的灭亡中总结出一条经验，他说："元朝因为宽容放纵贪官污吏，把江山丢掉了，如今我得天下，若不用严刑峻法便不足以矫正积弊！"因而他建国以后，多次严申惩治贪官之令，法禁十分森严。规定官吏贪赃 60 贯钱（每贯 1000 文钱，约折银一两）的便绞死示众，然后剥皮实草，做成人形袋子，挂在当地衙门的大堂上，以儆效尤。明太祖还颁布了一道命令，允许乡亭老人（里甲编制中负责水利兴修、风俗教化以及民事纠纷的人）有参议政事的权利。

洪武四年（公元 1371 年），明太祖派人对所有官吏进行考查，杀了一大批贪婪的官僚，尤其杀了一些污吏。因为这些人营私舞弊，勒索乡民。可是杀了这些官吏，谁替国家征收赋役呢？明太祖想了个新办法。他叫主管赋税的户部查勘百姓的土地，以赋税一万石为一个单位，选其中地多的当粮长，由粮长负责征收所管范围的赋税，上纳国库。但是没过多久，明太祖察觉到这些粮长并非良善。他们为了躲避赋役，把自己的田产假托在亲戚、邻居、佃户和仆人的名下，和官吏勾结，乡里欺骗州县，州县欺骗府，使国家税收受损失。他们巧立名目盘剥百姓，甚至吊打百姓替他们缴纳税粮。在编册的时候，又从中捣鬼，多派加征，以至谎报灾情，贪污中饱。明太祖发现这种情况，非常生气，一次就杀死了不法粮长 160 名。

一次，明太祖听说福建参政（协助主持地方政务的布政使）魏鉴、瞿庄用鞭子打死了一个官吏，非常高兴，亲自写了一封玺书嘉奖他们。

洪武十八年（公元 1385 年）三月，发生了一起震动全国的"郭桓案"。郭桓在洪武十七年五月当户部尚书，第二年一月降为户部侍郎。在头一年收缴浙西（今浙江省北部）秋粮的时候，他和地方官黄文通、奸吏边源等人相互勾结，通同作弊，大搞贪污活动。本来，浙西税粮应上缴国家粮仓 450 万石，他们只缴了 60 万石，另缴 80 万锭银子给国库，以当时银价和粮价折算，这 80 万锭可以顶 200 万石粮食，其余的 190 万石粮食都被他们贪污了。他们还合伙私分浙西各府钱钞 50 万贯。郭桓又和官吏张钦合伙吞没应天等 5 府所属州县 10 万亩官田的夏税秋粮。

郭桓利用自己是征收赋税最高主管官员的有利条件，上述几桩大的贪污罪行都没有暴露。他胆子越来越大，竟然把军用粮仓里的 3 年积蓄盗卖一空。当时全国除京师应天外，总共有 13 个布政使司（相当于今天的省），他利用职权，和 12 个布政使司的官吏相勾结，盗卖存在仓库里的粮食，还和管理贮存金银钱钞的府军官员范朝宗、张裕合伙偷盗金银，假借名义窃取钱钞 600 万张。如果把郭桓贪污盗窃的金银钱钞折成粮食，加上他合伙贪污的粮食 700 万石，总共达 2400 余万石精粮，这个数字和当时全国的秋粮实征总数几乎相等。

这个案子使明太祖大为震惊。他不是不知道官吏有贪污行为，郭桓案发生之前，他就反复琢磨，官吏刚提拔的时候，还忠诚廉洁，可是在任一久，便都奸诈贪污，很少善始善终，多是贪赃枉法被杀，这是什么缘故呢？他想，六部和府州县官多是儒生，不懂这一套，多是奸吏捣鬼，拉官员下水，所以他让当时的刑部（主管法律、刑罚的机构）尚书开济把记载铺粮数目的一二三四五六七八九十百千，改作壹贰叁肆伍陆柒捌玖拾陌阡，防止奸吏涂改账目，从中贪污。后人又把"陌阡"写作"佰仟"，这就是至今还在沿用的大写数字的由来。这次郭桓贪污案数目这么大，审案中又发现这个案子和户部侍郎胡益、王道亨，礼部尚书赵瑁，兵部侍郎王忠，刑部尚书王惠迪，工部侍郎麦志德等以及整个六部上下大小官员几乎都有关系，这就无法用奸吏捣鬼来解释了。突然发现朝廷大小官员都是些贪婪之徒，便狠了狠心，下令把赵瑁、王惠迪、主犯郭桓以及六部左、右侍郎以下官员都杀了，江南不少富户也牵连被杀，总共杀了几万人。

杀了这么多人，引起了地方和官僚的不满。可是他们不敢说盗卖官粮合法，也不敢说杀那些贪官污吏不对，就把矛头对准具体处理这个案子的御史和法官，一时议论纷纷，咄咄逼人。

明太祖心里明白这是对着他来的，觉得这个矛盾再发展下去，对自己非常不利。他就在公布郭桓等人的罪行的同时，把审判此案的法官吴庸等人也杀了，还下了一道诏书，名为"大赦天下"，对此案不再追究。他又对地主官僚进行安抚，从而结束了这个案子的蔓延。

为了进一步防止贪污案件的发生，明太祖还亲自编写了《大诰》，其中有不少法律是针对贪官污吏的。经过一番整治，贪赃枉法的事情少多了，同时吏治和社会风气也有了一些改变。

施耐庵著述《水浒传》

《水浒传》是中国家喻户晓的"四大名著"之一，它是中国历史上第一部描写农民起义的小说，作者施耐庵是明初著名的小说家，原籍江苏兴化县白驹场（今属大丰市），他本名可能叫施彦端，元末由于战乱，他曾流寓浙江，明初回到故乡，死后葬在兴化县施家桥，墓地至今尚存。施耐庵和刘伯温的交情不错，他们曾拜大儒郑复初为师，成为郑复初最看重的弟子。

《水浒传》是施耐庵在宋元以来广泛流传的民间故事、话本、戏曲的基础上进行综合性的再创作。宋江等36人在水泊梁山的农民起义是其创作的历史根据。在戏曲发达的元代，出现了一批水浒戏，人物故事日益丰富起来，水浒英雄也由36人增至72人，又发展到108人。施耐庵在这一基础上，广泛搜集民间传说，加以连缀改编，写下了这部不朽巨著《水浒传》。

施耐庵创作的《水浒传》共100回。全面反映了以宋江为首的农民起义斗争由产生到发展，最后以失败告终的全过程。故事的开始是具体描写各路英雄遭受种种迫害，纷纷被逼上梁山聚义的经过；接着写众好汉聚众起义，攻夺城池，与官军苦斗的历程；小说的最后写起义军在宋江的影响下，接受朝廷的招安，并被派征战辽兵。

在小说的开始，作者深刻地挖掘了农民起义的社会根源，全面地描写了起义发生的现实背景。北宋末年，宋徽宗昏庸无能，"浮浪破落户子弟"高俅因踢得一脚好球，就受到徽宗的赏识，没半年功夫，就提拔他为殿帅府太尉职事。从此，高俅营结私党，与蔡京、童贯之流的奸佞狼狈为奸，把持朝政，无恶不作。高俅的螟蛉义子高衙内依仗高俅之势，在东京任意淫污他人妻女，大肆搜刮民脂民膏，无法无天，为所欲为。处于社会基层的一帮贪官污吏，

土豪恶霸，如张都监、蒋门神、祝朝奉、毛太公以及西门庆之流，也是横行霸道，欺压百姓，在如此黑暗的社会里，处于水深火热之中的人民忍无可忍，揭竿而起，一场大规模的农民革命气势磅礴地展开了。

接着，小说描写了众英雄被逼上梁山的过程，其中，以林冲的故事具有典型意义。林冲原是东京80万禁军教头，为人忠厚耿直，后来遭高俅陷害，被逼无奈之下杀死仇人上了梁山。

书中其他被逼上梁山的英雄们，虽被逼迫的原因各不相同，但所遭受的苦难、屈辱是一致的。官逼民反，民不得不反。这群梁山好汉在宋江的领导下，与官兵进行英勇不屈的斗争，取得了两赢童贯、三败高俅等一系列的辉煌胜利。在取得胜利之后，起义军却出人意料地走向了接受朝廷招安的结局，以至招安以后，死的死，散的散，一场波澜壮阔的农民运动从此销声匿迹了。

《水浒传》中义军接受招安的结局正是历史上农民起义失败的一种形式，这种结局的产生在故事的前70回情节中已埋下了伏笔。

随着梁山革命事业的发展，一大批统治阶级中的人物由于各种原因被逼上梁山，他们加入革命队伍的目的，大多只是暂找一个安身之处，等候日后招安。起义军的领袖宋江是这类人物的代表。作为义军领袖，他自有过人之处。他反对强暴，同情人民疾苦，喜欢救济穷人，急人所难，因而外号"及时雨"。他为人精明干练，懂得斗争策略，并有广泛的社会关系，上至官僚地主，下至江湖好汉，与他均有深厚情谊，所以，只有他才能将梁山好汉紧密地团结在自己的周围。但是，他的阶级立场和他的忠君思想，使他最终将义军引向招安之途。

作为第一部描写农民起义的小说，施耐庵的《水浒传》对历来为封建统治阶级所污蔑、攻击的起义英雄作了生动出色的描绘，在他的笔下，诞生了一大批有血有肉、个性鲜明的光辉形象。李逵和鲁智深是其中杰出的代表。

李逵纯朴天真，对贫苦人民怀有深厚的感情，同时也有简单、鲁莽之嫌；鲁智深做过提辖官，天生具有好打抱不平的仗义胸怀。他救援被欺凌者，从不考虑个人得失，这位单纯、朴实的英雄在全书中独具光彩。

施耐庵曾在张士诚幕府任职多年，经历了火与血的洗礼，为他写作《水浒传》中那个刀光剑影的世界，奠定了深厚的生活基础。施耐庵博古通今，才气横溢，读遍诸子百家之书，熟记骚人墨客之句。天文、地理知识、医卜、星相之术，无所不晓。他隐居讲学期间，投奔到其门下的弟子络绎不绝。业余时间，他从未间断《水浒传》的写作。

《水浒传》一经问世，人们争相传阅，爱不释手。

施耐庵的《水浒传》对后世产生了广泛而深远的影响。书中的反抗精神、革命乐观主义精神极大地鼓舞了明清时期的农民起义。无数个起义领袖从中获得巨大的力量，学习到丰富的斗争经验和方法，以至于引起封建统治阶级对此书的痛恨，明清两代都曾将它列为禁书。《水浒传》中一个个光辉的英雄人物，一直活在人民的心中。无论如何的禁毁，这部作品已在人民群众中间深深地扎下了根，其巨大的影响是任何一个统治者都抵制不了的。

作为一部优秀的文学作品，《水浒传》对后世的小说、戏剧、民间文艺也产生了难以估量的作用。它不仅为后世的文学提供了大量的素材，而且，它在创作手法、结局安排、人物塑造、语言运用、细节描绘、场景渲染等方面均有大量可资借鉴的地方。在历史的长河中，它无愧于是一颗璀璨的文学明珠，永放异彩。

罗贯中重写三国史

《三国演义》是我国最有成就的长篇历史小说，也是我国章回小说的开山之作。

罗贯中，名本，表字贯中，别号湖海散人，山西太原人（一说浙江钱塘）。他生于元代末年，逝于明朝初年。他聪明机智，富有谋略，胸怀天下，并有一定军事才能、政治斗争经验。据说，罗贯中曾做过元末农民起义领袖张士诚的幕僚。他生活的元末明初，社会动荡不安，人民颠沛流离，他过着避无定所的日子，四处漂泊。在义军领袖张士诚被朱元璋打败以后，罗贯中就退而从事历史小说的创作，《三国演义》是他的代表作。

早在晋代和南北朝时期，民间就广泛流传三国的故事。唐宋时，有许多艺人表演说唱三国故事。元代，三国故事更被大量地搬上舞台，今存最早的一部元代刊印的《全相三国志平话》是民间传说中三国故事的写定本，已粗具《三国演义》的规模。书中有大量的不同于正史的附会与传说，这一未经文人润色的民间艺人作品，文笔粗糙，叙事简略。

正是在这些民间作品、传说、戏曲的基础之上，明初小说家罗贯中利用陈寿《三国志》和裴松之注的正史材料，结合他本人丰富的斗争经验，写成了这部波澜壮阔、影响深远的《三国志通俗演义》，即《三国演义》。

《三国演义》描写了公元 184 年至公元 280 年间共 97 年的历史故事，起自黄巾起义，终于西晋统一。书的开篇写东汉末年统治阶级的腐朽昏庸，民不聊生,社会矛盾激化,人民纷纷揭竿而起,形成了声势浩大的以张角为首的黄巾大起义。其次写大小军阀对农民起义军的镇压,董卓的凶残暴戾以及17镇诸侯联合声讨董卓。董卓败亡之后,曹操权势日重,挟天子以令诸侯。在稳固了北方之后,进兵江南,准备消灭孙权和刘备的势力。魏、蜀、吴三国鼎立对峙,相互争斗。最后西晋代魏,消灭蜀、吴,三国尽归司马氏,长期的分裂局面结束,中国复归统一。

在此书中,罗南中通过对三国纷争离合的故事情节描写,刻画了许多具有鲜明性格特征的典型人物。有人赞誉他塑造人物有三绝,即曹操奸绝,刘备义绝,诸葛亮智绝。作者从正统观念出发,表明了拥刘反曹的思想趋向,故而,他将刘备描写成宽厚仁爱、坚守信义的典型。刘备初做安喜县尉时,就"与民秋毫无犯,民皆感化"。在新野,老百姓歌颂他:"新野牧,刘皇叔,自到此,民丰足。"他知人善用,用人不疑,对贤士推心置腹,受人敬仰。比如,他初见赵云之时,就起敬爱之心。在长坂坡,张飞等人都怀疑赵云去投奔曹操了,刘备却毫不怀疑地说:"子龙从我于患难,心如铁石,非富贵所能动摇也。"对待诸葛亮,他的始终敬爱信任,更是人所共知的,从三顾茅庐到临终时的白帝城托孤,无不体现他对诸葛亮的由衷信赖。

曹操是个有争议的人物,他在杀吕伯奢全家时说的那句"宁教我负天下人,休教天下人负我"是他一生的为人准则。《三国演义》中奸雄曹操残酷、诡诈的性格与刘备的宽厚、忠义形成鲜明对比。曹操为报父仇,进攻徐州,所到之处,大杀百姓,还掘墓鞭尸。他为了追查在许都纵火的耿纪的余党,用诡诈的卑鄙手段将300多人尽行斩杀。再如,他痛恨祢衡,却借黄祖之手杀之;忌恨杨修,却加之以扰乱军心的死罪。他生性阴险、残忍、善疑,为防范行刺而"梦中杀人",所有的行为,都体现了他那一代奸雄的本性。

诸葛亮是《三国演义》一书中光彩四溢的人物。这位手持羽扇、温文尔雅的书生,不同于那些"笑下虽有千言,胸中实无一策"的文人,他神机妙算,具有惊人的智慧和绝世的才华。对政治、军事、外交无所不能,无所不精,对天下大事了如指掌。初出隆中，就向刘备提出据蜀、联吴、抗魏的长远战略思想。赤壁之战，他有胆有识，孤身来到吴国，舌战群儒，终于争取到强有力的同盟。他三气周瑜，七擒孟获，六出祁山，为了天下大业，"鞠躬尽瘁，死而后已"。他作为杰出的政治家和军事家的典型，是忠贞和聪明智慧的象征。

《三国演义》在重要战役和战争场面的描写上极富特色。官渡之战、夷陵之战、赤壁之战等都非常精彩。《三国志》中有关赤壁之战的文字甚为简略，不过寥寥数语。但到罗贯中笔下，则用8个回目，4万字左右的篇幅将这一战役渲染得波澜壮阔、淋漓尽致。从决策阶段的诸葛亮出使东吴，舌战群儒，说服孙权、周瑜联合抗魏，到备战阶段，周瑜分析曹操派人诈降，又被周瑜识破并加以利用，而诸般妙计都不出孔明的意料。最后写火烧赤壁的场面，硝烟弥漫，刀光剑影，一片火海，场面壮观，情节紧张，惊心动魄，扣人心弦。这种磅礴气势充分显示了罗贯中丰富的想象力和高超的写作技巧。

《三国演义》对后世的影响是惊人的。它的出现，标志着历史小说的辉煌成就。从此，历史小说大量兴起，层出不穷。在戏曲中，也由此出现大批三国剧目，历代盛演不衰，深受人民群众的喜爱。书中的奇谋妙计、战略战策，对后世的农民起义产生很大的启发，张献忠、李自成及洪秀全等人皆从中得到不少启示。这部在中国家喻户晓的小说，体现了作者罗贯中高度的智慧、惊人的才华及独具的匠心。罗贯中和他的《三国演义》将永远流传在世间，魅力永存。

靖难之变

朱元璋65岁的时候，太子朱标病死，其子朱允炆以长孙的地位，被立为皇太孙。各地的藩王大多是朱允炆的叔父，眼看皇位继承人落在了侄儿手里，个个心里很不舒服。众藩王中，实力最强的是燕王朱棣，他智勇过人，经常出塞巡边，筑城屯田，用兵8万，还管制着守卫边境的各支部队。听到这一消息，朱棣心里很不是滋味。

朱允炆对此也有所察觉，心中总想着有什么好办法来对付这些兵权在握、虎视眈眈的叔叔们。有一天，他独自坐在东宫的东角门口，双眉紧锁，忧虑重重，不时长吁短叹。他的伴读老师、太常寺卿黄子澄刚巧从这儿走过，连忙走上前去，问："殿下，您有何事发愁？"朱允炆回答道："现在我的几位王叔都重兵在握，将来我当了皇帝，怎么能管得了他们呢？"

黄子澄没有正面回答，而是先举了个例子，说："想当初吴、楚七国，虽然势力非常强大，但是当他们发动叛乱时，汉景帝一出兵，他们纷纷垮了。诸位王叔虽然拥有护卫兵，但只能自守，难以进攻。如果万一闹事，只要兴师征讨，完全可以歼灭。您是皇上嫡孙，顺应天理，将来不必怕他们造反。"朱允炆听后，心总算放宽了一些。

公元1398年，明太祖朱元璋驾崩，皇太孙朱允炆即位，这就是明惠帝，历史上又叫建文帝。

朱允炆虽然当了皇帝，但是几位王叔的事总让他有些心神不宁，从此添了心病，总怕自己的皇位不牢固，而且，京城中一直在传说几位藩王正在互相串联，准备谋反。听到这些，他更加害怕起来。一天，他把黄子澄找来和大臣齐泰一起商议此事。齐泰认为诸王之中，数燕王兵力最强，野心最大，应该以迅雷不及掩耳之势，首先削夺燕王的兵权，达到杀一儆百的目的。

黄子澄不同意这个做法。他认为燕王信居北平，握有重兵，而且早有准备，如果先从他下手，容易打草惊蛇，反而会逼得燕王联手其他几个藩王共同谋反。这样一来，成功的机会太小，风险太大。他认为，不如先把实力稍弱的几位藩王搞掉，然后再收拾燕王。到那时，燕王孤掌难鸣，事情就好办多了。他还建议，先从周王身上下手。因为周王朱橚是燕王朱棣的同母弟弟，与燕王最为亲近，实力很有限，如果拿他开刀，他绝不敢反抗，一定会旗开得胜！"

朱允炆听了他们的意见，感到很满意，马上就派人到河南把周王朱橚抓起来，押到南京，削去王位，充军到云南。接着，他又派人去逮捕湘王朱柏，朱柏见大事不妙，自焚而死。他又设计把齐王朱榑诓骗到应天，软禁起来。随后，又把代王朱桂削职为民，幽禁在大同。

这样一来，没用多长时间就把这4个亲王的兵权削掉了，朱允炆暗暗高兴。下一步，准备削夺燕王朱棣的权力。其实，燕王早有觉察。他看到几个兄弟一个个被削去王位，看来自己也不能幸免。于是，便以朝贺朱允炆改元为名，带上儿子朱高炽等人，昼夜兼程，亲自前往应天探听虚实，以寻求对策。为使朱允炆放心，朱棣回北平时，故意把朱高炽留在应天。

朱棣回到北平后，假装得了疯病，成天胡言乱语，有时候几天都卧床不起，甚至躺在地上睡觉。朱允炆起初不相信，几次三番地派使臣前去探病。

一次，使臣刚进燕王府，就见燕王一个人拄着拐杖在院里慢步闲走，见了他们就像没看见人一样。下人扶燕王走进房子。当时正是盛夏，燕王却直喊"好冷，好冷！"给他搬来一个炉子，他紧围着炉子，仍然缩着身子，浑身打着哆嗦，不住地喊冷。使臣们都相信，燕王是真的疯了，回去后向朱允炆如实禀告，朱允炆信以为真，还允许朱高炽回到父亲身边。其实，燕王一直在暗中加紧练兵，做好了夺取中央政权的准备。

狡猾的齐泰、黄子澄对燕王的病情有点怀疑，多次劝朱允炆要有所警惕，朱允炆也加紧调兵遣将，加强了对朱棣的防备。

1399年夏天，燕王府护卫百户倪谅到应天告发燕王图谋反叛。朱允炆马上下令逮捕燕王府的官员和燕王的家属，还特令北平驻军谢贵、张昺率军围攻燕王府，约定燕王府的一些官员做内应，秘密命令北平都指挥使张信带兵逮捕朱棣。

张信早已站在燕王一边，他给燕王通风报信。燕王一得到消息，马上就密谋布置。首先把谢贵和张昺两人诱入府中杀掉。然后把燕王府里充当内应的官员都抓了起来。他来了个先发制人，宣布起兵。

燕王是个十分精明的人，他深知朱允炆是个名正言顺的法定皇帝，如果自己公开打出反叛的旗号，对自己不利。于是，他搬出了明太祖朱元璋在《祖训》中所说的话："朝无正臣，内有奸逆，必举兵诛讨"。他以"清君侧"为理由起兵，说要帮助建文帝朱允炆除掉奸臣黄子澄、齐泰。

燕王领军南下，直指京都应天。朱棣本是一位具有丰富带兵经验的宿将，手下又有一支经过长期严格训练的精兵。再加上他驻扎北平已经很久，多年苦心经营，附近的各郡县卫所都受他的统辖节制，所以他一起兵，就得到各方响应，纷纷前来投奔，士气十分旺盛。他率兵很快就攻取了蓟州、怀来、永平、通州等地。

朱允炆虽然处于正统的有利地位，但他是个迂阔懦弱、优柔寡断的人，远远不是燕王的对手。而且，明朝的许多开国元老们都被猜忌多疑的朱元璋诛杀殆尽，他手下缺少精兵强将。手下的许多官员，皇宫里的许多太监，见大事不妙，纷纷投靠了燕王。朱允炆害怕了起来，连忙撤了黄子澄、齐泰的职，并派人求燕王退兵。

燕王哪里肯就此罢休，他率兵一路冲杀，势如破竹，意欲直捣黄龙。燕军节节胜利，士气越来越高。公元1401年，燕王率军大举南下，直向应天而来。翌年四月，燕军攻打庆壁，遇到了南军的顽强抵抗，双方打得难解难分，十分激烈。这时，燕军有些踌躇不前，有些将领提出暂时撤兵。燕王坚决不同意。斩钉截铁地说："这次进军，只能前进，不能后退！"没多久，燕军发起突然袭击，打得南军一败涂地。

朱允炆无计可施，只好再派人和燕王议和，愿意割让土地，请求燕王退兵。燕王眼看京城唾手可得，自然不愿就此罢休，一口回绝，同时加紧了进攻。

这年六月初三，燕军誓师渡江，直指应天。朱允炆看兵临城下，形势危急，命令手下将士死守。但没过几天，应天守将李景隆打开京师金川门投降，城被攻破。

燕王率领军士进城，威武壮观，文武百官纷纷在道路两旁跪着迎接。燕军进城后，只见皇宫大火熊熊，正在燃烧。燕王马上派人把大火扑灭，已经烧死了不少人。接着，他查问朱允炆的下落。有人报告说，燕军进城之前，建文帝朱允炆下令放火烧宫，他和皇后都跳到火里自焚而死。也有人报告说，他已经从地道逃出了京师。究竟他是死是活，很难确定，为后人留下了一个解不开的谜团。

历史上把明朝的这次内战叫做"靖难之变"，靖难是指平定内乱的意思。至此，经过4年作战，燕王朱棣终于在1402年夺得了梦寐以求的皇位。这就是明成祖。到公元1421年，明成祖迁都北京，自那时候起，北京一直成为明朝的京城。

成祖励精图治

明成祖朱棣是个很有作为的皇帝。他不仅有军事才能，同时也有政治远见。明成祖对那些跟随他同舟共济的功臣，采取了完全不同于他父亲的办法。他对功臣们说："君臣之间不能善始善终，原因是互不信任。如果彼此不相信，就是父子也会闹翻的，何况君臣呢？我对功臣宽厚诚恳，经常看好的一面，不夸大缺点，根据才能任用。"事实也是这样，只要是他选中的人，他就相信不疑。永乐的时候，御史弹劾西宁侯宋晟专权，不经报告就处理事情。明成祖对这位御史说："任人不专能办成事情吗？况且一个大将远在边关，怎么能要求他事事都根据朝廷的旨谕呢！"随即下了一道敕令，叫宋晟根据实际情况处理一切事宜。

明成祖对有功之臣也不是一味姑息，如果有人真正犯了法，他也不容情。有个武官犯罪，刑部官员说他曾立过功劳，请论功定罪，明成祖很不高兴，说："执法应该公正，赏罚应该分明，不能以功劳掩盖过错，不能以私情废了公平。

过去有功，已经给了奖赏。今天犯法不治罪，那是纵恶。纵恶怎么能治天下？不是论功定罪，而是要依法治罪。"

明成祖很讨厌阿谀奉承。一次贵州布政司上奏说，皇帝颁发的恩诏到了思南府（今贵州省思南县）的时候，听到太岩山间有呼万岁声在回荡，这是皇上的威德远加山川的灵验。大臣们听了这段话都来祝贺。明成祖对他们说："呼噪山谷之间，虚声相应，这是常识，有什么可奇怪的。当大臣的不能辨明是非，想用阿谀讨我的欢心，不是贤人君子的行为！"那些大臣碰了一鼻子灰。

明成祖主张天下事不可不周知，人生艰难不可不涉历，闻见广而涉历多，自然心胸开阔。这样处理事情便会得当一些。所以他不让皇储老待在宫里，经常派他们到山东、河北一带去视察。一次，他的儿子朱高炽视察河南，看见百姓生活十分困苦，下马走进路旁一家农民的家里，眼见土屋窄小，大人衣不蔽体，小孩光着屁股，吃的是糠茶做的窝窝，一个个面黄肌瘦。这位太子竟然掉了几滴眼泪，叫当地官府周济了他们。朱高炽回来之后把这事儿告诉了他的父亲。明成祖叫来户部大臣，训斥说："河南民饥，有司不据实报告，竟然虚报丰收，如此欺罔！"于是下令处治了当地官吏，而且还通报全国各地方衙门："自今以后，凡民间水旱灾伤不上报者，一律治罪，决不宽容。"

为了治理好天下，明成祖还没有忘记"人君一衣一食，皆民所供"这个事实，所以他很注意人民的休养生息。一次通政司（管章奏的机构）的官员报告说，山西有人上报介休县（今山西省介休市）出五色石，做器皿极为好看。明成祖说："这家伙想当官。这些年来打仗、灾荒，百姓够苦了，还要给他们增加负担吗？要知道官求一物，百姓就要受一害。况且这种东西有什么用，把这人赶走！"

后来他叹息说："我要什么没有？就是一天换10件新衣，也是有的。但是，人在福中要知福，懂得俭省。记得过去我母亲虽为皇后，总是亲自缝补旧衣服穿。我实在不敢忘记过去。"说罢还心酸地落了泪。

明成祖在位期间，除了早朝之外还有晚朝。晚朝常在右顺门内，百官奏事退朝后，他把六部尚书等近臣留下来，再商量一些事情。他觉得早朝奏报的事情较多，没时间深入交谈，晚朝事情少，君臣之间可以深入讨论，畅所欲言。

明成祖很重视人才的选拔，喜欢别人直言。他认为要把国家治理好，"必资贤才"，一定要靠有才能的人，而且任用时要根据特长安排。他特别告诉吏部，选人时要辨别好坏，衡量时要做公正，不能感情用事。他还提醒吏部，在用人上要强调德行。他说："君子为了国家不计个人得失，所以敢直言，不怕丢官丧命；小人为了个人不考虑国家，所以溜须拍马，只想升官发财！"

明成祖鼓励臣下敢说话，说真话，他不止一次地给大臣们讲："每个人的才识都不同，长于此或短于彼。我也一样。因此，如果我有了什么过，你们就明确指出来，我绝不责怪。"他对敢说真话的人就奖励，对不直言的就责备。永乐初年，浙江义乌县教谕上表，陈说了几件地方上当办的事情，希望皇帝能"虚心纳言"。明成祖通令嘉奖了他，并把奏折拿给六部大臣们看，他说："远在下南的官员都能存心国事，你们在我左右，更应该如此。"

在明成祖励精图治之下，永乐年间的文治武功都是卓有成效的，除了个别地方，大部分地区经济情况良好。公元 1403 年，集中了将近 300 人修了一部 22000 多卷的类书《永乐大典》，这部大型类书把经史子集、百家之书，以及天文、地理、阴阳、医卜、僧道、技艺等各类言说，按字、句、篇名、书名分韵收录。其中有许多元代以前的珍贵文献。明成祖开"四夷馆"，选年少生员学习外文，开设了贵州布政使司，又设置哈密（今新疆维吾尔自治区哈密市）等 300 多个卫所。当时全国幅员广大，疆域辽阔。政治比较清明，经济有了很大的发展。

三保太监下西洋

郑和，本姓马，名和，小名三宝，云南昆阳（今云南晋宁县）人。洪武十四年（公元1381年），朱元璋的大将沐英出兵云南，年仅10岁的郑和被明军掳走，后辗转送至燕王朱棣身过，成了燕王府中的一个小宦官。

朱棣起兵篡夺帝位之时，将三宝派到军中，因他足智多谋，精通兵法，立下了不少战功。朱棣即位之后，晋升他为内宫太监，对他宠信有加，还亲自书写了一个大大的"郑"字赐给三宝为姓，从此，他便叫郑和。

郑和家世代信奉回教，他的祖父和父亲都曾航海去伊斯兰教的圣地麦加朝圣。郑和既信伊斯兰教，又熟悉佛教，还有个"福吉祥"的法名。

明成祖朱棣通过武力夺取帝位以后，遭到许多人的非议。另外，有一件事总让他心里不太踏实。皇宫大火扑灭后，并没找到建文帝，那么建文帝是真的死了，还是做了和尚，或是逃到国外，总之为了提高自己的威信，或是为了调查这件事，他派了不少使臣出使邻国宣扬国威。"西洋"各国一直没有人出访过。那时候，把现在苏门答腊岛以西的整个印度洋都称作"西洋"，西洋海路险远，沿岸各国基本是信奉伊斯兰教或佛教的国家。气宇轩昂，聪明能干，既是伊斯兰教徒又精通佛教教义的郑和就成了下西洋最合适的人选。

郑和接受了明成祖的特殊使命，开始着手筹备一支拥有208艘大船的出使西洋的船队。巨大的楼船就有62艘，一律长44丈，宽18丈。他招募了众多的水手、担任翻译的通事、修理器械的匠人，以及医生、伙夫等人员，加上随行的将士共约27800人。随船装载的除自备的粮食、淡水、药材以及日用器皿之外，还有大量的绸缎、瓷器等中国特产，作为与所到各国的贸易品和赏赐品。

明

朝

明永乐三年（公元 1405 年），出使西洋的船队在苏州刘家港起锚远航。路经福建长乐，稍事停留之后，由闽江口五虎门驶向南洋。一路上，风急浪高，但 200 多艘船只在郑和的指挥下井然有序地向前行进。顺利地到达了占城（今越南南部），然后经爪哇的苏鲁马益，再到苏门答腊岛南部的旧港。船队一路战狂风，斗恶浪，历经千辛万苦才抵达旧港，谁知在此遭遇了一场与海盗的恶战。

旧港的酋长陈祖义，原是广东人，洪武年间跑到南洋，纠集了一伙流氓占领了旧港，以劫掠过往的各国商船为生，烧船杀人，无恶不作，一直无人能制服他。当郑和的船队经过这里时，陈祖义见对方船多兵众，于是假意投降，阴谋劫取船队。哪知郑和早有防备，严阵以待，陈祖义率领海盗船攻来时，郑和的船队突然炮轰箭射，直杀得海盗四散奔逃，烧毁海盗船 10 艘，杀死海盗 500 余人，活捉陈祖义，后被押解进京处死。歼灭了海盗陈祖义，郑和为各国商人除了大害，促进了各国的海上贸易。

船队继续向前驶去，到达了马来亚半岛的满剌（音 là）加（马六甲）。为了的后航海的便利，郑和在此设立了一个据点，修建仓库，并派兵驻扎此地，全体人员在这里休整了一段时间，然后再次扬帆启航，先后顺利到达苏门答

腊国、锡兰、葛兰（今印度西南沿海阿勒皮一带）和古里（今印度西南沿海科泽科德一带）等地。郑和拜访了每一个地方的酋长、国王，向他们表达了明朝与他们通商友好的诚意。所赠送的礼物令各国的首领欣喜若狂。郑和还与当地的商人做生意，他将随船载来的大量货物与各国进行公平交易，当船队返航时，来时的满船丝绸、瓷器等已换成了异国的象牙、香料、宝石、胡椒、琉黄、染料等，甚至还带回了狮子、鸵鸟等珍禽异兽。各地酋长与国王所回赠的礼品也是琳琅满目，数不胜数。

经过 3 年多的艰辛航行，在永乐五年（公元 1407 年）的九月，郑和奉命率领船队成功地结束了初次远航，返回中国，满载而归。明成祖兴奋异常，厚赏了郑和诸人。意犹未尽的明成祖继而再次命令郑和奉命出使西洋。

郑和奉命出使锡兰，锡兰地处当时印度洋东西航路上的要塞。郑和代表明朝政府向锡兰的一座寺庙赠送了很多金银供器、织金等礼物，还为此立了一座碑，即"郑和锡兰碑"。公元 1409 年返国。同年九月，郑和第三次出使西洋，路过此地。国王亚烈苦奈儿见中国船队携带了那么多的金银珍宝，顿起贪心。他装着很热情的样子，将郑和诱骗到国中，然后一面向郑和强行勒索金币，一面派 5 万人劫掠郑和船队。情况万分紧急，郑和异常冷静，他立刻派人探听对方虚实，得知敌人倾巢出动前去进攻船队，他马上果断地下令，不去救援船队，而是直接攻打敌人的老巢。

敌人的都城虽然空虚，但是，郑和的身边士卒也只不过 2000 余人，要想克敌制胜，必须出其不意，攻其不备。于是，郑和率领士兵们抄小路直奔敌人的都城，将士们一往无前，很快就抵达敌人城下。以为稳操胜券的亚烈苦奈儿正在等待捷报传来，没料到郑和已兵临城下。郑和精通兵法，他在城下指挥久经沙场的士兵，将士们砍竹伐树制成云梯，一部分人发射弓弩射击城头守兵，一部分人奋勇攀登云梯，不一会儿，明军冲入了城中，直奔皇宫，亚烈苦奈儿及其妻妾、儿子等人全部被活捉。

海边的敌军正在袭击船队，突然听到都城被占、国王被掳的消息，慌忙撤兵，准备返回救援都城。船中的明军见状，士气大增，跳上岸来，直杀得敌人落花流水，全军覆没。

永乐九年（公元1411年）六月，郑和率船队返国，亚烈苦奈儿一行被押解进京，明成祖饶他一死，训斥了一番，就将他们释放回国了。明朝的国威大振，前来朝贡的国家络绎不绝。

永乐十三年（公元1412年），郑和第四次出使西洋，回航时路过苏门答腊国（今印度尼西亚苏门答腊岛西北亚齐），当天夜晚，却发生了数万人偷袭船队的事情。

原来，苏门答腊国曾在永乐六年（公元1408年）与位于它西边的花面国发生战争，苏门答腊国的国王中箭身亡。王子年幼，无法报仇，王后就对国人宣布，谁要是能领兵打败花面国，她就嫁给他，并让他当国王。一个渔翁自告奋勇，领兵攻入花面国，杀了花面国国王。王后信守诺言，渔翁娶了王后，并当了苏门答腊的国王。老国王的儿子长大后，竟杀了渔翁，夺取了王位，而渔翁有个儿子叫苏干剌，他想报杀父之仇，也想争夺王位，但实力相差悬殊，被打败后逃到邻山，自立一寨。此次郑和来到苏门答腊，给国王献了厚礼，苏干剌就非常气愤，所以夜间率众数万，袭击船队。郑和指挥将士沉着应战，苏门答腊军队密切配合，苏干剌的几万军队被杀得溃不成军，苏干剌被活捉，后来被押解至北京处死。

从永乐三年到宣德八年（公元1405至公元1433年），郑和率领船队七次下西洋，28年的航海生活，耗尽了他的心血，宣德八年（公元1433年）三月中旬，这位伟大的航海家病逝于他最后一次远航的归途中，在印度半岛西南部的古里（今印度科泽科德）病逝。

郑和七下西洋，先后访问了亚洲和非洲的320多个国家和地区，最远到达红海和非洲东海岸的伊朗、麦加、索马里的摩加迪沙和肯尼亚等地，在世界航海史上，他是打开从中国到东非航道的第一人。作为出色的外交使节，郑和为发展中国与当时"西洋"各国的友好往来做出了巨大的贡献。今天的马六甲、印度尼西亚、爪哇、泰国、斯里兰卡等地，依然留存着三宝城、三宝井、三宝塔等地名和古迹，充分表明了当地人民对这位杰出的航海家与友好使者的永久怀念。

郑和教事农桑

中国南海西部有个马来亚半岛，在半岛的西岸有个马六甲，前面有道海峡叫马六甲海峡，地势险要，是航海的要冲。明永乐三年（公元1405年），我国杰出航海家郑和带着远洋船队，就是从这个地方过去，到达印度洋西去的。不过当时，马六甲不叫马六甲，叫满剌加。在满剌加半岛的主峰上，立有一块大理石碑，石碑上有碑文，刻写着中国大明皇帝册封满剌加国王的诏书。碑文的结尾还有一首诗，据说是明永乐皇帝朱棣所作，石碑是郑和下西洋时带来，并亲自到山上撮土奠基和宣读皇帝册封拜里迷苏剌为满剌加国王的诏书。

原来满剌加以前曾臣服于暹罗（今泰国）。为了争取独立，永乐元年，拜里迷苏剌派使者到中国去见明朝的皇帝，希望明帝能封他作满剌加国王。朱棣派中官（即太监）尹庆随使者前去视察，并赏给拜里迷苏剌织金文绣等物品。拜里迷苏剌向尹庆提出，希望中国皇帝把半岛上的主峰，给以封赐。尹庆复命后，朱棣很高兴，便让工部制作了一方"满剌加国王"的金印，还有国王服用的袭衣、黄盖等物，并题写了封赐的碑文，让石匠刻到大理石制成的碑上。郑和出使时，便让郑和一起带来。

拜里迷苏剌当时便宣布，这一天便是满剌加的国庆日。当日，全岛狂欢，夜以继日，到处是一簇簇篝火。岛民们邀请船队的将士和水手登岸，将士们把随船带的舞狮和龙灯耍起来，岛民则表演当地的歌舞，一直欢乐到第二天的黎明。

第二日下午，满剌加国王里迷苏剌带着群臣上船答谢郑和。拜里迷苏剌说："上国的船队里有粮船，能不能把你们的粮食卖些给我们？"

郑和说："把我们船队的粮食分出一些是可以的。但贵国人口众多，全靠买粮度日，终是受制于人。贵岛土质肥沃，为何不自力更生，自己生产粮食呢？"

"我们祖祖辈辈只会打鱼捞鲜，不会耕种！"

"不会可以学吗！在古代，我们的祖先，也是靠渔猎为生的，后来发展了农业，才进了一大步。"

"可谁来教呢？"新国王又犯了愁。

郑和想了想说："这样吧，我们的将士大多是农民出身，我选出一些人来教你们，再从我们的食粮稻谷中，选出些好的作种子；船上又有木匠和铁匠，让他们给你打造些农具，你就把农业发展起来。怎样？"

拜里迷苏剌高兴得手舞足蹈。他说："那可太好了，我们满剌加将永远忘不了你们！"

当场议定，由船队选派年纪较大或身体较差的 100 名出身农家的将士，留在满剌加，教给当地人种田。种子由船队供给。再派部分铁匠和木匠，抓紧时间打造一批农具。

岛上居民听说要学种粮食，许多人纷纷报名。郑和又发动整个船队，除留少数人看守船只外，其余的人全都上岛开荒 3 天。全岛居民一看，也都自动来了。一时满剌加主岛和附近岛屿上，到处是欢声笑语，明军将士和水手，说着刚学会的几句当地土语，跟岛民咿咿呀呀地聊天，显得是那么融洽。

郑和脱下官服，换上短衣，也来参加开荒。拜里迷苏剌惊讶得眼睛瞪得老大，想不到地位这么高的船队主帅，也会干农活儿！他也把新穿上的王服脱下来，拿一把铁镐，站在郑和身边，学着郑和的样子，一下一下刨起来。3天的开荒结束了，满剌加从半岛的尖端起，直到内地的一段距离，开出一片片平展展的农田。拜里迷苏剌乐得双手合十，谢了又谢。

接着到了中国农历的新年。船队大小船只悬灯结彩，油漆一新。国王拜里迷苏剌带着大臣到船上拜年，许多岛民也上船来参观。郑和吩咐在62艘"宝船"上大摆宴席，款待这些本来的"主人"的"客人"。大家开怀畅饮，笑语喧天，如同一家人。

从第二天开始，郑和便指挥属下的买办、办事、书算手等人，将货物般到岸上，搭起各色的帐篷，请岛民来购买或交换。这些货物大多是绸缎、瓷器之类。同时又收购当地的珍珠、玛瑙、香料、胡椒和药材，双方公平交易，彼此都很满意。

永乐四年二月，郑和的船队离开满剌加，继续西行。国王拜里迷苏剌和全岛居民都来送行。郑和给满剌加不仅带来了友谊，更为当地的生产带来了种子，从此，满剌加农业开始发展，现在已成为南亚农业大国。郑和留下的100名"老师"，也在当地居住下来，与岛民和睦相处，有的娶妻生子，成为现在的华人。

苏禄国王访中国

在我国东南面的大海中，隔着巴士海峡和我国的湾岛相望，有个美丽富饶的国家，就是被人们称作"东方海洋中的明珠"的菲律宾。它的最南端有一大群岛屿，便是以盛产珍珠而举世闻名的苏禄群岛。

公元10世纪（相当于我国唐末到宋初这一时期）的时候，这个群岛上出现了一个苏禄国。在我国的明朝初年，苏禄国同时有三个国王，即东王、西王和峒王。其中东王势力最大，最强盛，因而地位也最尊崇。

郑和下"西洋"后苏禄东王知道了中国疆域辽阔，物产丰富，既强大又很友好，便决意找机会访问中国。后来又听说很多国家都争派使者前去访问，甚至有的国家的国王还亲自去明朝访问，于是，便和西王、峒王商量好，三人一起访问中国。

以东王为首的苏禄三王，率领着由王妃、王子及其随行人员 340 多人组成的大型友好使团，携带珍珠、宝石、玳瑁等礼品，漂洋过海，长途跋涉，终于在永乐十五年（公元 1417 年）八月一日到达北京。

苏禄东王一行，受到明成祖的热烈欢迎和隆重接待。在明朝官员的陪同下，他们游览了正在大兴土木的北京城。

北京是个大都会，人群熙攘，车水马龙，这时正是秋高气爽，景色宜人的季节。西山红叶，海子碧波，点缀了北京的无限风光。那方圆 40 里的巍峨城墙，一座座高耸的城楼，和那些金碧辉煌的宫殿，使北京城更加壮丽。这对一些外国来访者来说，该是多么赏心悦目，令人心旷神怡的事情呀。

北京城的建设规模和雄伟的气派，使东王一行十分赞叹，极为钦佩。由于中国百姓的友好情谊，明朝政府的周到安排，他们在北京访问了 27 天之久。

当深秋来临的时节，长期生活在靠近赤道的苏禄客人，有点不适应塞外刮来的寒风。八月二十七日，他们怀着依依不舍的心情告别了北京。临行之际，明成祖赠送给他们大量的珍贵礼物，有黄金、白银、玉带和丝织品等等，还亲自委派官员护送。

那时候南北交通主要靠运河，所以，东王一行先乘车到通州，然后再乘船南下。沿途经过各州县时，都受到当地官员、卫所军队和人民的款待与热情迎送。

当苏禄客人的船队将到德州的时候，天气突然恶化，彤云密布，寒风凛冽。苏禄东王本来体弱畏寒，又加上旅途劳累，急病发作，不幸于九月十三日病逝。噩耗传到北京，明成祖异常悲痛，亲自撰写祭文，并派官员赶到德州吊祭，还亲笔写了慰问苏禄东王长子都麻的信，同时命令州地方官员为苏禄东王修造墓穴。十月三日，为国王举行了隆重葬礼，将苏禄东王安葬在德州的北郊。

　　苏禄东王的长子回国继承了王位。东王妃子葛木宁和二子安都鲁、三子温哈喇等十余人要求守墓，自愿留在德州。中国政府批准了他们的请求，并拨出 238 亩地作为祀田，免去赋税，收成作为祭祀东王的费用；还命令州地方官吏每年清明和仲秋按时祭祀。为了尊重苏禄东王和守墓人的宗教信仰与生活习惯，明朝政府特地从德州和历城（今山东省济南市）拨了 3 户回民去协助守陵并照料他们的生活。又指令地方官员在墓前修造享殿，供奉苏禄东王画像，同时还修了配殿、牌楼等建筑。在墓道两侧立起石人、石马、石虎、石豹，陵墓周围也栽植了苍松翠柏。在苏禄东王逝世一周年的时候，明成祖又命令地方官为苏禄东王修庙树碑，还亲自撰写了碑文。

　　那些留居德州的苏禄国人，原计划守墓 3 年后回国。3 年光阴匆匆地过去了，他们谁也不想再提起回国的事儿。东王妃葛木宁在永乐二十一年（公元 1423 年）回国一趟，但是第二年又回到了德州。所有留下来的苏禄人，后来都死在中国，葬于德州。苏禄东王墓后面的 3 个坟丘，就是东王妃子葛木宁、二子安都鲁和三子温哈喇的墓葬。他们的后人也从此世代定居在德州的北郊。

　　到后来清朝雍正九年（公元 1731 年），苏禄国王苏丹来中国访问的时候，特地瞻仰了苏禄东王墓。东王的后代提出加入中国国籍的要求，希望苏禄国王代为呈请。清政府同意了他们的请求。于是在德州的东王八世孙安汝奇、温宗楷等便以安、温两姓入籍中国。从此以后，苏禄东王的后代就成了中国人民的一部分了。

　　现在安、温两姓的后代除在德州市北营聚居以外，还散居于山东各地以及江苏、河南、河北、陕西、北京、天津等省市。

　　苏禄国王访问中国的故事，很久以来被当做历史佳话广泛地流传在两国人民中间。它生动地说明了我国与菲律宾这两个近邻，有着悠久的友好关系和深厚的传统友谊。

明成祖卫国亲征

朱棣登基之后，特别重视边境的安全。在东北地区，他设立了奴尔干都司，那时黑龙江南北、乌苏里河东西，包括苦兀岛（即库页岛）在内的广大地区，都是奴尔干都司的辖境，先后设置了 130 个卫所。西方则设了哈密卫，联结西域各国，把哈密建成统治西域的政治、军事和经济重心。

在南方，朱棣出兵安南，打击了屡次侵扰边境的安南国王胡汉苍，使其再也不敢蠢动。只是在北方，蒙古有鞑靼，瓦剌和朵颜三卫的兀良哈族三股势力时时威胁着大明国的安全。开始他利用"分则易治，合则难图"的策略，有时拉拢，有时打击。但到了永乐七年，鞑靼可汗本雅失里杀了朱棣派去的使者。朱棣派淇国公丘福率师北伐。丘福轻信敌人的谣言，中了埋伏，全军覆灭。朱棣见事态严重，便决定亲征。

永乐八年正月，朱棣命太子朱高炽在南京留守。又命户部尚书夏原吉辅助皇长孙朱瞻基驻守北京。他自己亲率 50 万大军，于当年二月，离开北京，向北进发。

五月，大军过胪朐河（今克鲁伦河）。朱棣骑马站在土丘上，见明军的几万骑兵，分成若干小队渡河。在沙漠地带奔驰了半天的战马，看到清凉的河水，个个低下头去饮。一时间大河上下布满了饮水的战马。有些马应声附和，原野上回荡着雄壮的马嘶声。朱棣看着"哈哈"大笑。他回头问清远侯王友："这条河叫什么名字？"

"胪朐河，又叫驴驹河。"

"叫驴驹河不好，我给这条河另起个名字吧，就叫饮马河。"

大军过了饮马河，扎营休息。并派出许多小队哨骑，探听本雅失里的下落。

有一个小队捉到了一名鞑靼兵，经审问供说本雅失里闻风潜逃，现驻在斡里札河（即乌勒吉河）。斡里札河在饮马河以北400里。朱棣怕大军行动缓慢，不等开到，敌人又会向北逃窜。就决定选出两万名轻骑兵，带20天干粮，由他自己率领，去追袭敌人。

两万名轻骑兵，两万匹快马，在荒漠上风驰电掣般地猛奔，终于在斡难河（即鄂嫩河）将本雅失里追上。本雅失里见逃不脱，只好返身来战。鞑靼兵仓促迎战，还没等列成阵势，明军已经杀到。朱棣率领2000骑前锋跑在最前面。他自己挺着长矛，身先士卒，直冲入敌阵中。鞑靼兵抵挡不住，那本雅失里怯起阵来，拨马便逃。鞑靼军跟着主帅向北逃去，朱棣长矛一挥，明军一部分在后追击，一部分抢前堵截。偏偏前边斡难河涨水，把鞑靼兵和辎重等隔在河这岸。结果本雅失里只带着7骑游过斡难河，逃了性命。鞑靼太师阿鲁台听说本雅失里被明军追击，便带5万骑兵来救，但晚了一步，在回军途中也被明军消灭了。阿鲁台也右臂受伤，骑马逃走了。

朱棣大获全胜，回到饮马河大营，休息了几天，凯旋班师。六月，正是漠北的酷夏，朱棣拣早晚时行军，中午搭起帐篷休息。有时饮水不多，他就让将士们先饮；吃饭时也是等将士们开饭了，他才肯动筷子。大军人多，缺少肉类，他也吃起素来。他的这些与士卒们同甘共苦的做法，充分表现了一个统帅的风格。明军班师，行到擒狐山。为了纪念这次北征，朱棣命令在山顶上勒石刻碑，碑文是：瀚海为镡，天山为锷。一扫风尘，永清沙漠。走到清流泉，又在泉边的山上树一座碑：于铄六师，禁暴止侮。山高水清，永彰我武。

这年七月，大军回到北京。待到秋凉，朱棣才返回首都南京。朱棣卫国亲征的业绩永垂史册。

解缙主持编《永乐大典》

朱棣是明朝一个很有作为的皇帝，他不只注重国防建设，发展经济，而且对文化事业也很重视。驰名中外的《永乐大典》就是他指示编纂的。

永乐元年，他对翰林院侍读学士解缙说："天下古今许多事物，分散记载在各书中，查看起来实在不容易。朕想编一类大书，把有书契以来的经史百家、天文、地志、阴阳、医卜、僧道、技艺等，凡是有关的著作，都分别编纂到一起，查阅起来不就方便了吗？"

解缙说："陛下所言极是。只是编纂这类大书，人少了可不成。"朱棣很信赖这位有名的大才子。

"那就由你领头来编吧！想调谁参加都成，朕跟礼部和翰林院打个招呼，让他们支持你。"

于是解缙就成了主持编写《永乐大典》的组织者。

解缙字大绅，吉水（今江西吉水）人。他幼年就聪颖好学，才思敏捷。第一次参加乡试，就中了第一名。那时第一名举人称为"解元"，于是人们也就习惯地叫他"解解元"。

洪武二十一年，解缙考中进士，任庶吉士。建文帝时，他被任命为翰林院待诏。朱棣登基后，他和胡广等人均被提拔为翰林学士，入值文渊阁。当时的学士官职较低，只有正五品，也没有实权，不过是皇帝的顾问但以时时接近皇帝。所以，朱棣才让他主持编写《永乐大典》。

当时解缙领了皇帝朱棣的旨意，从各处调来146人，开始了编纂大典的工作。他们查阅了大量书籍，搜集了大量资料，用了一年多的时间，于永乐二年十一月编成一部书，呈给乐棣。朱棣给书题了书名叫《文献大成》。对

包括解缙在内的 147 位编书人，都赏给钞银。但他还嫌这部书简略，又让太子少师姚广孝（即道衍和尚）和刑部侍郎刘季篪，协助解缙在原书的基础上，加以增补，务使一切典籍都包罗在内，无一遗漏。

道衍和尚是皇帝亲近的人，他的参与，要钱要人谁也不敢驳回。于是在文渊阁设立了编书馆，让礼部拣派有文才的官吏和四方老儒来担任纂修，选派一些书法好的国子监学员和一些外府县学中的生员，担任缮写工作，前后竟动员了 3000 多人。由光禄寺供给膳食。这次花了将近 3 年时间，到永乐五年十一月，全书编成。朱棣根据自己的年号，把这部书命名为《永乐大典》，还亲自写了序言。

这部大书共计 22937 卷，装订成 11095 册，总计 37000 多万字。全部用工整的蝇头小楷写成。

朱棣在《序言》中说：“纂集四库全书及购天下遗籍，上自古初，迄于当世，旁搜博采，汇集群书，著为奥典。”

《永乐大典》在南京编成。朱棣在迁都时，用船运到北京宫中，藏到宫中的“文楼”里，成为稀世名著。

《永乐大典》的主持者解缙因为人品倔强正直，少于心计，本着一片忠心，连连对皇帝进言，结果触怒龙颜，永乐五年被贬到广西，后被下狱杀害。

仁宗朱高炽继位后，朝廷才为解缙平反。

仁宣之治

公元1424年（永乐二十二年）七月，永乐皇帝朱棣在北征途中患病，逝于榆木川（今内蒙古多伦西北）。遗命把帝位传给皇太子朱高炽。

朱高炽继承皇位，定年号为"洪熙"。那年他47岁，是明朝第四位皇帝，可是他只在皇位上坐了一年，第二年便死去了，高炽的庙号为"仁宗"。把朱高炽称为"仁宗"，这"仁"字用得确实十分恰切。对于一个皇帝来说，像他那样关心百姓疾苦、体恤民生的实在不多。

朱高炽继位之后，做的第一件事就是节省国库开支，减轻全国老百姓负担。明朝开国以后，由于朱元璋和朱棣实行了一些比较开明的政策，经济得到复苏，国库也颇为殷实。但因为边界争执，较频繁地进行战争，又加上建都北京，疏通运河等大项工程，耗费了大量的人力、财力、物力。还有宝船下西洋，到交趾采办珍珠，去西域收购良马等等费用，样样都要国库开支，而最终又必然要转嫁到老百姓的头上。所以朱高炽登基的当天，第一道命令，就是追回郑和的远洋船队，召回在交趾采办珍珠的中使和在西域买马的官员。对派出为皇宫进行采购、烧铸、进贡等一切花钱的事宜，一律暂时停止，等以后整顿了再说。

朱高炽做的第二件事就是赈济灾民。

朱高炽一当上皇帝，首先想到的就是赈济灾民的大事。他先后下令开仓救济了于僭、乐清、舞阳、清河、睢宁、乐亭、连城、莱芜、蓬莱、黄岩、昌邑、邢台及河南的 4 州 22 县的灾民，使不少人免于饿死。

朱高炽做的第三件事是整顿朝政，提倡法制。朱高炽长期做太子，当时虽然不掌握政权，但冷眼旁观，对一些大臣谁好谁坏心中有数。他做了皇帝之后，便把那些少德无才的人调开，另选德才兼备的人做大臣。如夏原吉、蹇义，人称"蹇夏"。他还选"三杨"即杨士奇、杨荣、杨溥为内阁大学士，让他们在自己身边，有事便和他们商量。

清理冤案，把过去一些无辜入狱的官员放出，召回充军到各地的官员家属。他还下了一道诏书，大意是说："刑罚的作用是禁暴止邪，导民于善，诛杀并不是目的。过去由于役吏对法律歪曲附会，以致造成一些冤案，朕深悯之。从今之后，一切罪罚必须依照法律来判刑。即使朕过于嫉恶，法外用刑，有关法司也可提出反对意见，一直到公允为止。今后对犯人不许使用宫刑。不是谋反的案子，不要连累家人。有的人对国事发表议论，一些坏人往往乘机诬蔑诽谤，陷人入狱。今后取消诽谤罪，有告发的一律不准。"

从朱高炽登基做的一些好事来看他倒称得上是个明君，可惜的是他体弱多病，仅仅当了 10 个月的皇帝便去世了。

公元 1426 年朱瞻基继承父位当上了皇帝，那年他 28 岁。年号是"宣德"。宣宗朱瞻基也像他父亲朱高炽一样，是一个比较清明的皇帝。所以人们常把他父亲仁宗的政绩和他联在一起，合称为"仁宣之治"。这是明朝最开明的一个时期，人们常以之跟汉朝的"文景之治"、唐朝的"贞观之治"相媲美。朱瞻基体恤民情、减税赈灾的事情是很多的，这里举个他试耜犁的例子。

宣德五年的清明节，宣宗和文武百官到长陵和献陵扫墓。归途中，看到有几个农民在田里犁地。他当然早已把"锄禾日当午，汗滴禾下土。谁知盘中餐，粒粒皆辛苦"等一类的《悯农诗》背得滚瓜烂熟。可是农民到底怎么个苦法，皇帝并不真正知道。朱瞻基决定亲自尝试一下，他让车驾停下来，自己走到农民们身边。农民看见皇上来了，个个跪下叩头。他让大家起来，并亲自挽起一个白发的老农夫，问道："你推的这个，是叫犁吧！""是！"

老农恭恭敬敬地回答。"你操作一下，让朕看看。"

两个年轻农民走过来，拉起犁杖，老农在后边推着，走到地头又走回来。宣宗从老农手里接过犁柄，对拉犁的农民说："你们拉吧，我来推。"

宣宗看那犁杖在老农手里，似乎不用费多大力气。但等他亲自一推才发现这东西不但沉重，而且不好驾驭，不是左右摇摆，便是铧头从土里跳出来，在地面上滑行。他用两手拼命按着，走到地头，胳膊酸了，汗也出来了。他松开手喘息着对旁边的大臣们说："我只推了一下，已经不胜劳累，何况农人们要常年操作呢！农人真是太辛苦了。"

宣宗回头吩咐太监赐给农民钱币，对一路经过的农户，也都给予赏赐。回宫以后，晚间躺在床上，觉得胳膊和腰腿都不舒服，爬起来走到书桌前，提笔写了一篇《耕夫记》，告诫各地的官吏，务必体恤农民的艰苦，加以爱护。

第二天早晨起来，内监给朱瞻基送来早餐。一共是 10 碗，内中有燕窝、银耳、莲羹等贵重食品。朱瞻基想起昨天看到的农夫的辛苦和穷困，便把尚膳监的负责太监找来，对他说："来，你把这 10 碗东西都吃下去，一点不许剩！"

尚膳太监不知皇帝为什么这样，急忙跪下叩头说："奴婢该死，不知皇上为何发怒？"宣宗说："我并没发怒，只是嫌你太浪费了。我一个人怎么能吃进这么多东西，这不是白白糟蹋了吗。以后早餐两碗，中、晚餐各四碗。各宫也都如此。农人生产粮食不容易，朕昨天是亲试了的。"

宣宗又通知尚衣监、巾帽局等负责宫中生活的衙门，裁减人员，节省开支，提倡节约。这道命令一下，引起宫中的恐慌。胡皇后找到朱瞻基，问他这是什么意思？朱瞻基说："朕昨天亲试了犁耜，又眼见了农人的穷困生活，深感我们太奢侈了。汉文帝的服裳帐帷都是布做的，上面也没有文绣，历史上称赞他恭俭爱民。我们也应该从俭约来率身示范。"

"听说皇上还节约了饮食。臣姜以为，国事繁重，圣躬的健康不可疏忽。"胡皇后关切地说道。宣宗起来，"试问，皇后案上的饭菜，你每天又吃下几许呢？"胡皇后也笑了。

宣宗又说："我们作君王的带头节俭，蔚为风气，那么全国便会仿效。这样下来，户口必将日繁，财赋自然也就充足了。"胡皇后赞同地点点头，说："好吧，这事以后不须皇上操心，便由臣妾处理好了。"

宣宗朱瞻基提倡节俭的同时还大量裁员，这是他采纳蹇义提出的建议，并让他负责处理这件事。对于贪官污吏，宣宗严惩不贷。宣宗善于纳谏，他在位的时候，经济繁荣发达，社会也比较安定，一些喜欢奉承的官员不断以"明君""圣主"之类的话来颂扬他。宣宗听了这些话很讨厌，就时刻让杨溥指出他的过错，以此来勉励自己。

朱瞻基是个爱民的好皇帝，可惜他于宣德十年（公元 1435 年）患病不治，卒年才 38 岁。他死后葬于景陵，庙号"宣宗"。

仁宗和宣宗统治时候，吏治比较清明，并在一定程度上让老百姓休养生息，从而使社会经济得以继续向前发展。

况钟整治苏州府

朱瞻基做皇帝时能不拘一格选拔人才，他曾对大臣们说："各部、院负责官员，都可以举荐人才，只要你认为该人确实德才兼备，不论级别高低，均可破格提拔。"苏州知府况钟，就是这样被破格提拔上来的。

况钟不是科甲出身，而是由小吏一步步升为礼部郎中，后被杨士奇和蹇义推荐任苏州知府。

苏州原来便是平江，元末时曾做过东吴张士诚的都城。苏州府下辖吴县、常熟、太仓、昆山、嘉定、吴江 6 县和崇明岛。土地肥沃，河流纵横，因而是有名的粮仓和繁荣的商市。例来，这里的土豪劣绅都和官府中的猾吏勾结，沆瀣一气，欺压百姓。每来一个新知府，如果是个贪官，他们便拉他下水，同流合污。如是清官，他们便想尽办法把他孤立起来。特别是有的土豪本人家中便有人做官，还有的人在京中也有关系，他们互相勾结，总会想办法把他们不中意的官员排挤走。因此，苏州便以难治著称。

况钟担任苏州知府后，先把苏州情况作了调查和了解，如何治理苏州，心中已经有数。上任的第一天，照例接见属官吏役，从代理知府的同知张徽手中接过印信。这时，管理各项公务的吏役们，纷纷把公文拿了来，向他请示。他微微一笑，知道这些人是考验他来了，况钟便假装糊涂。

一个吏役让他判一件杀人案子。他看了看，问："这件案子以前是你承办的吗？"

"是。"

"那你接着办就是啦！"

"这被告赵王其实冤枉，原告证据不足，显系诬告。"

"依你说怎么办好？"

"被告应无罪释放。"

"好，好！"况钟说着，就在判决上签了字，又问，"那原告既是诬告，该不该处分？"

"这个，不追就是了。"

"好，好！"况钟便又随口答应。

另一件案子正相反，吏役主张将被告严惩。况钟也不细问，仍然"好，好"地同意了。

况钟的开场戏，就这样进行着。那些猾吏们个个开心，认为这个新的府台大人愚昧可欺，他们又可以为所欲为了。

有一次为了粮运的事通判赵忱跟况钟争论起来，竟出口不逊，说况钟不懂装懂，态度十分傲慢。况钟也不跟他计较。

可况钟私下并没闲着，他有时微服私访，有时让仆役家人出去调查。经过一段时间，他已把苏州府衙的许多弊端，摸了个清清楚楚。

有一天，他召集所有的属员，升堂理事。先唤过那处理杀人案的吏役来，问他："赵王杀人一案，那赵王究竟杀没杀人？"

"大人明鉴，赵王纯系冤枉，大人那日已断过了。"

况钟问他："那是我断的，还是你断的？我再问你，赵王家送给你500两银子，却是为何？"说着一拍惊堂木，大喝一声，"讲！"

那受贿的猾吏，听况钟连他得的赃银数目都知道了，还有什么话讲？只好跪下一劲儿叩头。

况钟让他跪到一边，又问第二件案子。这时候那些猾吏们傻眼了，在况钟列举的一件件事实面前，连分辨也用不着，只好一个个低头认罪。这时况钟把皇帝允许他便宜行事的敕书拿出来，摆在公案上，带领大家行礼后，他亲自宣读。然后把6名罪恶严重的猾吏拿下，宣布他们的罪行后，吩咐掌刑衙役："往死里打！"这6名猾吏被活活打死了。接着又把贪暴的5人监禁起来，将庸懦无能的10余人，全部开除。其余的吏役个个悚然。

半天时间，苏州府衙像天翻地覆一般。老百姓听到消息，一传十，十传百，大家拥在衙前，看着这一切，高兴极了！

苏州府几十年的积弊，就这样开始消除了。大小官员无不凛然守法。于是况钟根据他的考察，把一些烦苛的律令免了，订出合理的制度。他能做主的马上执行，重大的就上报朝廷，请皇帝批准。苏州是产粮区，但租赋过重。那时江苏巡抚周忱已到南京，况钟便到南京去，跟周忱用心计算，奏免了苏州各县农民不合理的负担70万担，使农民大松了一口气。对当地的豪强，不管他们有没有后台，他也不畏权势，把那些横行不法、鱼肉乡里的，分别加以惩处。

况钟有胆有识，没用多长时间，便把苏州整治得井然有序，受到苏州百姓的称赞。他在苏州的许多案例，被后人编成故事，有的搬上舞台，传为佳话。

土木堡的惨败

　　自徐达兵伐北京，推翻元朝统治后，元朝残余势力逃往北方，后逐渐分裂为三支，瓦剌为其中最强大的一股势力。明永乐末年以来，瓦剌部的势力逐渐强盛起来，开始对明朝虎视眈眈。明正统十四年（公元 1449 年）瓦剌部首领也先大举入侵，发生了著名的土木之变，明军大败，英宗被俘，此次事变与英宗重用宦官王振有直接的关系。

　　明太祖在位的时候，吸取了历史上宦官专权引起国家混乱的教训，立下一条规矩，不让宦官过问国家政事。他把这条规矩写在大铁牌上，挂在宫里，想要他的子孙世世代代遵守。但是到明成祖的时候，这条规矩就给废除了。

　　明成祖从他侄儿手里夺得皇位，怕大臣反对他，特别信任身边的宦官，在他迁都北京以后，就在东安门外设立"东厂"，他怕外面的大臣靠不住，让亲信太监做东厂提督。这样，宦官的权力渐渐大起来。到了明宣宗的时候，连皇帝批阅奏章，也交给一个宦官代笔，叫做司礼监。这一来，宦官的权力更大了。

　　有一年，皇宫招收一批太监。蔚州（今河北蔚县，蔚音 yù）地方的一个流氓，名叫王振，年轻的时候读过一点书，参加几次科举考试没考取，在县里当教官，后来因为赌博输了钱，债主追债，正在走投无路之际，他听说皇宫招太监，就自愿进宫做了太监。宫里识字的太监不多，只有王振粗通文字，大家都叫他王先生。后来，明宣宗派他教太子朱祁镇读书。朱祁镇年幼爱玩，王振想出各种各样法子让他玩得痛快，朱祁镇非常喜欢他。

　　明宣宗死后，刚满 9 岁的太子朱祁镇即位，这就是明英宗。王振当上司礼监，帮助明英宗批阅奏章。明英宗一味追求玩乐，根本不问国事。王振趁机把朝廷军政大权抓在手里。朝廷大员谁敢得罪他，不是被撤职，就是充军。

这个时候，我国北方蒙古族的瓦剌部强大起来。公元 1449 年，瓦剌首领也先派 3000 名使者到北京，进贡马匹，要求赏金。王振发现也先谎报人数，削减了赏金和马价。也先为他的儿子向明朝求婚，也被王振拒绝。

这一来激怒了也先，也先率领瓦剌骑兵进攻大同。守大同的明将出兵抵抗，被瓦剌军打得大败。边境的官员向朝廷告急，明英宗慌忙召集大臣商量怎么对付。大同离王振家乡蔚州不远，王振在蔚州有大批田产，他怕蔚州被瓦剌军侵占，竭力主张英宗带兵亲征。兵部尚书邝埜（音 kuàng yě）和侍郎于谦认为朝廷没充分准备，不能亲征。明英宗不管大臣劝谏，就冒冒失失决定亲征。

明英宗叫他弟弟郕（音 chéng）王朱祁钰（音 yù）和于谦留守北京，自己跟王振、邝埜等官员 100 多人，带领 50 万大军从北京出发，浩浩荡荡向大同赶去。这次出兵，本来就没好好准备，军队纪律涣散。一路上又遇到大风暴雨，没走几天，粮食就接济不上了，兵士们又饿又冷，还没有碰上瓦剌兵，已经叫苦连天。到了大同附近，兵士们看到郊外的田野里，到处都横着明军兵士的尸体，更加人心惶惶。有个大臣发现士气低落，劝英宗退兵，被王振臭骂一顿，还罚跪一天。

过了几天，明军前锋在大同城边被瓦剌军杀得全军覆没，各路明军纷纷溃退下来。到了这时候，王振感到情况危急，才下令退兵回北京。退兵本来是越快越好，但是王振却想到他老家蔚州去摆摆威风，劝英宗到蔚州去住几天。几十万将士离开大同，往蔚州方向跑了 40 里地。王振又转念一想，这么多的兵马到蔚州，他家庄田里的庄稼岂不要遭到损失，又匆匆忙忙下命令往回走。这样一折腾，拖延了撤兵的时间，被瓦剌的追兵赶上了。

明军一面抵抗，一面败退，一直退到土木堡（今河北怀来东）。那时候，太阳刚刚下山，有人劝英宗趁天没黑，再赶一阵，进了怀来城（今河北怀来）

再休息，瓦剌军赶来，也可以坚守。可是王振却因为装运他财产的几千辆车子还没到，硬要大军在土木堡停下来。土木堡名称叫做堡，其实没有什么城堡可守。明军大队人马赶了几天路，口渴得像火烧，但是土木堡没有水源。离开土木堡15里的地方有条河，已经被瓦剌军占领了。兵士们就地挖井，挖了两丈深，也没找到水。

第二天，天刚蒙蒙亮，瓦剌军赶到土木堡，把明军紧紧包围起来。明英宗知道没法突围，只好派人向也先求和。也先一打听，明英宗带的明军人数还不少，要打硬仗，自己也要遭到损失，就假装答应议和，停止进攻。

明英宗和王振信以为真，十分高兴，下命令让兵士到附近找水喝。兵士们争先恐后跳出壕沟往河边跑，乱成一团，将领们要制止也制止不了。这时候，早就埋伏好的瓦剌军兵士从四面八方冲杀过来，个个抢起长刀，大声吆喝着："投降的不杀！"明军兵士一听，纷纷丢盔弃甲，狂奔乱逃。瓦剌军紧紧追赶，被杀的和被乱兵踩死的，不计其数。邝埜也在混乱中被杀死。

明英宗和王振带着一批禁军，几次想突围都没冲出去。平时作威作福的王振，这时候却吓得直发抖。禁军将领樊忠，早就恨透了这个奸贼，气愤地说："我为天下百姓杀死你这个奸贼。"说着，抢起手里的大铁锤，朝着王振脑门一锤砸去，结束了王振的性命。樊忠自己冲向瓦剌军，拼杀了一阵，中枪倒下。

明英宗眼看脱逃没有希望，只好跳下马来，盘着腿坐在地上等死。瓦剌兵赶上来，俘虏了明英宗。历史上把这次事件称作"土木之变"。

经过这一场战斗，50万明军，损失了一大半，明王朝元气大伤。瓦剌首领也先却更加骄横起来，抓到皇帝的也先，一面用明英宗作人质，向朝廷要挟勒索；一面加紧带兵南下，北京也受到了瓦剌军的威胁。守卫京城的责任，就落在英宗的弟弟郕王朱祁钰和于谦的身上了。

南宫之变于谦被害

土木堡之变后，瓦剌首领想利用英宗来要挟明朝割地赔款。于是，在正统十四年（公元1449年），也先挟持英宗，率军进攻北京城。此时的北京城中，只有老弱残兵约10万，京师的精骑劲旅都在土木堡覆没。故而，当也先兵临城下之时，城中一片惶恐，许多官员主张都城南迁，只有兵部左侍郎于谦力主坚守北京。此时，英宗的长子，2岁的朱见深被皇太后立为太子，并命郕王朱祁钰监国，总理国政。郕王非常赞成于谦的意见，下决心坚守北京，迎击也先，他将于谦提升为兵部尚书，由他指挥北京保卫战。

于谦，钱塘（今浙江杭州市）人，字廷益。永乐十九年（公元1421年）中进士。生性刚直，不事权贵。这次他亲临战场指挥战斗，抱着与京城共存亡的决心，以自己的行动激励将士们英勇作战，经过于谦严密的军事部署，战士们顽强地抗击敌人，加之明朝百姓的积极配合，瓦剌军连战连败，不得不仓皇而逃。北京保卫战取得了辉煌的胜利，于谦立下了汗马功劳。大败而回的瓦剌再使阴谋，以送英宗回京为条件，要求与明朝议和。此时郕王已即位登基，是为景帝，史称"代宗"。明朝拒绝与瓦剌议和言好，也先无计可施。为了恢复与明朝的通贡和互市，也先在景泰元年八月将英宗送回北京。回京后的英宗当了个名义上的太上皇，被幽居在南宫。

景帝即位不久，就废太子朱见深为沂王，立自己的儿子朱见济为太子。不料，一年后，朱见济夭亡，他又是景帝的独子，再也无人可以继立为太子了。大臣们纷纷请求恢复英宗的儿子朱见深的太子地位，景帝不予理睬。对幽居在南宫中的哥哥，景帝也并不放心。一天，御史高平上言，说南宫院墙边有一排大树，万一有人帮助英宗爬树逾墙而走，后果不堪设想。景帝深以为然，马上派了若干士兵，扛锯持斧，将那排大树尽数伐倒，明英宗得知景帝如此猜忌他，心中极为恐惧。

谁知到了景泰八年（公元1457年）正月，景帝竟一病不起，皇太子又尚无人选，朝廷上下，一片混乱。武清侯石亨、副都御史徐有贞、宦官曹吉祥等人密谋迎取英宗重登大位，如果得逞，他们必然前程似锦。于是，他们紧张地筹划复辟事宜，正月十六日，他们秘密征得英宗应允，然后又齐去徐有贞家中，制订详细计划。一向以善观天象自负的徐有贞爬上屋顶，仰观星相，然后急忙下来，对众人说："星相表明，事成就在今日，机不可失，赶快行动！"一伙人连忙商量发动政变的具体方法，苦于没有借口带兵进入皇宫。正在这时，有人进来报告，说有边疆官吏进京报警。徐有贞一听，大喜过望，忙说："简直是天赐良机！咱们就以此事为借口，假称为了加强戒备，带兵入宫！"

半夜时分，他们偷偷开了长安门，率领1000多名士兵潜入宫中。在夜幕之下，徐有贞一伙直奔南宫而去。南宫厚重的大门紧紧关闭着，怎么敲也敲不开。徐有贞断然命令士兵们抬来一根巨大的木头，照准南宫大门猛力撞击，一部分爬进宫墙里的士兵，与外面的人合力毁墙，一会儿，终于墙毁门开。徐有贞、石亨等人急忙一路小跑，进宫拜见英宗。请英宗坐上他们事先准备好的车上，一行人簇拥着车子，飞快地向皇宫推去。

奉天殿里，龙座闲置在一旁，众人迅速地将它推到大殿正中，将英宗扶到座前。重新又坐上龙椅的英宗环顾四周，恍如梦中。英宗刚在龙椅上坐稳，东方已经破晓。上朝的百官们发现今天的皇宫不同于往日，都很惊讶。这时，只见徐有贞来到百官面前，趾高气扬地高声说道："太上皇复辟了！百官速来朝贺！"一听此言，百官大为震惊，呆立片刻，又不敢不从，纷纷前去拜贺。就这样，明英宗又成了大明天子。这场宫廷政变，史称"南宫复辟"，又称"夺门之变"。

病床上的景帝又恢复到从前郕王的身份，他定的"景泰"年号也被改为"天顺"。景帝被抬入西宫，没过几天就病逝了。

英宗复辟后的第二天，得势的徐有贞、石亨等人就急不可待地怂恿英宗下旨逮捕于谦、王文、陈循、商辂、俞士悦、范广等文武官员。原来，这个策划南宫复辟的徐有贞就是"土木之变"后极力主张迁都南京的徐珵。因为南迁的建议受到于谦的强烈反对和众人的耻笑，自知名声不好，才改名为徐有贞。后来，他又曾要求于谦在景帝面前推荐他当国子监祭酒，于谦举荐之后，景帝觉得徐有贞太奸邪，故而未用。徐有贞对于谦就更加忌恨。

另一个发动政变的石亨，本是一名犯罪的军官，因于谦的起用而被赦出狱。在北京保卫战中立了战功，被升了官。他自知功劳不及于谦，却被晋封为侯，心中感到惭愧，就上疏为于谦请功，推荐于谦的儿子为千户。于谦坚辞不受，并上疏说："国家多事，臣子义不得顾及私恩。且石亨身为大将，不闻举荐一个贤才、提拔一个军人以补军国，而唯独推荐我的儿子，于公议过得去吗？臣子军功不能凭借侥幸，绝不敢给我的儿子滥加功劳。"因为这件事，于谦惹恼了石亨，使他深恨于谦。此外，石亨的侄子石彪贪婪横暴，胡作非为，受到于谦的弹劾，石亨对于谦更加怀恨在心了。

宦官曹吉祥平日受到制约，不能为所欲为，对于谦也深为不满。这帮小人在英宗复辟后，以迎复功高，大受英宗宠信。他们趁机打击报复、欲置于谦等忠臣于死地。

为了陷害于谦，他们绞尽脑汁，终于想出了一个罪名，诬蔑于谦、王文图谋迎立襄王（英宗叔父）之子为太子，这是"谋逆"的死罪。因为毫无证据，便以"意欲"二字定案。

英宗本来还犹豫未决，认为于谦有功，不忍杀害。徐有贞在一旁怂恿道："不杀于谦，今日之事就显得毫无理由了。"英宗就决意将于谦杀掉。

临刑那天，于谦等人被押赴刑场，当众斩首。百姓们蜂拥而上，群情激愤，怒斥奸臣陷害忠良，刑车被愤怒的群众围得水泄不通，寸步难行。徐有贞等人见势不妙，连忙加派兵士，强行驱散百姓，然后急匆匆地将于谦等人开刀问斩了。

于谦被杀害后，家属发配到边疆充军。他的家也被抄了，除了一些书籍之外，家徒四壁。所住的房舍破旧不堪，仅能遮风避雨而已。景帝曾赐给他府第，但被他拒绝了。

于谦死后，天下百姓无不为之痛心。有一位叫陈逵的官员，感念于谦的耿直和功绩，不畏徐、石之流的淫威，冒死收殓了他的遗骸。后来，于谦的女婿将灵柩运回他的故乡杭州，安葬在风景秀美的西子湖畔，旁边紧挨着南宋英雄岳飞的祠墓。后人来此，无不感慨万千，有人作"赖有岳、于双少保，人间始觉重西湖"的诗句来悼念含冤而死的两位英雄。

千锤万凿出深山，烈火焚烧若等闲。

粉骨碎身浑不怕，要留清白在人间！

数百年来，人们传诵着于谦年轻时候写的这首《咏石灰》，这正是于谦一生的写照。

不问政事的朱厚照

明武宗朱厚照是明朝第十位皇帝，他的父亲是孝宗朱祐樘。

成化二十三年（公元 1487 年）八月宪宗皇帝去世，由他儿子朱祐樘继位，年号为弘治。朱祐樘 18 岁登基，做了 18 年皇帝。他好读书，性情温和，政治上比较清明。史书上认为明朝皇帝中，太祖、成祖是创业的皇帝，仁宗、宣宗是守成的皇帝，再其次便是这位孝宗了。史书称他"恭俭有制，勤政爱民"。弘治十八年（公元 1505 年）孝宗皇帝病死。由太子朱厚照继位，定明年（公元 1506 年）为正德元年。

朱祐樘临死之前，把太子托付给众臣，说他虽然聪明，但好玩成性，请众大臣务必辅以正道。"知子莫若父"，朱祐樘既了解儿子的毛病，又没有很好地教育他，任他被周围的人随便摆布。当时，朱厚照做太子时，他周围有8个太监来伺候他。其中为首的一个叫刘瑾。入宫前，他本是兴平（今陕西兴平）的一个小流氓。刘瑾教太子玩掷骰子、玩骨牌、呼卢喝雉，把个东宫的书房变成了赌场。

朱厚照15岁即位，正是懂事又不懂事的年龄。每天便被司礼监王岳唤醒，催他上朝。他睡眼惺忪地坐在硬邦邦的御座上，前仰后合，听那些大臣的奏章。对他们讲的那些事情，他既不明白，也不感兴趣，只好随口应着："好，好，准啦！"退朝以后，还有一大堆枯燥无味的奏疏本章要他看。孝宗皇帝还有一个制度，那就是"经筵"，让翰林院的学士们给皇帝讲读经史。更有都察院的御史和六科给事中等所谓的"谏官"，专门挑皇上的毛病。这些程序，朱厚照都腻烦透了。这时，刘瑾等人就告诉他，他是皇上，是谁也管不了的，爱干什么就干什么，看谁不顺眼就可杀谁的头。朱厚照认为刘瑾说得有理。

从此，朱厚照可以随意不上朝，也可以把奏疏交给内阁大学士或司礼监太监，让他们去办。至于谏官们上的谏章，随意一扔就算了。他要刘瑾他们陪他玩，要玩得尽兴，玩得痛快。开始他骑马射箭，领着人带着鹰犬，跑出几十里地去打猎；后来又喜欢上了歌伎舞女。那时候他白天跑出去玩，晚上在宫里玩。有时候还要换上便装，偷偷地溜到街市上去逛。朱厚照不问政事，就给刘瑾等一伙人创造了机会，他们渐渐干预起政事来了，横行不法。于是人们便给他们8个太监起了一个总外号，叫做"八虎"。这8个太监是马永成、谷大用、张永、罗祥、魏彬、刘瑾、邱聚、高凤。他们沆瀣一气，把持朝政，谁敢反对他们，便假借皇帝的名义，不是处死，就是下狱，再不就调往外地，整个朝政成了"八虎"的天下。

那刘瑾给皇帝造安乐窝，让他整日沉醉在酒色安乐之中，无暇去过问政事。他在宫外建造了一座穷奢极侈的"豹房"。刘瑾认为，皇宫内究竟属于禁地，各色人等出入十分不便，于是就把"豹房"建在皇宫外边。豹房以一座几层高的宫殿为中心，两厢设了许多密室，栉列串连，如同迷宫。刘瑾又派人去全国各地，招来一些美女、妖僧、幻术士等人，天天伺候皇上淫乐。

刘瑾并未太走运，他后来被大臣杨一清用计向武宗揭发他的罪行，这朱厚照做了件好事，杀了这个对他有功的太监。

刘瑾死后，太监江彬又受到朱厚照的青睐。朱厚照在京城玩腻了，便换上一套军装，自称"镇国公"，由江彬陪着，带几百名奋武营的健卒当随从，悄悄出京，跑到宣府游乐。那江彬早有准备，半年前就在宣府为皇帝建了一座府第，供皇帝居住。还在府门上悬了"镇国公府"的匾额。别人只知这里住着一位高官，却不知便是皇帝。朱厚照时常让江彬领着，夜间闯入老百姓家，看到美貌妇女便抢回"镇国公府"，供他蹂躏，连地方官的妻女也不例外。有一天，朱厚照打扮成一个军官模样，一个人跑到郊区的梅龙镇上，见一酒店中有个小姑娘生得美貌，便走进店去假做饮酒，加以调戏。小姑娘不从，小姑娘的哥哥拿起钢叉要扎朱厚照。这时江彬带人跑来，硬把小姑娘抢进镇国公府，终被朱厚照凌辱。

从正德十二年到十四年，朱厚照玩乐的瘾头越来越大。他觉得以皇帝的身份出游，十分拘束不便，于是就取了个假名叫朱寿，又自封为"镇国公总督军务威武大将军总兵官"，命江彬为"威武副将军"。他们频繁往来于京师和宣府、大同之间，又从大同渡黄河，经榆林，到绥德，然后抵达太原。所到之处，居民只得将家中女人藏起来，以免被强征去。北方玩够了，便想到南方去玩。正德十四年九月，朱厚照到了南京，见到江南景色自是与北地不同，不禁流连忘返，少不了还要广征佳丽，骚扰民间。

九月，朱厚照一行人走到一个叫积水池的湖泊，朱厚照见有许多渔人在湖里打鱼，他又来了兴致，让人弄来一条小船，他也要当一会儿渔夫。大臣们劝谏不听，朱厚照径自下到小船上，船夫把船摇到湖心，朱厚照便高高兴兴地站在船头上，举起网来，张开胳膊撒了出去。可惜他的身子被酒色淘空了，一时站立不稳，竟随着那网儿一起落进水中。等捞上来时，连淹带吓，话也说不出来了。

朱厚照从此得病，辗转床褥半年，于正德十六年三月死于豹房，年仅31岁。纵观其荒唐的一生，即位以来沉溺于声色犬马之中，仅仅为了自己的娱乐而出游各地，胡作非为，自古以来，则只有商纣王、隋炀帝及明武宗几人而已。

杨一清计除刘瑾

土木之变以后，明王朝开始衰落。明英宗以后的几代皇帝，大都昏庸腐败。他们不可能吸取王振误国的教训，一味依赖宦官。宦官专政的局面越来越严重。明宪宗朱见深（英宗的儿子）在位的时候，宦官汪直专权，在东厂以外，又设了一个西厂，冤死不少好人。

公元1505年，明武宗朱厚照即位。他身边有8个宦官，经常陪伴他打球骑马，放鹰猎兔，为首的叫刘瑾。明武宗贪图玩乐，觉得刘瑾等称他的心意，十分宠信他们。这8个宦官依仗皇帝的势，在外面胡作非为，人们把他们称为"八虎"。

一些大臣向武宗劝谏，要求武宗铲除"八虎"。刘瑾等得到消息，就在武宗面前哭诉。明武宗不但不听大臣劝谏，反而提升刘瑾为司礼监，又让刘道两个同党分别担任东厂、西厂提督。

刘瑾大权在手，就下令召集大臣跪在金水桥前，宣布一大批正直的大臣是"奸党"，把他们排挤出朝廷。刘瑾每天给武宗安排许多寻欢作乐的事，等武宗玩得正起劲的时候，他把大臣的许多奏章送给武宗批阅。明武宗很不耐烦，说："我要你们干什么？这些小事都叫我自己办？"说着，就把奏章撂给刘瑾。

自这以后，事无大小，刘瑾不再上奏。他假传明武宗的意旨，独断专行。刘瑾自己不通文墨，他把大臣的奏章全带回家里，让他的亲戚、同党处理。一些王公大臣，知道送给明武宗的奏章，皇上是看不到的。因此，有什么事上奏，就先把复本送给刘瑾，再把正本送给朝廷。民间流传着一种说法："北京城里有两个皇帝：一个坐皇帝，一个立皇帝；一个朱皇帝，一个刘皇帝。"

刘瑾怕人反对，派出东厂、西厂特务四处刺探；还在东厂、西厂之外，设一个"内行厂"，由他直接掌管，连东厂、西厂的人，也要受内行厂监视。被这些特务机构抓去的人，都受到残酷刑罚，被迫害致死的有几千人，民间怨声载道。

刘瑾还利用权势，敲诈勒索，接受贿赂。地方官员到京都朝见，怕刘瑾给他们的找麻烦，先得给刘瑾送礼，一次就送两万两银子。有的官员进京的时候没带那么多钱，不得不先向京城的富豪借高利贷，回到地方后才偿还。当然，这笔钱最后仍会转嫁到老百姓的身上。

公元1510年，安化王朱寘鐇（音 zhì fán）以反对刘瑾为名，发兵谋反。明武宗派杨一清总督宁夏、延绥一带军事。起兵讨伐朱鋺鐇，派宦官张永监军。

杨一清原是陕西一带的军事统帅，在训练士卒、加强边防方面立过功。因为他为人正直，不附和刘瑾，被刘瑾诬陷迫害，后来经大臣们营救，才被释放回乡。这回明武宗为了平定安化藩王叛乱，才重新起用他。

杨一清到了宁夏，叛乱已经被杨一清原来的部将平定，杨一清、张永俘虏了朱寘鐇，押解到北京献俘。杨一清早就有心除掉刘瑾，他打听到张永原是"八虎"之一，刘瑾得势以后，张永跟刘瑾也有矛盾，就决心拉拢张永。

回京的路上，杨一清找张永密谈，说："这次靠您的大力，平定了叛乱，这是值得高兴的事。但铲除一个藩王容易，内患却不好解决，怎么办？"张永惊异地说："您说的内患是什么？"杨一清把身子靠近张永，用右手指在掌心里写了一个"瑾"字。张永一看，皱起眉头说："这个人每天在皇上身边，耳目众多，要铲除他可难啊！"

杨一清说："您也是皇上的亲信。这次凯旋回京，皇上一定会召见您。趁这个机会您把朱寘鐇谋反的起因奏明皇上，皇上一定会杀刘瑾。如果大功告成，您就能名扬后世啦！"张永心里犹豫了一下，说："万一不成功，怎么办？"杨一清说："如果皇上不信，您可以痛哭流涕，表明忠心，大事一定能成功。不过这件事一定要快动手，晚了怕泄漏事机。"

张永本来对刘瑾不满，经杨一清一怂恿，胆子也壮了起来。到了北京，张永按杨一清的计策，当夜在武宗面前揭发刘瑾谋反。果然，明武宗命令张永带领禁军捉拿刘瑾。刘瑾毫无防备，正躺在家里睡大觉，禁军一到，就把他逮住，打进大牢。

明武宗派禁军抄了刘瑾的家，抄出黄金24万锭，银元宝500万锭，珠玉宝器不计其数；还抄出了龙袍玉带，盔甲武器。明武宗这才大吃一惊，把刘瑾判处死刑。

刘瑾虽然被杀，但是明武宗的昏庸腐败却是无可救药的。他杀了刘瑾之后，又宠信了一个名叫江彬的武官，在江彬的教唆下，他多次离开北京到宣府（今河北宣化）寻欢作乐。把朝政大权交给江彬，江彬又趁机贪污受贿，排斥好人。

由于明王朝的腐败统治，土地兼并已十分严重，百姓的赋税和劳役负担更加繁重，农民起义此起彼伏。公元 1510 年，北京附近爆发刘六、刘七领导的起义。这次起义延续两年，起义军横扫河北、山东、山西等 8 个省；4 次逼近北京，给腐朽的明王朝一次沉重的打击。

唐赛儿造反

唐赛儿是山东省蒲台县（今山东博兴县）人，祖上世代行医。她从小也学会医术，练过武功。长大后嫁给同村农民林三。后来加入了白莲教，当了"佛母"，经常无偿地给农民治病，所以在群众中有很高的威信。

永久十八年，山东蒲台一带瘟疫流行，有许多人来找唐赛儿医治。唐赛儿和她的丈夫无偿地给乡亲们治病。唐赛儿在给人治病时，夹杂上宗教色彩，说这些治病的药物是弥勒佛所赐，于是许多病人在好了以后纷纷加入白莲教，当了教徒。大家一传十，十传百，来找唐赛儿治病和入教的人越来越多。有的地方，疫病流行严重，唐赛儿还要亲自去施医舍药。不久，"唐佛母"的大名在这一带几乎尽人皆知了。

唐赛儿外出治病时，她的丈夫林三便在家里舍药。他本来医术不高，只跟妻子学了点医治疫病的方法，不小心自己也染上了瘟疫。邻居董彦杲看林三染病，急忙跑到青州府把唐赛儿找了回来。等到唐赛儿跑回家一看，林三已经死去了。唐赛儿痛哭流涕，索性在林三灵柩前把头发剪了，做了尼姑。

附近的乡亲们，听说唐赛儿丈夫死了，大家认为都是因唐赛儿一心只顾为别人治病，没能及时医护丈夫，才做了寡妇，又听说她已出家为尼，大家对她又怜惜、又感激。林三出殡那天，许多人不约而来，给林三送殡。这蒲台县的一个小村庄，竟聚集了几千人。一时香烟缭绕，铙钹齐鸣，大家齐声口宣佛号，抬着林三的灵柩向墓地缓缓前进，气氛倒也肃穆庄严。

送葬队伍刚出村口，便见大道上来了 10 多名捕快，个个手拿铁尺锁链，拦住了送殡的人群。一个捕头模样的人喊道："站住！你们这是干什么去？"

董彦杲走过去说："尊差，我们村的林三死了，这是出殡。"

"出殡干嘛来这么多人？这林三是多大的官儿？"

"林三就是个农民。"

"得啦！县里的大老爷早就听说了，你们这是白莲教，想借出殡的机会聚众闹事。"说着一指唐赛儿，对手下的捕快说，"那就是为首的妖妇唐赛儿，把她锁了押进县里去！"

一个捕快来到唐赛儿面前，抖出手中的铁链便往唐赛儿头上套。旁边一个叫宾鸿的大汉忍无可忍，大吼一声，把捕快的铁链夺下，顺手一轮，正砸在那捕快头上。那捕快"嗷"地叫了一声，头破血流，即时倒地不动了。

拒捕伤人，这是杀头的罪名。宾鸿豁出去了，手里的铁链飞舞，又有一名捕快被打倒。捕头一面拔刀一面大喊："反了，反了！"腰刀刚刚出鞘，就被董彦杲一把夺过去。捕头拔腿便跑。前面一个打幡的孩子用幡杆一栏，捕头"噗"一声被绊倒在地。董彦杲赶上前举刀砍下，眼看捕头腿儿蹬了几下，也不动了。

其他几名捕快见到这个情景，纷纷把腰刀和铁尺举起来，干咋呼了几声，扭头就跑。激愤的群众追上去，抢起幡杆桢子，一阵乱打。几个腿快的逃掉了，另外几个倒在了血泊里。

唐赛儿见事情闹大，跟董彦杲和宾鸿商议，只好一不做，二不休，就势造起反来。大家推举唐赛儿为首，董彦杲和宾鸿为副，组织起了"白莲军"。当场参加的便有 500 多人。

当地的穷苦百姓，被那些贪官污吏盘剥压迫，早就群愤激昂。现在唐赛儿登高一呼，一些农民纷纷来投，起义军很快发展到上万人。

唐赛儿带着"白莲军"到处攻城破县，杀贪官，开仓济贫，受到群众拥护，队伍越发展越大，不但有农民参加，连城市贫民也来参加，声势越来越大。

特别是那些打了败仗后逃回去的官兵，为了推脱责任，更把"白莲军"大加渲染，说唐赛儿能剪纸为马，撒豆成兵，呼风唤雨，役使鬼神。弄得附近各州县的地方官，惶惶不安。只好把告急文书，申奏朝廷。朱棣接到各地申报大怒，下令山东都司和各卫所驻军合力围剿，如有失误，一律问斩。

山东省都司和各卫所将领，接到朱棣的旨令，哪敢大意，便都各调所辖兵马，联合作战，对"白莲军"前堵后追，全力围剿。

"白莲军"将士作战虽然英勇，但起义的大都是当地农民，没有经过军事训练。几个主要将领，也是平民出身，没学过什么兵法，不懂得领兵打仗。打仗时只凭硬打猛攻，没有明确目标，只知攻城济民，打了就走。一次在占领即墨赶赴莱阳途中，中了官军的埋仗，全军被击溃。唐赛儿、董彦杲和宾鸿等几个主要首领侥幸没有被捉住。但这次起义却失败了。

白莲军起义，虽然只有短短的3个多月，但轰轰烈烈，在胶东中部一带，纵横数百里，打击了明朝的统治，唤起了广大群众的反抗意识。特别是唐赛儿，以一个年轻的寡妇，登高一呼，竟能聚集起几万人来反抗朝廷，更是对政权、神权、族权、夫权的挑战，在当时的封建社会，是有其历史意义的。

"响马"举义旗

明英宗的时候，政府强迫京都附近地区的老百姓养马，以供军用。政府是按百姓家中的丁田分派任务，把这些人家称做"马户"。每年政府都要征收小马，如果是种马死了或者小马的数量不足，马户都得赔补。在当时，一些田地都被官员霸占去了，草场一天比一天少，饲料十分短缺，马户苦不堪言，可是地方官又时刻催逼，老百姓实在是走投无路，在这种状况下，正德四年（公元 1509 年），河北农民展开了反抗这种苛政的斗争。

起义军的首领杨虎，是一个著名的"响马"，多次受到官军的追捕，而刘六、刘七哥俩都是当时的贫苦农民。他们起义后推杨虎为首领，攻打京城南面的州县。因为起义爆发在军马寄牧的京城附近地区，许多马户都参加了起义，起义军拥有许多马匹，这样，行动就比较快。官军因兵弱马少，对他们无可奈何。

起义军声势浩大，攻下文安后，转着弯儿杀去，回旋在河北广大地区。所到之处，势如破竹。地方官不是开城纳款，便是望风而逃。从正德六年正月到三月，3 个月的时间，义军便像一阵旋风那样，在博野、饶阳、南宫、无极、东明、滨州、临朐、监淄、昌乐、日照、蒲台、武城、阳信、泰安等州县畅行无阻，还攻下了孔子的老家曲阜。可惜义军没有一个明确的政治纲领，他们只是为反抗压迫，提出的也仅仅是"替天行道""劫富济贫"这样的绿林口号。攻下城池后就开仓分粮，没收县库，然后就离开。因而始终也没建立起一个巩固的根据地。

明朝廷看义军声势日渐壮大，便派张伟任总兵、马中锡任提督军务，率京营两万人南下征剿。

义军为了分散敌人的兵力，决定兵分两路，一路由刘氏兄弟带领，一路由杨虎和赵风子带领，一东一西，既分兵又呼应，牵制官军。刘六、刘七一队首先攻掠山东、接着又进入河南，便南下抵达湖广、江西地区，然后仍由原路杀回来，回到霸州。几个月时间，转战数千里。另一股义军在杨虎和赵燧率领下，从河南转入山西，纵横几千里，所向披靡。义军打起仗来，骑兵像潮水一般，直陷敌阵，个个骁勇。

后来两路义军在武安（今河北武安）会师。稍事休整，又合兵北上，直逼北京。正德皇帝令兵部尚书何鉴急调三路人马保卫京都。这三路人马，一是各地卫所驻军，二是守卫京都的京军，三是各边镇的边兵。

义军打到信安镇（今天津以西），看北京守卫太强，便又分兵南下，一去山东，一去河南。明廷一看义军退走，便以太监谷大用总督军务、兵部侍郎陆定为监军，率领三路大军，撒开大网，向义军围剿过来。此时官军人数超过义军几十倍，形势对义军很不利。

正德六年十一月，杨虎在河南夏邑县渡过小黄河时，遭到伏击，船只沉没，杨虎因不会游泳，溺死在水中。杨虎死后，义军在赵燧主持下，改变过去"响马"式的组织结构，组成28个营的正规军，推杨虎的结义弟兄刘惠为奉天征讨大元帅，自己任副元帅，树起"虎贲三千，直抵幽燕之地""龙飞九五重开混沌之天"的大旗。说明义军从单纯的反抗压迫，变为要决心推翻明朝的统治了。

正德七年二月，赵燧部已有步卒13万人、骑兵5000了。当年闰五月，赵燧义军在河南南召与官军大战，义军寡不敌众，全军溃败，义军将领或阵亡或被擒。

杨虎、赵燧一路义军被官军消灭了，官军便集中全部力量来围攻刘六率领的义军。当时刘六等想去塞北，但北边各关口都被严密封锁，只好又折回头来南行，辗转来到湖广。这里多是江河湖泊，骑马很不方便，义军只好弃马登舟。但北方义军长于骑战，却多不识水性。在一次战斗中，刘六不慎中箭，他不愿做俘虏，投江自杀了。

八月，刘七义军被官兵逼到狼山。狼山在通州（今江苏南通市）城南，背靠大江，险峻高耸。在山颠峰麓，义军与官军死战，官军越战越多，有时竟是几十名官军拼战一名义军，最后义军全部英勇战死了。

刘七站在山巅，满身血迹，横刀微笑，他转身一跃，宛如一只黑色的燕子，直朝下面的大江坠去。

明廷为对付河北农民起义军不得不调集各地卫、所、京营和边兵几十万人，耗军费数百万两。明政府对被抓住的义军进行残暴狠毒的处治，有的义军将领处以残酷的剥皮之刑。

"响马"起义军被镇压下去了。但他们在两年的时间里，转战河北、河南、江南 7 个省，袭破几十座州县，杀了上千名贪官污吏和土豪劣绅，把反抗的种子播撒在人们心中。

杨继盛斗严嵩

明世宗即位后，看到明朝逐渐衰落，一开始，还在政治上进行了改良，对税收制度进行了一些调整，对宦官的权力加以限制，但都没有多大效果。后来明世宗竟迷信道教，在宫内设置仙坛，也就没有心思料理朝政了。大学士严嵩因为祭神文书写得好，获取世宗的好感，很快被提拔为内阁首辅（即宰相）。

严嵩当了首辅后，除了对世宗进行拍马奉承，还跟儿子严世蕃一起，结党营私，贪赃枉法，作威作福，干尽了坏事。许多没有血性的朝廷官员都投靠严嵩，为自己找个靠山。朝廷里的官员有 30 多个是严嵩的干儿子，这些干儿子各把持一个重要部门，朝廷里的大权就操纵在严嵩的手里了。

瓦剌部落强盛后的几十年里，北方蒙古族的鞑靼部落也逐渐强大起来，统一了蒙古各部，对明朝构成极大的威胁，严嵩却不练兵、不备战，反而大量地贪污军饷，边防兵士受冻挨饿。鞑靼首领俺答经常带兵侵扰边境，几次打到内地，明军不战而退。俺答长驱直入，不费一兵一卒就打到北京郊外。明世宗慌忙派仇鸾指挥。仇鸾是严嵩的同党，严嵩怕他打了败仗以后自己不好交代，就指使仇鸾不要与鞑靼兵交战。结果，十几万明军一箭未发，坐视鞑靼人烧杀掳掠，抢走大批人口、牲畜、财物。

仇鸾不仅不抵抗，而且暗中勾结俺答，想与之议和，做了许多丧权辱国的事情。仇鸾的行为激起了大臣们的义愤，一致反对议和，其中最反对最坚决的是兵部员外郎杨继盛。

杨继盛是保定容城人，家境贫寒，7岁时丧母，继母偏心，待他不好，很小就叫他放牛。当他每次经过村里私塾门口的时候，看到跟自己差不多大的孩子都在快快活活地念书，心里非常羡慕。父亲见他人小志气大，就让他一边放牛，一边读书。杨继盛很聪明，进步很快，老师很喜欢他。后来考中了进士，到京城里做了官，很多大臣都很赏识他的才能。

杨继盛是一个正直的朝廷官员，对严嵩、仇鸾的丧权辱国行为，切齿痛恨，就上奏明世宗，反对议和，在奏章中写道："我明朝人多地广，只要朝廷发愤图强，发展生产，精选强将，苦练精兵，就不怕打不败鞑靼。"明世宗一开始还很赞同杨继盛的看法，后来又禁不住仇鸾的花言巧语的劝谏，说同鞑靼议和有多少多少好处。明世宗不仅没有采纳杨继盛的建议，反而听信仇鸾的谗言，把杨继盛贬职到狄道（今甘肃临洮）做了典史小官。

到了狄道，杨继盛还是一样信心十足。狄道是临洮的一个少数民族聚居地，这里人都不识字，对外很少联络，所以这里非常贫穷落后。杨继盛第一

件事就是办学校，选了100多名青少年到学校念书。有些孩子家里没有钱，上不起学，杨继盛就把夫人的衣物和自己的马卖掉，救济他们。老百姓看杨继盛对他们这样好，都很爱戴他，尊称为"杨父"。

杨继盛遭到贬职以后，明世宗接受了仇鸾议和的主张，明朝与鞑靼停止了战争，

但俺答又常来侵袭边境地区。明世宗一看同鞑靼协和，明朝并没得到什么好处，还没等他降罪下来，仇鸾就吓得得病死了。这时候，明世宗才想起，当初应该接受杨继盛的建议，于是又把杨继盛调回京城。

严嵩见皇上这样信任杨继盛，就想来拉拢杨继盛，杨继盛却越发痛恨严嵩。他回到京城没几天，就上奏世宗，要求惩办严嵩，并揭发严嵩10大罪状，条条都有确凿的证据，他在奏章中说，严嵩10大罪状，妇孺皆知，唯有皇上一直受他的蒙骗。那是因为还有"五奸"，就是严嵩在朝廷上下的同谋、爪牙、亲戚、奴才、心腹。杨继盛的这个奏章，足可以致严嵩死命，严嵩又气又急，跑到世宗那里，一边为自己开脱罪责，一边诬陷杨继盛，说杨继盛如何如何对朝廷不忠。世宗听了大怒，第二天上朝时，把杨继盛打了100廷杖，打入大牢。

杨继盛被打得体无完肤，腿上的肉被打开了，鲜红地翻卷来，惨不忍睹，连狱卒看了都差点流泪。但杨继盛是条硬汉子，一点也不在乎。亲友给他送来蛇胆治伤，他却笑着说："蛇胆，用不着，我自己有胆。"杨继盛被关了3年大牢，一直也没打听到他有什么罪证。一些大臣想营救他，严嵩也觉得没有理由再关他。可是严嵩的同党害怕把杨继盛放出来，又会跟他们过不去，就跟严嵩说："杨继盛不杀，将来总归是我们的一条祸根。"严嵩一想，杨继盛要是放出来，对自己的威胁太大了。于是下了狠心，鼓动明世宗把杨继盛处死了。

由于严嵩长期把持朝政，各要害部门都有他的爪牙、亲信，明世宗对他也感到厌烦了。一天，明世宗请一位蓝道士帮他求神仙，这位蓝道士对严嵩犯下的滔天罪行也深恶痛绝，就借神仙的口叙严嵩的罪状，劝世宗除掉严嵩。世宗下不了决心，御史邹应龙平时也最恨严嵩，得知此事后，认为应该借这个机会攻击严嵩，杀杀他的威风，一想到杨继盛为此而招来杀身之祸时，又犹豫了。想来想去，决定先从严嵩的儿子严世蕃下手，上奏皇上惩办他，只要严世蕃被治罪，严嵩一定会受到牵连。

主意已定，邹应龙就向世宗上了一道奏章，明世宗果然惩办了严世蕃，充军到雷州，同时勒令严嵩辞官回乡。

严世蕃及其同党根本没有到雷州充军，却偷偷溜回老家，网罗江洋大盗，勾结汉奸和倭寇，准备叛逃到日本，御史林润得知此事，又向世宗揭发。

昏庸的明世宗看到林润的奏章，大为震惊，这才完全明白严嵩一伙的行径。便立刻派人捉拿严世蕃及同党，一律斩头示众，并对严嵩给予削职为民的处罚。

汤显祖 "一生四梦"

嘉靖二十九年（公元 1550 年）中秋节前夕，江西抚州临川镇的一家书香门第内，传出刚落地的婴孩的呱呱哭泣声。这个婴孩便是后来的明代大戏剧家汤显祖。

汤家是书香门第，共藏书 4 万余卷。汤显祖一出生，进入他视线的最多的东西就是书。到了弱冠之年，他几乎读遍了家中的所有藏书，能够出口成章，素有"临川大才子"之称。21 岁时，风度翩翩的汤显祖便中了举人。

万历二年（公元 1574 年）春，在内阁首辅张居正的庇护下，其长子张敬修考中进士。万历五年（公元 1577 年）春，朝廷将如期举行会试。张居正事先想出一个既可以使次子张嗣修一举及第，又可以掩人耳目的好办法，即搜罗部分海内名流，到时候让其次子与他们同时入选。张居正早就听说汤显祖、沈懋学是天下才子，就命人想方设法邀他们进京。

万历八年（公元 1580 年）岁首，张居正三子张懋修和同乡王篆登门拜访汤显祖。张懋修刚一落座，便直截了当地说："希望与汤公同时参加会试！"汤显祖仰头狂笑了一阵后，一语双关地说："我还是当我的处女，不敢失身！"坐在一旁的王篆被汤显祖笑得脸上阵阵出火，他连忙上前拉起张懋修就走，当他们刚刚走到门外时，只听客厅里的汤显祖又发出一阵狂笑声。

当年三月，张懋修考中状元。直到万历十一年（公元 1583 年），张居正已死去一年，汤显祖才考中进士。

万历十二年（公元 1584 年）春，汤显祖带领家眷，携万余卷书，去南京任太常博士。

万历十九年（公元 1590 年）闰三月的一个夜晚，天空出现彗星，神宗由此颁布诏书，严厉指斥谏官未能尽职尽责。汤显祖趁机呈给神宗皇帝一篇《论辅臣科臣疏》，其中写道："谏官难道都不称职吗？其实，事出有因，陛下的权力被内阁大臣所窃取，谏官要看着他们的脸色行事，也就不敢表明赞成什么、反对什么。御史丁此吕首先站出来告发嵇应科、陆橱、戴光启等考官在乡试、会试的过程中，偏向张居正之子。去年，御史万国钦揭露一些边地将帅丧师辱国等罪恶行径，却被申时行赶往剑州。谁站出来说句公道话，谁就遭到各种打击和迫害。于是，那些不知廉耻之徒，只知道向执政者献媚求崇。他们得到高官厚禄后，只是认为是执政者赐予他们的。纵然他们将来落个臭名也不顾，可是，今日已享尽荣华富贵。给事中杨文举奉诏赈济灾民，不料，他得到地方官的贿赂累计百巨万。他抵达杭州后，每日在西湖上举行宴会。给事中胡汝宁攻击敢于揭露科场舞弊事件的饶伸，充当权门的鹰犬。陛下刚刚下诏责备谏官不敢犯颜直谏，可是，内阁大臣仍继续干着欺上瞒下的勾当。我请求陛下立即免去杨文举、胡汝宁的官职，以此为内阁大臣敲敲警钟。"神宗看了他的奏疏，说道："此人假借议论国事之名，攻击内阁大臣，让他到广东的徐闻县当典史去吧！"

徐闻县城，地处天涯海角。从早到晚，云雾弥漫；一年四季，阴雨连绵。皇帝把汤显祖贬谪到这里，汤显祖并不后悔。他感到欣慰的是：自己敢于向君王进逆耳忠言，尽到了一个臣子应尽的责任。

万历二十一年（1592年）春，朝廷任命汤显祖为遂昌知县。他一到任，就为当地百姓除掉两大害：捕杀伤人的猛虎10余只，处死打家劫舍的大盗100多人。

令具有诗人气质的汤显祖最感到欣喜的是：身在遂昌县城，四处都能望到碧绿的梧桐树，望到蜿蜒起伏的青山。用他的眼光看：这里虽然不像大都市那样人口稠密，可是，村落相连，也足凑成上千家。他每日一觉醒来，就匆匆地到衙内处理公务。有时，他趁着月夜，到长桥边饮酒、赋诗；有时，他乘着春风，到田野里听牧童、村姑唱山歌。一天，他站在高处向四周一望，自言自语地说："山城到处有可以耕种的园田，用不着像陶渊明那样，非得辞去彭泽县令，回到故乡，才能从事农业生产。"

万历二十六年（公元1597年）春，汤显祖退出官场，回到故乡。他的新居建在临川的沙井巷内。他在新居前种植了一株白山茶花，因此，他将整个新居命名为"玉茗堂"。在玉茗堂内，他首先开始了《牡丹亭》的创作。《牡丹亭》描写杜丽娘死而复生，终于与柳梦梅结为夫妻的爱情故事。一日，家人突然不见了他的踪影。到处寻觅，才发现他卧在庭院的柴堆上，用衣袖遮脸，在低声哭泣。家人惊问其故，汤显祖说："当写到二十五出'赏春香还是旧罗裙'一句时，情不自禁，以致如此。"

这年秋天，汤显祖写完《牡丹亭》。万历二十八年（公元1600年），他写出《南柯记》。次年，他又写出《邯郸记》。这三部传奇和他以前在南京时与朋友共同创作的《柴钗记》，被人们合称为"临川四梦"。因为它们都描写到人物进入梦境的情节。汤显祖生前说过："一生四梦，得意处惟在牡丹。"他把《牡丹亭》看成是自己的戏剧代表作品。

万历四十四年（公元1615年）六月十六日，汤显祖在临川病逝。

海瑞刚正不阿

海瑞，字妆贤，回族人，原籍广东省番禺县，祖上迁居海南岛，他出生于琼山。4岁那年死了父亲，母亲节衣缩食，供他上学，海瑞发愤苦读，于嘉靖二十八年中了举人，被派到南平（今福建省南平市）当教谕（县学校长）。自号刚峰的海瑞在任教谕期间，又得了一个外号叫"笔架博士"。

原来，那时常有上司和御史来县学观察，一些学官为了讨好上司，一见面就全身趴在地上磕头。耿直的海瑞认为学校是教书的地方，不是官府衙门，见面除作揖外，没有跪拜一说。因此，不管谁来，他都是只作揖，不下跪。他是教谕，站在中间，两边的学官趴在地上，看起来像是"山"字，又像个笔架，因此百姓送了他一个"笔架博士"的外号，为他的刚直不阿叫好。那些上司对他这种做法虽心怀不满，但也毫无办法。

4年以后，海瑞升为淳安知县。上任后，海瑞千方百计减轻百姓负担，取消一切不合理的税负，对上司的额外摊派，海瑞坚决抵制，从不屈服。在他的治理下，淳安县吏治清明，百姓安居乐业，人民对他由衷地信赖和爱戴。

在此期间，发生了两件事情，足以证明海瑞不畏强权、一心为民的崇高品质。一次，浙江总督胡宗宪的儿子胡大公子路过淳安。胡宗宪是首辅严嵩的大红人，飞扬跋扈，不可一世。他的儿子依仗父势，为非作歹。途经淳安，他嫌驿站的官吏招待不周，竟命手下将驿吏头朝下倒挂在房梁上拷打，将无辜的驿吏打得死去活来，围观者敢怒而不敢言。有人将此事告知了海瑞。海瑞一听，怒不可遏，立即带着衙役赶到驿站，下令抓了拷打驿吏的几个狗腿子，并严厉斥责了胡大公子，没收了他所带的数千两银子。如此惩治了骄横的胡公子，人们拍手称快，但同时又替海瑞捏一把汗，万一胡宗宪追究起来怎么办？

海瑞成竹在胸，他利用胡宗宪曾说过的一句空话，写信给胡，信中说：大人曾经谆谆教导下属，凡事必须节俭，不许铺张浪费。现在淳安来了个姓胡的人，自称是您的儿子，却嫌招待不周，还毒打了驿吏。这和您大人的明令不符，此人一定是假冒的，因此，我已惩办了他，请您放心。胡宗宪看完信后，又气又恼，又不能声张出去，真是哑巴吃黄连，有苦说不出。

后来，海瑞被调到北京，任户部主事。此时，昏君明世宗只知修道求仙，整日在西苑求神斋醮，妄图长生不老。

有一次，世宗在秘殿中扶乩（音 jī），听说服用灵芝可以延年益寿，于是派人四处搜集灵芝。地方官吏纷纷进献，宫中灵芝堆积如山。有个叫王金的逃犯，贿赂了宦官，得了一万株灵芝，制成一座"万岁芝山"，又将一只乌龟涂上五彩，冒充祥瑞之物，一并献给世宗。世宗大喜，廷臣纷纷上表称贺，逃犯王金由此摇身一变，成了太医院的御医。

明世宗迷于仙道，不理朝政，致使奸臣专权，朝纲紊乱，百姓的疾苦，无人过问。曾有一些正直之士上疏皇上不要崇信鬼神，要关心国家和民众。结果都被一手遮天的严嵩父子陷害，不是被处死，就是遭贬谪。御史杨爵上疏直言，结果被投入狱中8年，差点送命。此后，几乎无人再敢上疏劝谏皇上了。海瑞目睹国家如此混乱的局面，忧心如焚，满怀着一腔激愤之情，写了一篇历数世宗种种错误，劝他改过自新、重新治理国家的奏折。

朋友们得知了此事，纷纷前来拦阻海瑞，劝他不要呈递，免得招惹杀身之祸。

将生死置之度外的海瑞在下笔之前，已令管家去订好一口棺材，并且遣散了家人随从。他又拿出20两银子，交给在朝中为官的一位姓王的同乡，对他说："我这次上疏，凶多吉少，看在同乡的情分上，一旦我遭不测，请你拿这笔钱将我埋在老家，我就十分感谢您了。"他的同乡含泪答允了他的请求。一切交待完毕，海瑞就义无反顾地到通政司（专管接收奏章向皇帝呈递的机构）递交了疏稿，然后，便到朝房等待治罪去了。

奏折到了世宗手中，他从头看起，只见上面全是指责自己的文字：陛下以为可以得道成仙，就一意修炼，耗尽了民脂民膏，滥兴土木，20多年不理朝政，法纪全部废弛。……致使贪官污吏横行霸道，民不聊生，水旱无时，盗贼遍地。如今百姓都在说："嘉者，家也；靖者，尽也。百姓穷困到了极点。陛下试想想如今的天下，还成个什么样子？……陛下的过错太多了，最主要的在于斋醮求仙。斋醮为了长生不老，可是，历代方士哪有存活至今呢？陛下以陶仲文为师，学习他长生不老的法术，可是，陶仲文已经死了，他自己都不能长生，陛下怎会求得呢？至于那些仙桃天药，更是怪诞不经。……"

世宗看完，气得浑身乱颤，大发雷霆，将奏折掷到地上，大声吼叫着："快给我把海瑞抓来，别让他跑了！"立于一旁的宦官黄锦说："此人素有痴名。听说他上疏时，料到会触犯圣上，该当死罪，所以先行买了一口棺材，诀别妻子儿女，他自己正在朝房待罪呢！"

世宗闻言，愣了好一会儿。半晌，又把奏折捡起来，再三诵读，疏中之言，虽很刺耳，但句句在理，海瑞的一片赤诚之心袒露无遗，世宗一时之间也深受感动。但是，不久他又认为海瑞的奏疏是辱骂，到底还是下令将他逮捕，问成死罪，关在狱中。

两个月后，即嘉靖四十五年（公元1566年），一心祈求长生的明世宗，终因服食过多的丹药而病死。他死后，海瑞被释放复职，继续为民操劳，直到万历十五年（公元1587年）去世。海瑞死时，因没有儿子，御史王用级为他经办丧事，只见他家徒四壁，清贫至极。王用级不禁伤感地流下泪来，海瑞没留下一文私产，还是王用级筹了一笔钱将他安葬了。

出殡的那天，京都市民休市一天，以悼念他们深深爱戴的清官。灵柩抵达江边，两岸哭声震天，百姓们一律穿上白衣，戴上白冠，扶老携幼，自发前来送葬。这位被誉为明代第一大清官的海瑞，又被百姓称作"海青天"，冒死上疏怒斥嘉靖帝的故事一直流传至今。

戚继光驱逐倭寇

明世宗的时候，有一批日本的海盗经常骚扰我国东南沿海一带。他们和中国的土豪、奸商勾结，到处抢掠财物，杀害百姓，闹得沿海不得安宁。历史上把这种海盗叫做"倭寇"。"倭"就是矮个子的意思，百姓恨透了倭寇。

公元 1553 年，在汉奸汪直、徐海的勾结下，倭寇集结了几百艘海船，在浙江、江苏沿海登陆，分成许多小股，抢掠了几十个城市。沿海的官吏和兵士胆小怯弱，不敢抵抗，见了倭寇就逃。倭寇侵略气焰越来越猖狂，使躲在深宫里的明世宗也不得不发愁了，叫严嵩想法子对付。严嵩的同党赵文华想出一个主意，说要解决倭寇侵犯，只有向东海祷告，求海神爷防范倭寇，保佑沿海一带。明世宗居然相信赵文华的鬼话，叫他到浙江去祷告海神。

后来，朝廷派了一位熟悉沿海防务的老将俞大猷（音 yóu）去抵抗。俞大猷一到浙江，分析了敌情，就打了几个胜仗。但是不久，浙江总督张经被赵文华陷害，俞大猷也被牵连坐了牢。沿海的防务没人指挥，倭寇的活动又猖獗起来。朝廷便把山东的将领戚继光调到浙江，这才扭转了这个局面。

戚继光是我国历史上著名的民族英雄，山东蓬莱人。他的父亲戚景通是一个正直廉明的人，戚继光从小深受父亲的影响。17 岁时，他承袭了登州指挥佥事，25 岁时已上任都指挥佥事，负责整个山东沿海的防卫。戚继光在军中很有威望。

他到了浙江沿海地带，先检阅那儿的军队，发现那些军队纪律松散，根本不能够打仗，就决心另外招新军。他一发出招兵命令，马上有一批吃够了倭寇之苦的农民、矿工自愿参军，还有一些愿意抗倭的地方武装也参加了进来。戚继光组织的新军很快发展到 4000 人。

戚继光是个精通兵法的将领，他懂得兵士不经过严格训练是不能上阵的。

他根据南方沼泽地区的特点，研究了阵法，亲自教兵士使用各种长短武器。在有了一定的基础后，戚继光开始演习"鸳鸯阵"。一个鸳鸯阵由几个人组成，最前面是队长。队长身后每个士兵都拿藤牌，遮挡箭支、刀砍，掩护其他战友。他们身后是身持长竹尖刀的士兵。这样既可以独立作战又可以组成大阵。经过他的严格训练，这支新军的战斗力特别强。"戚家军"的名气就在远近传开了。

过了几年，倭寇又袭击台州（今浙江临海）一带，戚继光率领新军赶到台州。倭寇在哪里骚扰，他们就打到哪里。那些乱七八糟的海盗队伍，哪儿是戚家军的对手，交锋了九次，戚家军一次次都取得胜利。最后，倭寇在陆地上待不住，被迫逃到海船上，戚继光又用大炮轰击。倭寇的船起了火，大批倭寇被烧死或掉到海里淹死，留在岸上的也只得乖乖投降。

倭寇见到浙江防守严密，不敢再侵犯。第二年，他们又到福建沿海骚扰。一路倭寇从温州往南，占据了宁德；另一路倭寇从广东往北，盘踞在牛田。两路敌人互相声援，声势很大。福州的守将抵挡不了，向朝廷告急。朝廷又派戚继光援救。戚继光带了新军赶到宁德，打听到敌人的巢穴在宁德城10里外的横屿岛。那儿四面是水，地形险要。倭寇在那儿扎了大营盘踞，当地明军也不敢去攻打他们。

戚继光亲自调查了横屿岛的地形，知道那条水道既不宽，又不深。当天晚上潮落的时候，戚继光命令兵士每人随身带一捆干草，到了横屿对岸，把干草扔在水里。几千捆干草扔在一起，居然铺出了一条路来。戚家军兵士踏着干草铺成的路，神不知鬼不觉地进入倭寇大营。经过一场激烈战斗，盘踞在岛上的2000多个倭寇全部被歼灭。

戚家军攻下横屿，立刻又进兵牛田。到了牛田附近，戚继光传出命令，说："远路进军，人马疲劳，先就地休整再说。"

这些话很快传到敌人那里。牛田的倭寇真地相信戚家军暂时停止进攻，防备也就松懈下来。就在当天晚上，戚继光下令向牛田发起总攻击。倭兵毫无准备，仓促应战，禁不住戚家军的猛攻猛冲，纷纷败退。倭寇头目率领残兵逃到兴化，戚家军又连夜跟踪追击，一连攻下了敌人60多个营寨，消灭了溃逃的敌人。到天色发白的时候，戚家军进兴化城。城里的百姓才知道附近的倭寇已被戚家军消灭。大家兴高采烈，纷纷杀牛带酒，到军营来慰劳。

第二年，倭寇又侵犯福建，攻下兴化。这时候，俞大猷已经复职。朝廷派俞大猷为福建总兵，戚继光为副总兵。两个抗倭名将一起，大败倭寇，收复兴化。公元1565年，俞、戚两军两次配合，大败倭寇。到这时候，横行几十年的倭寇被基本肃清了。东南沿海的人民又过上了安居乐业的生活，人民记着俞大猷、戚继光的功绩，称颂他们是"抗倭名将"。

李卓吾"离经叛道"

在明朝嘉靖年间，正当全国道教泛滥的时期，朝中出现了一位"不信学、不信道、不信仙"，敢于向封建礼教挑战，同情百姓疾苦，被当时一些人称为"离经叛道"的学者李贽。

李贽是明代著名思想家，号卓吾，嘉靖六年（公元1527年）生于福建泉州。幼年家道清寒，7岁丧母，跟随教书的父亲读书识字。嘉靖三十一年考中举人。因生活困难，无力再考，只好当了河南共城县教谕，后改任礼部司务。不久父亲去世，停职丁忧。守孝3年服满，回到北京等待重新安排职务，但他一无门路，二没钱打通关节，只好干等，一等就等了一年零八个月。这期间他只好以教书糊口，有时一天只吃一餐。在这种艰苦的生活中，使他逐渐认识了人生，得到了磨炼。

后来，他终于分配到国子监当博士了。博士又叫五经博士，是向学生讲授"五经"的教官。李贽从小就不信学（学，指的就是儒学），却又让他讲"学"，这个教官还能当好吗？

他去给监生们上课了，他幽默地说："有人讲：'天下生仲尼（孔子），万古长如夜。'怪不得羲皇时候的人，白天还要点着灯笼走路呢！"监生们忍不住"哈哈"大笑。

李贽讲："有人宣称孔子是'圣人当中的圣人'，是'至圣至贤'。不管干什么都得照着孔子说的去作，凡事'不可不依仿，不能不依仿，不容不依仿'。那么孔子以前的人又去依仿谁呢？"他又接着讲："天生一人，便有一人的人格。全靠依仿别人而生活，你个人的人格何在？以前人之是非是为是非，然而今日不是前日，前日之是非又怎能作今日衡量是非的标准呢？"

李贽是五经博士，是要他向学生讲授"五经"的，他倒跟"五经"唱起反调来了。国子监赶忙请吏部把他调走。因此，李贽只教了3个月的书，便被调到南京任刑部员外郎了。

南京刑部的职务清闲，使李贽有时间读书，也使他有时间写书。他的名声渐渐传开了，有人赞同他，有的人反对他。但他毫不在乎，仍然我行我素，坚持他自己的学术见解。

到了万历五年（公元1577年），李贽50岁了，才被任命为云南姚安知府。不过李贽当知府的时间并不长，只两年多他就不干了。因为他受不了上级的勒索和送往迎来的繁文缛节。他把头发剃光了，僧不僧，俗不俗，就那样往大堂上一坐，问起案子来，一时舆论哗然。

巡抚把他叫了去，问他："你这种打扮，成何体统！难道想当和尚吗？"

"非也，天底下并不是只有和尚才准许剃头的。而且朝廷只对各级官阶的朝冠、绶带和官服的服色、绣文作了规定，却没规定各级官员头发的长短。因此下官此举，只是个人的癖好，似乎与官衔无关。"李贽的一番话，气得巡抚嘴唇也哆嗦了。

李贽回到任所，知道巡抚不会放过他，便主动离职，并从此不再做官。他觉得做官太不自由，束缚了他的个性发展。万历十二年，他把妻子儿女送回老家泉州，自己来到湖广麻城（今属湖北省）周思敬的家里。他看到这儿有一处叫龙湖的湖泊很美，便准备在这儿定居好著书立说。于是，他便给朋友写信，要求得到"半俸"的帮助。他那时已有许多朋友，其中不乏高官。不久，援助的款项来了，他便在龙湖畔的青山上建了一座寺院，称为"芝佛院"。

芝佛院并非正式的寺庙，因为他没在县里的宗教衙门"僧公司"或州的"僧正司"以及府里的"僧纲司"任何一处登记，因此只能说是私人的佛堂。芝佛院中有一座正殿，供奉着佛祖；左右有偏殿；还有一排专为招待来访客人的房舍。因为李贽那时的朋友上至尚书侍郎、总督、巡抚，下至进士、举人、县学生员，这些人常跑来向他请教。他自己则住在山顶的一间精舍里，他的《藏书》《续藏书》《焚书》《续焚书》和《史观评要》等著作，大部分是在这里写成的。他把他的书起名为《焚书》，意思是说，他书中的观点一定会有人反对，说不定那些人气急了便把书付之一炬，因此叫焚书。

李贽是在穷困中长大的，深知民间的疾苦，他同情人民，憎恨官府的腐败，特别是对那些盗匪，他认为大多数是被官府压迫得无法生存，才铤而走险的。他曾说：正是由于政治腐败，贪官污吏横行，"使豪杰抱不平之恨，英雄怀罔措不戚，直驱为盗也！"

李贽不信学，不信道，主张个性自由发展。他本人也放荡不羁，不拘小节，不恤人言。因此，他的做法和主张，都是和当时的封建礼教传统道德相悖的。因此，被认为是离经叛道，是对整个上层社会的公开挑战，当权者岂能容他自由自在地存在。那些反对李贽的人买通地方上的无赖，晚上放火将芝佛院烧毁了。而李贽也被锦衣卫逮捕入狱。

负责审问的李官员大金吾未能从李贽身上获得什么口供，他打算将李贽遣回原籍。过了几天，圣旨也未下达，李贽在狱中作诗读书自如。一天，李贽叫侍者为他剃发，待侍者离开后，李贽拿剃刀朝自己的喉咙割去，自尽而死。那年是万历三十年（公元1602年）。

李贽虽然死了，但他的著作却未能焚毁，被他的亲友保存了下来，一直在人间流传。

李时珍与《本草纲目》

李时珍是蕲州（今河北蕲春）人，出生在一个医生世家，他的祖父和父亲都是蕲州有名的医生。父亲李闻言对药草很有研究，他所开的处方和配制的草药，治病疗效很高。李时珍从小就受到父亲的熏陶，父亲每次采药回来他都要问问这个药草叫什么名字，那个药草有什么功效，能治什么病，还经常同伙伴们上山采药。日积月累，各种草药的名称、采摘、炮制方法及其作用、效力，他都掌握了。他的医药知识也不断地丰富了。

在封建社会，民间医生的社会地位是很低的，上流社会的人根本看不起医生。李时珍的父亲虽然自己是医生，却不想叫李时珍再当医生让人瞧不起，就要李时珍读书应科举考试，走科举这条路能取得功名，光耀门楣。其实李时珍对医药兴趣浓厚，哪想去读书做官呢？但父命也不能违抗。在父亲的督促下，李时珍 14 岁中秀才，后来 3 次参加举人考试都落榜了。别人都说："这么聪明好学的孩子没考取，真太可惜了。"而李时珍却没有灰心丧气，一心想当个好医生，为穷苦百姓治病，对医道和药方的钻研更加刻苦。

几次乡试落榜以后，李时珍就正式跟着父亲学医了。正好在这一年，家乡闹了一场洪水灾害，水退了之后，疫病流行。李时珍父子日夜奔忙，救治百姓。生病的大多数是穷人，李时珍父子对穷人都有一片同情心，穷人找他们看病，总是精心治疗，不计报酬。老百姓对他们高明的医术和高尚的医德满口称颂，都说他们父子是穷人的好医生。

李时珍一边行医治病，一边钻研医术，他阅读了大量的医药书籍，从中汲取了丰富营养。明朝以前，古代医书就已经有不少了，其中影响最大的是汉代的《神农本草经》，这些书还满足不了李时珍的需要，他借经常给一些

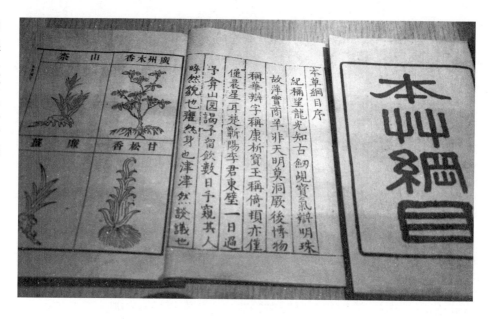

王公贵族看病的机会，从这些藏书比较多的人家借阅图书。他的医学知识不断丰富，医术越来越高明，名气也越来越大，请他看过病的人，到处宣传说李医生人好医术高，附近州县没有不知道李时珍的，有个大病小灾的都来请李医生去看。

有一次，封在武昌的楚王的儿子得了抽风病，楚王府的医官治不好，楚王急得不得了。后来有人告诉楚王，说李时珍能治好这种病。楚王听了就赶快派人去请李时珍。李时珍来到王府，根据自己的临床经验，看看王子的脸色，号了号脉，确认这是因肠胃不好引起的。找到了病因，就好对症下药，李时珍开了一个药方，王子没吃两剂，病就好了。

楚王对李时珍感激不尽，经过三番五次的挽留，把李时珍留在王府。

明世宗一共在位45年，但很少关心国事，只是整天尽情享乐，可又怕自己将来会老死，享受不到这快活的日子，那真是太可惜了。于是他就设法寻找长生不老的药方，并信了道教，想借神仙的力量帮助自己实现愿望。

为了使自己不会老死，明世宗于公元1556年下诏叫各地官员向朝廷推荐名医。这时李时珍正好在楚王府里，楚王为了向明世宗讨好，就将李时珍推荐给朝廷。这一年，李时珍被调到京城太医院，当了医官。

明世宗虽然招罗了天下各地名医，但对医学并不重视，还是想做道场、炼金丹，认为这些才是使自己长生不老的真正途径。李时珍对明世宗这一套不信科学、只讲迷信的做法看不惯，而且自己本来的意愿是要为穷苦百姓治病，待在太医院里实在没意思。因此，一年多后，他就辞官回乡了。

李时珍在回乡的路上，顺便到许多名山大川去游览。他并不是到各处去欣赏景色，而是为了他的医学，为了对草药的研究，要把他所掌握的草药的药用性质都搞清楚。一天他到了武当山（今湖北境内），听说山上出产一种叫榔梅的"仙果"，吃了可以使人返老还童，宫廷贵族将其都当做宝贝，当地老百姓不得采摘，地方官每年都要将这里的"仙果"千里迢迢送到京城，进贡朝廷。李时珍不相信会有那么大功效的"仙果"。为了弄个明白，他冒着生命危险，攀登悬崖绝壁，采到一颗榔梅。把他带回家仔细研究之后发现，榔梅跟一般梅子差不多，只不过是一种鲜美可口、能够止渴生津的水果。

李时珍在长期的医疗实践中积累了丰富的医药科学资料，他发现一些医书上的记载有不少是错误的，经过许多年代，人们又陆续发现不少古书上没有记载的药草，他就决心重新整理编写一本更加实用可靠的药书。从太医院辞职以后，李时珍把大部分精力花在编写书上，对药草的功效一个一个地验证，有的不好拿病人做试验，就自己亲自尝试，有一次误尝了一种毒草，险些丧了性命。经常尝试、验试后，李时珍将其逐一地记下来。对搜集来的药方进行一个个地筛选整理。共花了近30年的时间，终于写成了著名的医药著作《本草纲目》。书里共记载了1892种药草，一万多个药方，为我国乃至世界医药科学做出了伟大的贡献。

《本草纲目》是我国医药宝库中一颗璀璨的明珠，成书以后，流传到世界许多国家，被翻译成日文、英文、德文、法文、俄文、拉丁文等多种文字，成为世界研究医学的经典著作。

张居正辅政

明穆宗在位的时候，大学士张居正因为才能出众，得到穆宗的信任。公元1572年，穆宗死去，太子朱翊钧即位，就是明神宗。穆宗遗命张居正等三个大臣辅政。

张居正，字叔大，湖广江陵人。张居正很早就走上仕途，曾任翰林院编修、东阁大学士等职。他性格沉稳，很有胆略。穆宗在世时，很赏识他。明神宗即位后不久，张居正成了首辅。张居正根据穆宗的嘱托，真的像老师教学生一样，辅导年方10岁的明神宗。他编了一本有图有文的历史故事书，叫做《帝鉴图说》，每天给神宗讲解。神宗看到这本书很高兴，兴致勃勃地听张居正讲解。有一次，张居正讲完汉文帝在细柳劳军的故事，就说："陛下应当注意武备。现在太平日子长了，武备越来越松弛，不能不及时注意啊！"

明神宗连忙点头称是。

又有一次，张居正讲完宋仁宗不喜欢用珠玉装饰的故事。明神宗就说："做君王的应该把贤臣当做宝贝，珠玉有什么用呢？"张居正见10岁的孩子能说出这样的话，很高兴地说："贤明的君主重视粮食，轻视珠玉。因为百姓靠粮食生活，珠玉这类东西饿了不能充饥，冷了不能御寒啊。"

张居正对神宗教育十分严格，神宗把张居正当做严师看待，既尊敬，又惧怕。再加上太后和宦官冯保的支持，朝政大事几乎全部由张居正做主。

张居正是明朝的一位能干的政治家，他掌握实权以后，就大刀阔斧地在军事、政治、经济几方面着实进行了一番整顿。

那个时候，沿海的倭寇虽然已经解决，但北方的鞑靼贵族还不时侵入内地，成为明王朝的很大威胁。张居正把抗倭名将戚继光调到北方，镇守蓟州（今河北北部），戚继光从山海关到居庸关的长城上修筑了 3000 多座堡垒。戚家军号令严明，武器精良，多次击败鞑靼的进攻。鞑靼首领俺答表示愿意和好，要求通商。张居正奏明朝廷，封俺答为顺义王，一面和鞑靼通商往来，一面在边境练兵屯田，加强防备。以后二三十年明朝和鞑靼之间就长期没有发生战争。北方各族人民的生活也安定多了。

当时，黄河年久失修，河水常常泛滥，大批农田被淹，影响农业和运输。张居正任命专治水利的潘季驯督修黄河水利工程。潘季驯修筑堤防，堵塞决口，使黄河不再泛滥，运输通畅，农业生产得到恢复和发展。

原来，由于朝政腐败，大地主兼并土地，逃避税收，一些豪强地主越来越富，国库却越来越穷。张居正下令丈量土地，经过清查，查出了一批被皇亲国戚、豪强地主隐瞒的土地，这一来，使一些豪强地主受到了抑制，国家的收入也增加了。

在丈量土地之后，张居正又把当时各种名目的赋税和劳役合并起来，折合银两征收，称为"一条鞭法"。经过这种税收改革，防止了一些官吏的营私舞弊，增加了国家的收入，也多少减轻了一点农民的负担。

张居正花了 10 年时间，进行了大胆的改革，使十分腐败的明朝政治有了转机。国家的粮仓存粮充足，足够支用 10 年。但是这些改革自然触犯了一些豪门贵族的利益。他们表面不得不服从，背地里对张居正恨之入骨。

在张居正执政的第五年，他的年老的父亲死在江陵老家，按照封建的礼法，他必须守孝 3 年。但是张居正怕他一离开，正在进行的改革受到影响。在明神宗和一些大臣的挽留下，他让他儿子奔丧，自己留在京城任职。这一来，就有不少人抓住张居正父死不奔丧的事，大做文章，纷纷向明神宗上书弹劾，有人甚至在大街上揭贴告白攻击张居正，闹得满城风雨。后来，明神宗不得不下令，再反对张居正留任的一律处死，攻击才平息下来。

张居正的权实在太集中了，明神宗渐渐长大起来，反而闲得没事干，就有一批亲近的太监在内宫用各种办法给他取乐。有一次，神宗喝醉了酒，无缘无故把两个小太监打得半死。这件事让太后知道了，马上把明神宗找来，狠狠地责备一顿，还叫左右拿《汉书·霍光传》叫神宗读。霍光传讲述西汉霍光辅政的时候，不是有个昌邑王刘贺即位后，被太后和霍光废掉皇位的事情。现在的张居正的地位就像当年的霍光一样，神宗想到这里，吓得浑身哆嗦，跪在太后面前求饶。

后来，张居正做主，把一些引诱神宗胡闹的太监全部赶走，太后还让张居正代神宗起草了罪己诏（皇帝责备自己的诏书）。这件事虽然过去了，但是明神宗对张居正，已经从惧怕发展到怀恨了。

公元 1582 年，张居正病死。明神宗亲自执政。原来对张居正不满的大臣纷纷攻击张居正专横跋扈。第二年明神宗竟把张居正的官爵全部撤掉；后来还派人查抄了张居正的家。张家子孙十几人，被关在屋子里活活饿死。大儿子被拷打后自杀。张居正的改革措施，当然也遭到破坏，刚刚有一点转机的明朝政治又开始走下坡路了。

宠郑妃耗资修定陵

公元 1572 年穆宗朱载垕去世，太子朱翊钧即位，年号为万历。明神宗朱翊钧即位时，前有武宗、世宗相继胡作非为，国家元气大伤。

朱翊钧当皇帝时才 10 岁，是个不懂政务的小皇帝，但有先皇的老师张居正等老臣辅政，他的母亲慈圣太后对他的要求也很严，因此开始时还是个不错的小皇帝。后来，张居正去世了，朱翊钧解除了精神上的束缚，母后也因为他已成年，便不再管教他，所以朱翊钧也就比较随便了。

朱翊钧拼命追求财货，作为封建社会最大的地主，却带头掠夺百姓的土地。神宗在大量霸占土地的同时，在宫中过着荒淫的生活。

19岁那年冬天，他偶然来到母后的宫中。母后不在，只有一个宫女迎接他。他一时高兴，便跟这宫女发生了关系。后来这姓王的宫女便有了身孕，第二年八月生下一个男孩，这就是长子常洛，而那宫女也被封为恭妃。可他对王恭妃并没什么感情，当时只是一时冲动；而对待皇后也不感兴趣，觉得皇后就像他读了一遍又一遍的经书一样，让人索然寡味。在众多的嫔妃中，朱翊钧最喜欢的就是郑嫔。他觉得她有女人的味道，因此有些心事也愿意对她讲，对有些事情郑嫔发表的见解，他也爱听。当然这在宫中是不允许的。不过他们都是单独在一起时才悄悄说的，因而也没人察觉。

人们把妻子叫"内助"，因为她能帮助丈夫，所以好的妻子被叫做"贤内助"。古代人们常常把一些昏庸皇帝的暴政，归咎于他所宠幸的女人。这虽然不尽公平，却也不是没有道理。假如郑嫔能够规劝皇帝，让他多关心点民间百姓疾苦，朱翊钧也许是会听的。然而恰恰相反，那郑妃好穿戴，爱打扮，尽管皇帝已给了她很多珠玉、宝石、金银首饰，但她仍然贪心不足，希望皇帝给她更多的珠宝，供她玩赏。她的欲望越来越大，朱翊钧只好到国库索钱，派太监去采买。有一次朱翊钧派太监出去采购珠玉，一下子就花去了2400万两银子，这些银子等于全国6年的田赋收入。

万历十四年，郑嫔为皇帝生下了他的第三个儿子。于是朱翊钧就把郑嫔册封为贵妃，而为他生了第一个儿子的王恭妃，却没得到这种优待。册封贵妃的礼仪十分隆重，似乎比册立皇后还热闹，国库拨出50万两银子才勉强够开销。

朱翊钧也很迷信，不过跟他祖父嘉靖皇帝不同，嘉靖帝想长生不死，而他却知道死是不可避免的。不过他相信人死之后魂灵还在，也还要跟生前一样吃喝玩乐。所以他要在活着的时候把自己的陵墓修筑好，为自己死后的享乐做准备。为此，他亲自带领文武大臣、钦天监的官员和从民间请来的专会看风水的术士，来到天寿山，寻找"吉壤"。地点采定之后，立即开工，并起名为"定陵"。

在建陵园的时候，郑贵妃给朱翊钧出了不少主意。朱翊钧决定在陵墓的寝宫里，留出 3 个人的位置，他不能把皇后抛开，因为这是办不到的。但他多留出一个位置来，是想将来让郑贵妃也睡在他身边，两个人能够仍像活着时候那样，玩乐在一起。

陵墓建筑得辉煌、宏丽，在明朝 13 座陵园中是最壮丽的一座。建这座陵墓，共用了 6 年的时间，参加营建的官兵、匠人和民工每天有 3 万多人。石料都是从相距 100 里外的房山县大石窝采来的，木料则是由云、贵、川等地采集的楠木和杉木。许多采石工人和伐木工人累死了，特别是南方伐木的民工，到深山老林里采树，那里野兽出没，毒瘴遍地，进山的人半数不能生还。

建这座陵墓共耗银 800 万两，大约相当于万历当时全国两年田赋的总和。

修陵园要钱，给郑贵妃采买珠玉要钱，册封贵妃要钱，这些钱都要国库支付，国库拿不出，朱翊钧就自己想办法。他派出太监去替他搜刮。大兴皇庄，强占农民的土地；在大城市里开皇店，进行盘剥；他还把全国的矿藏全部占有，不许百姓开采，由他独自垄断；最大的财源则是增加税赋，他派出税使，在全国各处设立关卡，诸凡庐舍、舟车、粮舍、油盐、酒茶、禽畜等等，无一项不征税。

当时凤阳巡抚李三才上疏说："征榷之使（税使），急于星火；搜刮之令，密如牛毛；上下相争，唯利是闻。"

他警告朱翊钧："一旦众叛土崩，小民皆为敌国，风驰尘骛，乱众麻起，陛下怏然独处，即黄金盈箱，明珠填屋，谁为守之？"

但朱翊钧根本不听，只是一味地横征暴敛，使百姓陷入水深火热之中。终于在万历二十七年，山东临清爆发了反对税使马堂的斗争，接着湖广荆州地区，驱逐税使陈奉。嗣后各地反抗税使的斗争，此起彼伏。这些斗争，虽然最后都被明廷镇压了，但反抗的火种却留在民间。

明神宗见民众的反抗日趋激烈，于是在万历四十二年下令减去各地税额的三分之一，以缓和矛盾，平息民愤。但老百姓的负担并未有所减轻，大规模的农民起义不可避免地在明末爆发了。

葛贤痛打税监

明神宗追求享乐生活，没完没了地搜罗金银珠宝，把国库都挥霍空了，就千方百计向民间搜刮。

这个时期，农业生产和手工业逐步发展，在东南沿海一带商业也繁荣起来，在苏州，丝织业特别发达，富裕的机户开始开设工场，雇用机工，城里的机工总共有几千人。

这种商业城市的繁荣情况，使明朝统治者认为有利可图。为了榨取更多的钱财，明神宗就派了一批宦官到那些城市去收税，这种宦官就叫做税监。税监不但征收苛捐杂税，还向百姓敲诈勒索，把百姓害得好苦。

公元1601年，明神宗派税监孙隆到苏州征税，孙隆一到苏州，就跟当地地痞土棍勾结，在苏州城各处设立关卡，凡是绸缎布匹进出关卡，一律征收重税。商贩交不起税，就不敢进城做买卖。这一年，正好又碰上一连两个月阴雨，苏州闹了一场水灾，桑田淹没，机户停工。孙隆一伙还要向机户收税，规定每台织机收税银三钱；每匹绸缎，收税银五分，这一来更逼得许多机户倒闭，机工失业。

有一天，织工葛贤（又名葛成）路过葑门，见到孙隆手下几个税棍，正围住一个卖瓜的农民痛打。葛贤一打听，才知道那瓜农挑瓜进城的时候，税棍逼他交税，交不出就抢他的瓜；等瓜农卖了瓜，买米出城的时候，税棍又抢他的米顶税银。瓜农不答应，就遭到税棍的痛打。

葛贤平日对税监的压迫剥削，本来就怀着满腔气愤，看到这情形，再也忍不住了，他挥动他手里的芭蕉扇，高声呼喊打坏蛋。路边的群众一呼百应，像潮水一样涌到葑门税卡。税棍黄建节想要逃跑已经晚了。群众把他包围起来，拾起乱石、瓦片向黄建节扔去。这个作恶多端的恶棍，被乱石打得头破血流，丧了性命。

这时候，群众越聚越多，反抗情绪也沸腾起来。葛贤看到大伙打死了黄建节，知道事情闹大了，就和群众一起，到玄妙观开会商量。大家一不做，二不休，推举葛贤等20多人当首领，找税监孙隆算账。

葛贤等分路找到12个税棍的家，点起了一把火，把他们的家全烧了；另一路群众浩浩荡荡来到苏州税监衙门，捉拿孙隆。一时间，呐喊声震天动地，孙隆吓得魂不附体，爬出后墙，狼狈逃到杭州去了。

孙隆逃出苏州以后，苏州知府下令捉拿参加暴动的人。葛贤得到这消息，怕连累大家，自己跑到苏州府衙门，说："带头的就是我一个人，要杀要剐由我顶着，不要牵连别人。"

知府正为这个案子抓不到为首的人发愁，见到葛贤挺身出来投案，就把他关进监狱。

葛贤进监狱那天，成千上万的苏州市民含着眼泪为他送行。葛贤进了监狱，又有上千个人络绎不绝带着酒饭、衣服来慰问。葛贤再三推辞不收，大家还是不肯带回去，葛贤就把大伙慰问的酒饭等分给监狱里被押的难友了。

明朝统治者看到这情况，没敢杀害葛贤。葛贤坐了两年牢，终于被释放。明政府不得不对征税的陋规作了一定的改革，在一定程度上限制了税监的胡作非为。

宦奸魏忠贤

万历四十八年（公元1620年），明神宗和明光宗在不到两个月内相继病死。以杨涟、左光斗为首的一班东林党人扶立朱由校为帝，是为明熹宗，改年号为天启，自此，东林党人倍受重用。

东林党是明代晚期以江南士大夫为主的政治集团。公元1604年，官僚顾宪成被革职还乡，他在无锡开办东林书院，进行政治性讲学，形成广泛社会影响，各种政治人物一时聚集于以东林书院为中心的东林派周围，当时被人们称为东林党。在天启初年，国家要职基本都被东林党人所把持。东林权势，盛极一时。

可惜好景不长，朱由校不爱读书，目不识丁。宦官魏忠贤不久赢得熹宗的宠幸，以他为首的"阉党"渐渐形成一股强大的邪恶势力，他们得势以后，操纵朝中一切大权，排挤迫害东林党人，东林党人的处境每况愈下。

魏忠贤，明朝隆庆二年（1568年）生于河北肃宁县，初名进忠。家境贫寒，却好逸恶劳，整日东游西逛，无所事事，唯一的嗜好就是赌博。后来走投无路的魏忠贤咬牙自己给自己施了宫刑，然后进宫当了一名太监，改换姓氏，叫做李进忠，从此，开始了他的太监生涯。

魏忠贤想得到皇帝的宠幸，但初为太监之时，只被分配做些杂役。但他善于逢迎拍马，很快巴结上了不少太监中的权贵，不久经人引荐，当了后宫王才人的办膳太监。王才人就是后来的熹宗朱由校的生母。由此，他有了接近那位未来皇帝的机会。魏忠贤哄得这位不喜读书的朱由校十分惬意，他成了朱由校最信赖的人。

朱由校从小生活在冷漠孤寂的皇宫深院，朝夕与奶妈客氏相处，感情自然不同寻常。加之不久王才人去世，丧母的朱由校更加依恋客氏。狡猾的魏忠贤将目光对准了熹宗的奶妈客氏。魏忠贤就对客氏大献殷勤，没过多久，两个人终于勾搭上了。熹宗即位以后，封客氏为"奉圣夫人"，当然也提拔了客氏经常夸赞的太监李进忠，升他为司礼监秉笔太监，并且让他恢复魏姓，赐名忠贤。魏忠贤目不识丁，按理没有资格当秉笔太监，但因有客氏这层关系，所以稳居其位，找了两个识字的太监为他处理事务。他则进一步笼络客氏，尽力讨好皇上。终于在天启三年（公元1623年）兼掌东厂，权势更大。

魏忠贤掌握了东厂之后，与锦衣卫的都督田尔耕相互勾结，利用这两个特务机构钳制百官，镇压异己。田尔耕认魏忠贤为义父，二人狼狈为奸，开始大规模地排斥与陷害阉党的对立面——东林党人。当时，从朝廷内阁、六部到四方总督、巡抚，无不遍置魏忠贤死党，有"五虎""五彪""十狗""十孩儿""四十孙"等大小爪牙。这些人专干窥人隐私、陷害忠良的罪恶勾当。

明熹宗年少，不爱过问朝政，偏偏喜欢干木工活。他经常自己动手，劈、锯、刨，或油漆木器，成年累月，乐此不疲。魏忠贤就利用他这一个特性，每逢熹宗正兴致勃勃地做他的木工活计时，魏忠贤就拿出一大堆奏章请他审批，惹得熹宗很不耐烦，头也不抬地就说："我知道了，你看着办吧。"如此一来，大权渐渐地落到魏忠贤手中，他更加擅权专道，为所欲为了。

魏忠贤独揽朝中大权，经常伪造圣旨，斥逐正直之臣，重用私党，其弟侄亲朋，一个个平步青云，官高禄厚。他自己更是过着穷奢极欲的生活。他每次出门，必坐在装饰华丽的车子中，青蓝色的羽盖、旌旗飘飘扬扬。4匹高头大马驾着车子，疾驰在道中。左右夹护的卫士都身着锦衣玉带，脚蹬锃亮皮靴，腰佩着利刃，加上随从的厨子、戏子、车夫、总共达数万人。所到之处，士大夫跪倒一片，口中还得呼"九千岁"。

他的胡作非为，引起了正直官员的强烈不满。东林党人杨涟为伸张正义对他进行了无情的揭发和斗争。天启四年，东林党人领袖、副都御史杨涟，上疏痛斥魏忠贤24大罪，大胆揭发了魏忠贤的奸恶，句句刺中要害。魏忠贤大为恐慌，忙跑到熹宗面前哭诉辩解，客氏又从旁为他说好话，昏庸的熹宗竟偏听偏信，不但没治魏忠贤的罪，反而下旨痛责杨涟。接着，朝中70多名官员又冒死联名上疏，弹劾魏忠贤。由于阉党权势遮天，皇帝昏愚糊涂，魏忠贤仍然逍遥法外，毫毛未损，而揭发他的主要人物杨涟、左光斗在这年的十月反倒被罢了官。

自从遭到这次弹劾之后，魏忠贤对东林党人切齿痛恨，下决心将他们赶尽杀绝，以泄心头之恨。阉党首先编造黑名单，将不趋附魏忠贤的官员全部开列在一张单子上，统称之为东林党人，然后罗织罪名，逐一施以残酷的迫害。

天启五年（公元 1625 年），魏忠贤张开了他的魔掌，令爪牙逮捕东林党著名领袖杨涟、左光斗、袁化中、魏大中、周朝瑞、顾大章等 6 人，诬陷他们收受贿赂，交给锦衣卫拷打追赃。锦衣卫都督魏忠贤的义子田尔耕对这 6 个人进行 5 天一次的拷打逼供，手段之残恶毒辣，闻所未闻。田尔耕设立了许多刑罚的名目，有所谓的全刑，即让犯人备受械、镣、杖、拶、夹 5 种酷刑，还有枷、断脊、堕指、刺心，甚至煮沥青剥人皮。6 个人每次拷打时，都是械、拶、镣、夹、杖等刑罚轮番施用。旧伤未愈，新创又添，审讯到后来，一个个都无法跪起，只能戴着枷平卧堂下。6 个人中除顾大章自杀外，其余 5 人全被折磨死于狱中。杨涟死时土囊压身，铁钉贯耳，令人惨不忍睹；左光斗被炮烙，面额焦烂已不可辨……

第二年，魏忠贤再兴大狱，逮捕东林党领袖高攀龙、周起元、周顺昌等 7 人。这次的特务侦缉比前次更加严密，从被捕人的家乡到京城内外的大街小巷，都布满了东厂的特务。凡是与被害人有关的都被特务盯梢。周顺昌的好友朱祖文打算进京设法营救，刚从苏州出发，就被特务盯上，一路遭缉查盘问数次。到了北京，亲朋好友都紧闭门户，谁也不敢留他住在家中，投住旅馆，连老板都是阉党的眼线，对他百般查问，弄得朱祖文整日躲躲藏藏，营救之事根本无从谈起。这次被抓的 7 个人都惨死在狱中。历史上对这两次大狱中受难的东林党人称为"前六君子""后七君子"。

魏忠贤对东林党人的打击迫害已到了疯狂的地步。有一个东林党人叫李三才，早已病死，但对一个死人他们也不能放过，宣布消除他的官籍，追夺封诰。

在残酷镇压东林党人的同时，魏忠贤全翻"梃击""红丸""移宫"这三大案，修《三朝要典》定所谓三案是非。凡在三案发生时与阉党意见不合、发生争执的官员一概惨遭迫害，无一幸免于难。如首先对"梃击案"中张差疯癫质疑的王之案被投入监狱，惨死狱中。而"红丸案"中的元凶献红丸，使光宗腹泻而死的李可灼，本被充军，魏忠贤却赦免了他的罪过；当初为光宗开泻药的内医太监崔文升，本被贬放南京，阉党却重用他当了漕运总督。为所欲为的魏忠贤就是如此地混淆是非、颠倒黑白。

魏忠贤对东林党人的残酷迫害，最后发展到凡是不顺从自己的，或与他有过仇隙的人，都被他加上个东林党的头衔，重则砍头，轻则罢官、充军。东林党已成了一个十恶不赦的罪名，谁一旦被冠以东林党人的头衔，就表明他死期不远了。

天启七年（公元 1627 年）八月，23 岁的熹宗因荒淫无度而过早丧命，他做了 7 年皇帝。魏忠贤如丧考妣，他预感到好日子就要到头了。果然，即位的思宗朱由检早就对魏忠贤深恶痛绝了。他刚即位，就将熹宗的奶妈客氏赶出宫中。不久，数十名官员大胆上疏揭发魏忠贤。思宗见惩处魏忠贤的时机已到，就将他召来，令人宣读了弹劾他的奏疏，魏忠贤听得冷汗直流，浑身乱颤。思宗下令将他发往安徽凤阳看守明祖先陵墓。

魏忠贤还想图个富贵晚年，将他搜刮来的财宝尽数带往凤阳，由上好马千匹驮运，七八百精壮之士护送。思宗闻讯，急令逮他回京问罪。魏忠贤闻讯后；畏罪自杀了，这个奸邪之徒终于结束了他罪恶的一生。他的侄儿、侄孙等人也被处死了。

崇祯二年，思宗把依附魏忠贤的阉党定为"逆案"，分别定了罪，同时又给遭受迫害的东林党人恢复了名誉。

努尔哈赤建立后金

明王朝政治越来越腐败，边防也越来越松弛，在我国东北地区的女真族的一支——建州女真趁机扩大势力，开始强大起来，它的领袖是爱新觉罗·努尔哈赤。

努尔哈赤出身建州女真的贵族家庭。祖父觉昌安和父亲塔克世，都是建州女真的贵族，被明朝封为建州左卫的官员。努尔哈赤从小就练习骑马射箭，练得一身好武艺。10岁那年，母亲死去；他的继母待他不好。努尔哈赤不得不离开家庭，和当地小伙伴在一起，在茫茫林海里打猎、挖人参、采松子、捡蘑菇，然后把这些山货带到抚顺去卖掉，挣钱维持生活。抚顺的集市很热闹，女真人常在那里用山货跟汉人交换铁器、粮食、盐和纺织品。努尔哈赤接触了很多汉人，学会了汉文。

建州女真有好几个部落，互相残杀。明朝总兵李成梁利用建州各部的矛盾来加强统治。努尔哈赤25岁那年，建州女真部有个土伦城的城主尼堪外兰，带引明军攻打古勒寨城主阿台。阿台的妻子是觉昌安的孙女。觉昌安得到消息，带着塔克世到古勒寨探望孙女。正碰上明军攻打古勒寨，觉昌安和塔克世在混战中都被明军杀害。努尔哈赤痛哭了一场，葬了他的祖父、父亲，但是想到自己的力量太小，不敢得罪明军，就把一股怨恨全集中在尼堪外兰身上。他跑到明朝官吏那里说："杀我的祖父、父亲是尼堪外兰，只要你们把尼堪外兰交给我，我也就甘心了。"明朝官吏只把他祖父、父亲的遗体交还他，但不肯交出尼堪外兰。

努尔哈赤满腔悲愤地回到家里，翻出了他父亲留下的13副盔甲，分发给他手下

兵士，向土伦城进攻。努尔哈赤英勇善战，尼堪外兰的人不是他的对手，狼狈逃走。努尔哈赤攻克了土伦城，继续追击，趁机又征服了建州女真的一些部落。

尼堪外兰东奔西窜，最后逃到了鄂勒珲（今齐齐哈尔附近），请求明军保护。努尔哈赤也追到那里。明军看他不肯罢休，怕因此引起战争，就让努尔哈赤杀了尼堪外兰。

努尔哈赤灭了尼堪外兰，声势越来越大。过了几年，统一了建州女真。这就引起女真族其他部的恐慌。当时的女真族，共有三部，除了建州女真之外，还有海西女真和"野人"女真。海西女真中有个叶赫部最强。公元 1593 年，叶赫部联合了女真、蒙古 9 个部落，结成联盟，合兵 3 万，分 3 路进攻努尔哈赤。

努尔哈赤听到九部联军来攻，事先便做好迎战的准备。他在敌军来的路上，埋伏了精兵；在路旁山岭边，安放了滚木石块。一切安排妥当，他就安安稳稳睡起觉来。

第二天，建州派出的探子回报敌兵人数众多，将士们听了也有点害怕。努尔哈赤就解释说："别害怕，现在我们占据险要地形，敌兵虽然多，不过是乌合之众，一定互相观望。如有哪一个领兵先攻，我们就杀他一二个头目，不怕他们不退。"

九部联军到了古勒山下，建州兵在山上严阵以待，先派出 100 骑兵迎战。叶赫部一个头目冲来，马被木桩绊倒，建州兵士去把他杀了，另一头目看到这情景也吓昏过去。这一来，九部联军没有统一指挥，四散逃窜，努尔哈赤乘胜追击，击败了叶赫部。又过了几年，基本统一了女真族各部。

为了有利于作战和生产，努尔哈赤把女真人编为八个旗，即红、黄、蓝、白、镶红、镶黄、镶蓝、镶白，分别以不同的旗帜颜色命名和作为标志。作为军队最高统帅努尔哈赤还亲自统领黄旗、镶黄旗，其余六旗由其子、弟统领。同时在经济和文化上，也都有所建树，开矿冶铁，制造兵器，发展手工业，放养柞蚕，种植粮食，还创造了自己的文字，称为满文。

公元 1608 年起努尔哈赤停止向明朝进贡。万历十四年（公元 1616 年），努尔哈赤在赫图阿拉（今辽宁新宾）建都，自称大汗，定国号为后金，年号天命。公元 1618 年，努尔哈赤召集八旗首领，商议如何对付明朝的大计，尔后与将领誓师，宣布与明朝为敌，说有七件事同明朝结下了冤仇，叫做"七大恨"。这第一恨就是明朝无端挑衅，杀了他的祖父和父亲。因这最大仇恨，要与明朝不共戴天，决定出兵讨伐明朝。

萨尔浒大战

努尔哈赤誓师以后，他很快亲率两万兵马进攻抚顺。当时的明神宗已 30 年没有临朝，边备废弛，无丝毫战斗力可言。到了抚顺，努尔哈赤先写了一封信，劝明军守将投降。

明军守将李永芳见后金军来势凶猛浩大，不敢前去应战，见努尔哈赤写来了劝降书，就此不战而降。后金军没费一兵一卒，就拿下了抚顺，掳掠人口、牲畜 30 多万。辽东巡抚派兵救援抚顺，半路上被后金军截住，明军战败，努尔哈赤命令把抚顺城毁掉以后，带着战利品回赫图阿拉去了。明神宗得知李永芳投降、抚顺城被毁的消息，大发雷霆，派杨镐任辽东经略使，率兵去讨伐后金。杨镐接了圣旨，急忙调兵遣将，集中了 10 万人马，分兵四路进攻赫图阿拉。中路左翼由山海关总兵杜松率领，右翼由辽宁总兵李如柏率领，北路由开原总兵马林率领，南路由辽阳总兵刘铤率领。杨镐坐镇沈阳指挥，为了虚张声势，对外宣传把 10 万人马说成 40 万大军。

努尔哈赤的八旗军总共不过 6 万人，一些将士听说明军 40 万，感到力量悬殊，自己力量太单薄，都害怕起来，跑来找努尔哈赤，献计献策，努尔哈赤镇定自若，对大家说："不要怕，不管他分几路兵来，我们都是一路去应战。"

努尔哈赤的探马回来报告，说杜松的中路是杨镐的主力，已经从抚顺出发往这边打过来了。努尔哈赤就集中了全部兵力，迎战杜松。

杜松身经百战，有着丰富的战斗经验，这次却失算遭到惨败。他从抚顺出发的时候，天正下着大雪，气候非常恶劣。由于想抢个头功，就冒雪进军，首先攻占了萨尔浒（今辽宁抚顺东）山口，没有停顿就分兵两路，一半扎营萨尔浒，又挑选出一半精兵攻打界藩城（今新宾西北）。

努尔哈赤见杜松兵力分散，暗自高兴，先不去救援界藩城，而是集中全部兵力，截断杜松后路，一鼓作气攻下萨尔浒的明军大营。明军留在大营的将士多为残弱，禁不住八旗兵的突袭猛攻，一兵一卒也没剩下。攻下大营，努尔哈赤又调头去救援界藩城。杜松到了界藩城下，刚刚发起攻击，手下将士听说给后金抄了后路，都无意攻城，军心开始动摇。驻守在界藩的后金守军，从山上冲了下来，如猛虎下山，杜松被杀得溃不成军。正好努尔哈赤也率援兵赶到，后金军两面合围，把杜松军围得水泄不通。杜松奋力拼杀，被乱箭射中头部，从马上翻下来，栽死了。主将战死，明军大乱，后金军包围圈缩小，明军被杀得横尸成堆。杜松率领的中路左翼军全部覆没。

马林率北路军从开原出发，开往赫图阿拉，刚到离萨尔浒40里的地方，听说杜松全军覆没，吓得不敢前进，就地扎营，挖了三道壕沟，准备依山守卫。

努尔哈赤仍然使用集中兵力，各个击破的战略，以攻为守，杜松军被歼之后，努尔哈赤又率八旗兵赶回萨尔浒，攻破了马林军营，马林见势不妙，慌忙撤回开原，刚到开原，马林军就被后金军打散了，第二路明军又是惨败。

坐镇沈阳指挥的杨镐，正等待明军从前线传回各路的捷报，没料到一连两天接到的是两路明军覆灭的噩讯，把他给吓晕了。知道自己战略上的失误，10万兵马，分成四路，一路只有两万多兵力，努尔哈赤虽然只有6万人马，但他兵力集中，对付杨镐的每一路军都是三比一，想到这里，连忙快马传令叫另两路军停止前进。可是良机已经错过，调整战术，为时已晚了。

李如柏本来就胆小，他率领的中路右翼军行动最缓慢，采取的是观望态度。还没出兵，接到杨镐停止进军的命令，就急忙撤退了。在山上巡逻的后金哨兵，远远看见明军撤退，一起击鼓呐喊，明军兵士以为后面追来了大批的后金军，顿时大乱，兵士们拼命逃路，踩死踩伤无数，李如柏的右翼军也溃散了。

最后只剩刘綎率领的南路军。刘綎是明军中有名的战将，一把120斤重的大刀，在他手上却觉得轻如横草，人称刘大刀，努尔哈赤也怕他三分。当杨镐停止进军命令发出的时候，刘綎已经率军深入后金军阵地，没有接到命令，也不知道其他各路明军失败的消息。刘綎军纪律严明，兵士训练有素，加上武器火药也多，进入金阵地以后，勇猛冲杀，连拔后金军几个大营。

努尔哈赤对刘綎的骁勇善战，早已听说，分析了一下敌情，作了对比，认为后金军连续作战，已经很疲劳，刘军气势旺盛，硬拼是不行的。于是他心生一计，选了一个明军降兵，冒充杜松部下，把努尔哈赤以杜松名义写的一封信送给刘綎，说杜松已经到达赫图阿拉城下，只等刘綎军去会师，合力攻城，抄了努尔哈赤的老窝，不要恋战小股敌人。刘綎信以为真，生怕杜松夺去头功，马上收兵，命令火速进军赫图阿拉。这里山高坡陡，涧深路窄，兵马不能并列前行，只有改成单列进军，刚走不远，忽听杀声四起，努尔哈赤设计埋伏在这里的后金兵，从四面八方向刘綎杀来。刘綎军难以招架，且战且退。努尔哈赤又派一队后金军全副明军打扮，谎称是杜松军来接应的。刘綎又大上其当，把人马带进了努尔哈赤的包围圈。后金军里应外合，杀声阵阵，刘綎军难以抵抗。刘綎挥舞大刀，左杀右砍，砍杀了不少后金兵。但毕竟寡不敌众，被金军砍成重伤，落马身亡。

从杨镐出兵到结束，这次大战只经过5天时间，明军10万兵马损失一大半，文武将官战死300多人，损失惨重，明朝大伤元气。历史上把这次战争叫做"萨尔浒大战"。萨尔浒大战以后，过了几年，努尔哈赤的后金政权就迁都沈阳，将沈阳改称盛京。

袁崇焕横戈成边

当魏忠贤的阉党把明朝朝政闹得乌烟瘴气的时候，后金大汗努尔哈赤正不断在辽东进攻明军。萨尔浒大战以后，明王朝派了一位老将熊廷弼出关指挥辽东军事。熊廷弼是个很有才能的将领，可是担任广宁（今辽宁北镇）巡抚的王化贞却认为熊廷弼出关，影响了他的地位，千方百计阻挠熊廷弼的指挥。公元1622年，努尔哈赤向广宁进攻，王化贞带头逃进关内。熊廷弼无法抵御，只好保护一些百姓退到山海关内。

广宁失守，明王朝不分青红皂白，把熊廷弼和王化贞一起打进大牢。魏忠贤趁机向熊廷弼敲诈勒索，要熊廷弼拿出4万两银子，才免他死罪。熊廷弼是个正派人，严辞拒绝了。阉党就诬陷熊廷弼贪污军饷，把他处死。

明王朝杀了熊廷弼，派谁去抵抗后金军呢？掌管军事的兵部衙门正在着急，恰恰在这个时候，一个刚从福建调入兵部任主事（官名）的袁崇焕忽然失踪。衙门里的人找到他家里，家里的人也不知道他的去向。过了几天，袁崇焕才回来，原来他看到国事危急，单独一个人骑着马到山海关外视察去了。

袁崇焕详细研究了关内外的形势，回来向兵部尚书孙承宗报告，并且说："只要给我人马军饷，我能负责守住辽东。"

一些朝廷大臣正被后金的攻势吓破了胆，听袁崇焕自告奋勇，也都赞成让袁崇焕去试一试。明熹宗批准给他20万两饷银，要他负责督率关外的明军。

关外经过几年战争，一片荒凉，遍地都是死亡兵士的尸骨，加上冰天雪地，野兽横行，环境十分艰苦。袁崇焕出关后，带着几个随从兵士，连夜在荒野上骑马奔驰，天没亮就到了宁远（今辽宁兴城）的前屯。他在那里收容难民，修筑工事。那里的将士对袁崇焕的勇气和毅力，没有一个不钦佩的。

袁崇焕在关外，经过一番实地考察，决心派兵进驻宁远，在那里修筑防守工事。他把他的主张报告给朝廷后，立刻得到孙承宗的支持。袁崇焕在宁远筑起3丈2尺高、2丈宽的城墙，装备了各种火器、火炮。孙承宗还派了几支人马分驻在宁远附近的锦州、松山等地方，声援宁远。袁崇焕号令严明，受到军民的爱戴。关外各地的商人听说宁远防守巩固，从四面八方拥到宁远来。辽东的危急局面很快扭转过来。

正当孙承宗、袁崇焕守卫辽东有了进展的时候，却遭到魏忠贤的猜忌。魏忠贤唆使阉党说了孙承宗不少坏话，孙承宗被迫离职。魏忠贤派了他们的同党高第指挥辽东军事。高第是个庸碌无能的家伙，他一到山海关，就召集将领开会，说后金军太厉害，关外没法防守，要各路明军全部撤进山海关内。

袁崇焕坚决反对撤兵，他说："边关御敌，我只知进，不知退，已经收复的地方，怎能轻易放弃！"高第硬要袁崇焕放弃宁远。袁崇焕气愤地说："我是宁远、前屯的守将，死也死在任上，决不后撤。"

高第说不服袁崇焕，只好答应袁崇焕带领一部分明军留在宁远，却下命令要关外其他地区的明军，限期撤退到关内。这道命令下得十分突然，各地守军毫无准备，匆匆忙忙地退兵，把储存在关外的10余万担军粮丢得精光。

努尔哈赤看到明军撤退的狼狈相，认为明朝容易对付，公元1626年，他亲自率领13万大军，渡过辽河，进攻宁远。

那时候，守卫宁远周围几个据点的明军都已经撤走，宁远城只剩下一万多兵士，处境十分孤立。但是袁崇焕并不气馁。他咬破指头，写了一份誓死抗金的血书，给将士们看，并且说了一番激励大家的话。将士们听了，都感动得热血沸腾，纷纷表示一定跟着袁将军一起死守宁远。接着，袁崇焕命令城外百姓全部带了粮食、用具撤进城里，把城外的民房烧掉，叫后金军队来了没有粮食和房屋。他向城里的官员分派了任务，有的管军粮供应，有的清查内奸。他还发信给山海关的明军守将，如果发现宁远逃回关内的官兵，要他们就地处斩。这几道命令一下，宁远的人心都安定下来，大家除了一心一意守城杀敌之外，没有别的念头。

没过多久，努尔哈赤带领后金军气势汹汹地到了宁远城下。大批后金兵士头顶盾牌，冒着明军的箭石、炮火，猛烈攻城。明军虽然英勇抵抗，但是后金兵倒下一批，又来一批。在这紧急的关头，袁崇焕下令动用早就准备好的大炮，向后金军发射。炮声响处，只见一团火焰，后金兵士被轰得血肉横飞，留下的也被迫后撤。

第二天，努尔哈赤亲自督战，集中大股兵力攻城。袁崇焕登上城楼瞭望台，沉着地监视后金军的行动。直等到后金军冲到逼近城墙的地方，他才命令炮手瞄准敌人密集的地方发炮。这一炮使后金军受到更大伤亡。正在后面督战的努尔哈赤也受了重伤，不得不下令撤退。

袁崇焕听到敌人退兵，就乘胜杀出城去，一直追赶了30里，歼灭后金官兵1万多人，才得胜回城。

努尔哈赤受了重伤，回到沈阳，跟他的部下说："我从二十五岁以来，战无不胜，攻无不克，没想小小的宁远城攻不下来。"他又气又伤心，加上伤势越来越重，拖了几天，就咽了气。他的第八个儿子皇太极接替他做了后金大汗。

皇太极巧施反间计

努尔哈赤受重伤死去以后，袁崇焕为了探听后金的动静，特地派使者到沈阳去吊丧。皇太极对袁崇焕窝了一肚子的怨恨，但是因为后金刚打败仗，需要休整，再说也想试探一下明朝的态度，所以，不但接待了袁崇焕的使者，还派使者到宁远去表示答谢。双方表面上缓和下来，背地里都在加紧准备下一步的战斗。

到了第二年，皇太极亲自率领大军，攻打明军。后金军分兵3路南下，先把锦州城包围起来。袁崇焕料定皇太极的目标是宁远，决定自己留在宁远，派部将带领4000骑兵援救锦州。果然，援兵还没出发，皇太极已经分兵攻打宁远。袁崇焕亲自到城头上督率将士守城，用大炮猛轰后金军；城外的明朝援军也和城里内外夹击，把后金军打败了。

皇太极又把人马撤到锦州，但是锦州的明军守得严严实实，加上天气转暖，后金军士气低落。皇太极只好退兵。

袁崇焕又打了一个大胜仗。可是，魏忠贤阉党却把功劳记在自己名下，反而责怪袁崇焕没有亲自救锦州是失职。袁崇焕知道魏忠贤有心跟他为难，只好辞职。

公元1627年，昏庸的明熹宗死去，他的弟弟朱由检即位，就是明思宗，也叫崇祯帝。

崇祯帝早就了解魏忠贤作恶多端，民愤太大。他一即位，就宣布了魏忠贤的罪状，把魏忠贤充军到凤阳。魏忠贤自己知道活不成，走到半路上自杀了。崇祯帝惩办了阉党，又给杨涟、左光斗等人平反了冤狱，很想振作一番。许多大臣请求把袁崇焕召回朝廷。崇祯帝接受了这

个意见，提拔袁崇焕为兵部尚书，负责指挥整个河北、辽东的军事。崇祯帝还亲自召见袁崇焕，问他有什么计划。袁崇焕说："只要给我指挥权，朝廷各部一致配合，不出5年，可以恢复辽东。"崇祯帝听了十分兴奋，给袁崇焕一口尚方宝剑，准许他全权行事。

袁崇焕重新回到宁远，选拔将才，整顿队伍，军纪严明，士气振奋。东江总兵毛文龙作战不力，虚报军功，不服从袁崇焕的指挥。袁崇焕使用尚方剑，把毛文龙杀了。

皇太极打了败仗，当然不肯罢休，他知道宁远、锦州防守严密，决定改变进兵路线。他做好一切准备，公元1629年，率领几十万后金军，从龙井关、大安口（今河北遵化北）绕到河北，直扑明朝京城北京。

这一着可出乎袁崇焕的意外。袁崇焕赶快出兵，想在半路上把后金军拦住，已经来不及了。后金军乘虚而入，到了北京郊外。袁崇焕得到情报，心急火燎地带着明军赶了两天两夜，到了北京，没顾上休息，就和后金军展开激烈的战斗。其他各路明军，也陆续赶到，投入战斗。

后金军突然进攻北京，引起了全城震动。崇祯帝更是急得心慌意乱，不知该怎么办才好，后来听说袁崇焕带兵赶到，心才定了一些。他亲自召见袁崇焕，慰劳了一番。但是一些魏忠贤的余党却散布谣言，说这次后金兵绕道进京，完全是袁崇焕引进来的，说不定里面还有什么阴谋呢。

崇祯帝是个猜疑心极重的人，听了这些谣言，也有些怀疑起来。正在这个时候，有一个被金兵俘虏去的太监从金营逃了回来，向崇祯帝密告，说袁崇焕和皇太极已经订下密约，要出卖北京。这个消息简直像晴天霹雳，把崇祯帝惊呆了。

原来，明朝有两个太监被后金军俘虏去以后，被关在金营里。有天晚上，一个姓杨的太监半夜醒来，听见两个看守他们的金兵在外面轻声地谈话。一个金兵说："今天咱们临阵退兵，完全是皇上（指皇太极）的意思，你可知道？"另一个说："你是怎么知道的？"一个又说："听说刚才骑马来的两人是袁将军派来的，他已经跟皇上有密约，眼看大事就要成功啦……"

姓杨的太监偷听了这番对话，趁看守他的金兵不注意，偷偷地逃了出来，赶快跑回皇宫，向崇祯帝报告。崇祯帝听了也信以为真，竟将袁崇焕逮捕入狱。

袁崇焕一被捕，部下将领深恐牵连，武将祖大寿等带着军队逃出了山海关。袁崇焕指挥的军队，本是明朝抵抗后金军的主力，也只有他，在军中享有极高威信。朱由检无可奈何，只好叫袁崇焕写信劝说。身陷囹圄的袁崇焕，以大局为重，亲笔写信要祖大寿听从朝廷命令，不要轻举妄动。祖大寿接信后向将士们宣读，全军都痛哭了起来。祖大寿年逾八旬的老母问明情由，劝大家杀敌立功，求崇祯皇帝保全袁督师的性命。将士们当天就回师入关，奋勇作战，收复了关内数城。

这时，皇太极因估量一时攻不下北京，已引军向东北撤离。关内局势有了好转，魏忠贤的余党又连上奏章，请杀袁崇焕。朱由检于崇祯三年八月十六日，以"谋叛欺君"的罪名，残酷地用磔刑将袁崇焕杀害了。

皇太极用反间计除去了对手袁崇焕，退兵回到盛京。打那以后，后金越来越强大。到了公元1635年，皇太极把女真改称满洲；崇祯九年（公元1636年）皇太极在盛京称帝，改国号为大清，年号崇德，把女真族改为满族。皇太极就是清太宗。此后，皇太极正式与明朝分庭抗礼，争夺天下了。

徐光启研究西学

杨镐统率的四路大军在萨尔浒几乎全部覆没，满朝文武大臣都十分震惊。大家齐集在营门外，呼吁明神宗增加兵力，调拨军饷，抵抗后金。翰林院官员徐光启，一连上了三道奏章，认为要挽救国家危局，只有精选人才，训练新兵，还自愿担任练兵的工作。明神宗听说徐光启熟识军事，就批准他到通州练兵。

徐光启是上海人。在他出生之前，上海沿海一带遭倭寇骚扰十分严重。徐光启小时候，常常听他的父亲谈起当地人民英勇反抗倭寇侵略的情景，心里滋长起爱国的激情。

徐光启长大以后，因为参加科举考试，路过南京，听说那儿来了个欧洲传教士利玛窦（音 dòu），经常讲些西方的科学知识。南京的一些读书人都喜欢跟利玛窦结交。徐光启经过别人介绍，认识了利玛窦。他听利玛窦讲的科学道理，都是自己过去在古书上没有读到过的。徐光启因而对西方科学发生了浓厚的兴趣。

利玛窦传播科学知识，主要是为了传教的方便。他觉得要扩大传教，一定要得到中国皇帝的支持。那时候，明朝是不让教士到北京传教的。利玛窦要地方大臣在明神宗面前帮他说话，他还到了北京，通过宦官马堂的门路，送给明神宗圣经、圣母图，还有几只新式的自鸣钟。明神宗不懂得圣经，但是对新式自鸣钟，倒很感兴趣，命令马堂把利玛窦带进宫来。

明神宗接见利玛窦的时候，请利玛窦谈谈西洋的风俗人情。利玛窦本来是意大利人，为了夸耀自己，把自己说成是"大西洋国"的人。有人一查万国地图，找不到什么"大西洋国"，就怀疑利玛窦来历不明，要明神宗把他撵走。但是明神宗不听这个意见，倒赏给利玛窦一些财物，让他留在京城传教。有了皇帝的支持，利玛窦跟朝廷官员们接触就很方便了。

万历二十五年（公元 1597 年）春，36 岁的徐光启考中举人，也到了北京，在翰林院做官。从此，他家里的经济状况逐渐有所好转，但他研究农业科学的兴趣却未降低。他认为学习西方的科学，对国家富强有好处，就决心拜利玛窦为师，向他学习天文、数学、测量、武器制造各方面的科学知识。

有一次，徐光启到利玛窦那儿去学习。利玛窦跟他谈起，西方有一本数学著作叫《几何原本》，是古代希腊数学家欧几里得写的一本重要著作，可惜要翻译成汉文很困难。徐光启说："既然有这样的好书，您又愿意指教，不管怎样困难，我也要把它翻译出来。"打那以后，徐光启每天下午一离开翰林院，就赶到利玛窦那儿，跟利玛窦合作翻译《几何原本》，由利玛窦讲述，徐光启笔译。那时候，还没有人译过国外数学著作，要把原作译得准确，可不是件简单的事。徐光启花了一年多时间，逐字逐句地反复推敲，再三修改，终于把前六卷《几何原本》翻译完成。

除了《几何原本》之外，徐光启还跟利玛窦和另一个西方传教士熊三拔合作，翻译过测量、水利方面的科学著作。后来，他又在研究我国古代历法的基础上，吸收了当时欧洲在天文方面的最新科学知识，使得他对天文历法的研究，达到了很高的水平。

徐光启不但爱好科学，还十分关心民间疾苦。有一年，他父亲去世，徐光启回到上海守丧。那年夏天，江南遭到一场水灾，大水把稻、麦都淹了。水退之后，农田上颗粒无收。徐光启为这个心里挺着急。他想，如果不补种点别的庄稼，来年春天拿什么度荒呀？恰巧在这时候，有个朋友从福建带来了一批甘薯的秧苗。徐光启就在荒地上试种起甘薯来，过了不久，长得一片葱绿，十分茂盛。后来，他特地编了一本小册子，推广种甘薯的办法。从此本来只在福建沿海种植的甘薯就移植到江浙一带来了。

这一回，徐光启提出练兵的主张，得到明神宗的批准，他满怀希望，想尽快练好新兵，加强国防，哪料到朝廷各个部门腐败透了，练兵衙门成立了一个月，徐光启要人没人，要饷没饷，闲得没事干。后来，好容易领到一点军饷，到了通州，检阅了那儿招来的 7000 多新兵，大多是老弱残兵，能够勉强充数的只有 2000 人，更说不上精选了。他大失所望，只好请求辞职。

公元 1620 年，明神宗死去，他的儿子明光宗朱常洛也接着病死，神宗的孙子朱由校即位，这就是明熹宗。徐光启又回到京城，他看到后金的威胁越来越严重，又竭力主张要多造西洋大炮。为了这件事，跟兵部尚书发生矛盾，徐光启被排挤出朝廷。

徐光启回到上海，已经是 60 多岁的老人了。他本来对研究农业科学很有兴趣，回到家乡后，又在自己的田地上，亲自参加劳动，做一些试验。后来，他把他平日的研究成果，写成了一部著作，叫做《农政全书》。在这本书里，对我国的农具、土壤、水利、施肥、选种、嫁接等农业技术，都有详细的记载，可以称得上我国古代的一部农业百科全书。

崇祯六年（1633 年）十一月八日，71 岁的徐光启病逝于北京。徐光启死后，思宗向徐家索取他的遗著，他的儿子徐骥将《农政全书》献了上去。崇祯十二年（1639 年），经过陈子龙、张密等人的增删整理后，《农政全书》公开出版发行。

徐霞客游神州

徐霞客名叫徐弘祖，别名霞客，江阴（今江苏江阴）人，是我国历史上著名的地理学家。他从小在私塾里读书的时候，就非常喜欢读地理历史一类的书籍。他对儒家经书不怎么感兴趣，但也学得不错。

他 10 多岁的时候，父亲就死了。当时明朝廷腐败，贪官污吏横行，国力衰退，民不聊生。徐霞客对此十分不满，他不愿应朝廷科举考试，也不谋求做官，决心游历祖国的名山大川，考察一番，探索大自然的奥秘。但一想到母亲年迈，没有人照顾，也就一心一意留在家里。

毕竟是母亲最了解自己的儿子，她早看出了儿子的心思，就教导儿子说："好男儿志在四方，哪能为了照顾我就留在家里呢？那就像篱笆下的小鸡、马圈里的小马一样，是没有出息的！"母亲这样体谅和支持他，他当然更加坚定了远游的决心。

母亲为他准备了行装，还为他缝制了一顶远游冠。徐霞客 22 岁的时候，

正式离开家乡，到大自然中游历去了。这一次，他游历了许多名山大川，如太湖、洞庭山、天台山、雁荡山、泰山、武夷山、五台山和恒山等。每游历一阵就要回来探望一次老母亲。每次游历回来，总要跟亲友乡亲谈他的远游历程，各地奇特的风俗，和他游历中经常遇到险情的奇景，有时说到惊险处，大家都被吓得直伸舌头，母亲却在一旁听得津津有味，不断地夸奖他，鼓励他。

后来，老母亲去世了，徐霞客就更集中精力来从事他的考察事业了。到50岁的时候，他又进行了一次长途游历，他整整用了4年时间，遍游了湖南、广西、贵州、云南四省的山山水水，一直到达边境腾冲。他冒着严寒酷暑，跋山涉水，到过许多人迹罕至的地方，其中的艰辛和险情是可想而知的。但他攀登悬崖峭壁，考察奇峰异洞，从不停歇。有一次，他到达越南香甸，经过一座突兀高耸的山峰，发现悬崖峭壁上有一个岩洞，看看四周，没有一条路可以通到上面，看来是没有人上去过的。他冒着生命危险，像壁虎一样，贴着悬崖边，一步一步爬了上去，对洞内进行了一番考察研究。

还有一次，他到了湖南茶陵，听当地老百姓说山上有个洞，洞里有神龙妖精会吃人，只有懂法术，能够降妖捉怪的人才敢进洞，其他的人进去了，就不会再出来。徐霞客听了不相信，他出了高价从当地雇了一个人给他做向导，他要进洞考察一番。刚刚来到洞口，还没进洞，向导问他是不是能够降妖捉怪，徐霞客笑着说："我哪里会那一套，这洞里不会有什么妖怪的，我是读书人，从来就不相信有什么妖怪。"向导听了，吓得要往回跑，直摆手说："我不干，我还以为你是个法师呢，原来你是个读书人，我才不跟你进洞送死哩。"

徐霞客没有退缩，他毫不犹豫地点上火把进洞了。村里老百姓听说有人敢进洞去，认为一定是脑子有毛病，都跑到洞口来看热闹。徐霞客在洞里考察很久，一直到火把快烧没有了才出来。拥在洞口看热闹的老百姓看到他安全地出来了，一个个惊呆了，好奇地说："我们等了很久，以为你一定被妖精吃了哩！"大家亲眼见到徐霞客从洞口进去，又安全地出来，这才相信，洞里根本没有妖精。

徐霞客远游南方时，除了一个仆人，还有一个和尚，法号静闻，同他做伴。一天，渡湘江乘船时，强盗抢走了他们所有的行李财物，静闻和尚同强盗搏斗受了重伤，半路上就死去了。最后，连仆人也逃走了。这些挫折都没有削弱徐霞客的意志，还是坚定地向前探索考察。

徐霞客的旅行、考察、探索整整花了30多年的时间，从22岁出游以后，就基本上是常年以云雾为伴，与山水为伍。吃尽了常人难以想象的千辛万苦。他在旅途中，每天晚上休息之前，都要把当天的见闻都详细记录下来，不论在任何恶劣的环境中，他都坚持写日记。

崇祯十二年，徐霞客55岁那年，即1641年，一病不起，与世长辞了。他留下大量的日记手稿，都没来得及整理成卷。到清兵入关以后，他的家乡同样遭到劫难，这些手稿大都散失了，过了100多年后，他的后裔才将他残存的1070天的日记编刻成书，这就是著名的《徐霞客游记》。经过徐霞客的实地考察，纠正了过去地理书上的错误记载，增加了许多过去没人记载过的新的地理现象。过去人们一直认为长江的上游就是岷江，徐霞客是第一个弄清楚长江的上游是金沙江的。黄河发源于昆仑山之北，长江发源于昆仑山之南。游历中，他考察研究最多的是岩溶现象，他是世界上最早系统考察和记述石灰岩溶蚀地貌的人。

他的著作《徐霞客游记》不仅是一部古代地理学上的宝贵文献，也是一部文笔生动的散文著作。

闯王李自成

明朝末年的几位皇帝昏庸无道，政治极端腐败，赋役苛重，社会阶级矛盾激化。当时聚居在东北地区的满洲人不断趁乱骚扰边界。明政府为加强边防军备，不断向农民征收捐税，称为"辽饷"。到了崇祯年间，为镇压农民起义，又加派"剿饷"和"练饷"。三项加起来，比往年正常的税收都多。农民不但要交纳正常的租税，还要同时交纳"三饷"，到了无法生存地步。再加上明末天启、崇祯年间，北方大旱，蝗灾泛滥。严重的地区如陕西延安府，连续几年庄稼颗粒无收。澄城知县张斗耀仍带领恶吏催迫租税，农民别无生路，只好铤而走险，揭竿而起。他们攻府城，杀官僚，抢粮仓，起义的浪潮风起云涌。其中以闯王高迎祥领导的一支军队，力量最强，起义不久，李自成就加入了高迎祥的队伍。

李自成从小练就了一身好武艺，体力过人，又善于骑射。民间流传着许多关于闯王李自成小时候的传说。他原名鸿基，13岁的时候，有一天约了几个小伙伴到村头关帝庙前去玩。他见庙前有一座70多斤重的大铁炉，就对众人说："咱们来比比谁的力气大！"说罢，双手一用力，忽地就把这座大铁炉举了起来，还举着它绕着关帝庙走了一圈，然后才稳稳当当地放回原地。其他小伙伴也不示弱，争着要举举看。结果没有一个能举得动的。庙里的道士看见了，惊叹道："你的父亲有你这么有劲儿的孩子，真是积了德呵！"小鸿基自信地说："大丈夫当横行天下，如果只是守着父亲的基业，还算是男儿吗？前几年，我梦见一位大将军，他喊我李自成。现在，我就改名叫自成，号鸿基！"

随着起义军势力的不断壮大，明朝统治者加紧派兵镇压。洪承畴出任三边总督后，派曹文诏追剿陕西义军。高迎祥、李自成率部转战在陕西和山西境内，形势十分严峻。1634年，李自成等败退陕西，误入兴安县的车箱峡。峡长40里，山势陡峭，明军用石头封住了山口，并不断地从山顶向山下扔石块、放箭。又碰上大雨连绵数十天不停，弓矢湿烂脱落，马匹缺料死亡。处境十分危险。这时，李自成想出一条妙计：叫众人诈降！明军首领陈奇瑜本来还有点怀疑，但手下人早被李自成买通，一致说服他接受了义军的投降。于是陈奇瑜派人押送农民回家务农，每100个农民派一个安抚官押送。行到半路，农民军起而反抗，杀了安抚官，攻下了附近州县。李自成的计策挽救了起义军。从此他声名大振，大家都知道起义军中有个李自成。

1635年，大部分义军转战会集于河南省境内。明廷又派洪承畴从潼关入豫，与山东巡抚朱大典合力围剿中原义军。为了制订统一的作战计划，打破明军的围而剿之的战略，起义军在正月举行了著名的荥阳大会。参加会议的13家72营义军恭推闯王高迎祥为首领。这次会议上，李自成还提出了"分兵定所向"的战略方针，得到与会义军首领的称赞，表现出卓越的勇气和军事才能。第二年，闯王高迎祥不幸被洪承畴所率部队俘获，惨遭杀害。李自成继承闯王的称号继续与明军作战。他以凤阳为主攻方向，从明军东部防线突破，攻下了凤阳，烧毁了明朝皇帝的祖坟，给明军以重创，达到了突破围剿的目的。

公元 1637 年，明朝兵部尚书杨嗣昌策划了一个"四正六隅十面张网"的战略，企图彻底剿灭农民军。所谓"四正"是指陕西、河南、湖广、江北这4 个主要战区；"六隅"是指延绥、山西、山东、江南、江西、四川 6 个省区，作为辅助战场；这 10 个省区由 10 个巡抚指挥，则是所谓"十面张网"。为了筹集军饷，明廷开始向人民征收"剿饷"。在明军的猛烈围攻下，许多起义队伍被消灭，有的投降了明朝。作为起义军主力之一的张献忠部也为了保存实力，在湖北谷城接受了明政府的"招抚"。这时，李自成部也遭到了洪承畴和陕西巡抚孙传庭的联合进攻。经过一场浴血奋战，仅李自成和刘宗敏等18 人突出重围，在陕西商洛山中隐伏下来。农民起义暂时转入低潮。

李自成并没有灰心丧气，他一面总结起义以来的成败心得，一面聚集散失的旧部，整顿人马。经过两年的休整，农民军重又活跃起来。公元1640 年，李自成率部转入河南。当时河南正遭受着罕见的蝗灾、旱灾，民不聊生，饿殍遍野。起义军的到来使饥民如鱼得水，纷纷投在闯王旗下。举人出身的李信和牛金星就在这时参加了义军。李信是杞县举人，对当时河南的情况比较熟悉。针对土地高度集中和赋税苛重的状况，他为起义军制定了"均田免粮"的纲领，并把它编成童谣，在老百姓中广泛流传。"迎闯王不纳粮"传遍了远近州府。同时在李信的极力主持下，农民军建立了严格的纪律，禁止打扰居民，践踏庄稼。不久李自成的部队被训练成一支军纪严明，富于战斗的劲旅。

公元 1641 年，李自成杀进了洛阳，俘虏了崇祯皇帝的叔父、福王朱常洵。这位横行一时的皇亲国戚死在了农民起义军的刀下。通过这次战役，李自成的队伍由小到大，发展成一支有 100 多万众的义军。于是，他乘胜三打开封城，杀死了 3 个明朝总督，消灭了几十万明军。摧毁了明朝在河南的军事力量。此后，起义军进入湖北，攻下了襄阳。然后北上攻下西安。崇祯十七年正月，李自成在西安正式宣布建立"大顺"国，年号"永昌"，改西安为西京，并建立了一系列政权制度，具有初步的开国规模。

同年二月，起义军乘胜渡过黄河，然后兵分两路向北京进发。李自成亲率主力经大同、宣城而下。三月，攻下了北京门户居庸关，这样明朝灭亡的日子指日可待了。

卢象昇战死巨鹿

当李自成等18人正在商洛山区休整的时候，明朝东北边境的形势越来越紧张。自从熊廷弼、袁崇焕被冤杀以后，明朝在东北没有得力将才。后金军曾一再派兵进关，掠杀人口和牲畜。公元1638年，清太宗派亲王多尔衮等率领大军第四次远征。清军直达北京外围，京城形势危急。明王朝内部意见分歧，有的主张抵抗，有的主张讲和。崇祯帝也拿不定主意，一面号召全国兵马援救京师；一面又让兵部尚书杨嗣昌和宦官高起潜秘密派人去东北找清朝试探求和。他听说总督宣府大同地区军事的卢象昇是个将才，就把卢象昇召到京城，命令他总督全国援兵。

卢象昇到了北京，崇祯帝立刻召见，问他该怎样对付清军进攻。卢象昇早就听说朝廷正在秘密议和，他直截了当地对崇祯帝说："陛下要臣督师，臣只知道打仗，不知道别的。"

崇祯帝听其话里有刺，很不高兴地说："议和是一些大臣的议论。朝廷从没讲过要和。"他要卢象昇跟杨嗣昌去商量对付清军的办法。

杨嗣昌对卢象昇阻挠他的和议，心里恼恨，让高起潜担任总监，把各路来的4万援兵分成两半，一半由高起潜指挥。这样，卢象昇名义上是统帅，实际上只掌管两万兵马。

清军分8路进军，长驱直入。一路打到高阳，原来支持袁崇焕的兵部尚书孙承宗已经告老在家，听到清军打来，带领全家上城抵抗。高阳城被清兵攻破，孙承宗全家都壮烈牺牲。

卢象昇带兵开到保定，正在抵抗清兵，崇祯帝却听信杨嗣昌的诬告，责备卢象昇指挥不当，撤了他的职，要他戴罪立功。杨嗣昌还把卢象昇仅有的两万人马又分出一半给别的将领管辖。卢象昇到了巨鹿，兵力只剩下 5000 了。那时候，高起潜带领的人马就驻在离巨鹿只有 50 里的地方，卢象昇派人向高起潜求援，却遭到高起潜的拒绝。

卢象昇孤军作战，十分困难，由于杨嗣昌的破坏，粮饷也接济不上，将士们饿得发慌。一天早晨，卢象昇走出营门，向四周将士作揖说："我们受国家的恩，只怕不能为国牺牲，不要怕活不了。"将士们听了，个个感动得掉泪。卢象昇把两千残兵分成三路，命令将军虎大威、杨国柱分别率领左右军，他自己带领中军，和清兵激战了一阵，杀退了一批清兵。

到了半夜，明营四周响起了觱篥（音 bì lì，古代一种管乐器）声，几万清军骑兵把明军围得水泄不通。虎大威带兵突围，被清兵压了回来。卢象昇大声喊道："虎将军，我们为国尽忠的时刻到了！"

将士们齐声响应，喊杀震天动地，战斗从早上一直到晚上，卢象昇身上中了四箭，受了三处刀伤，杀得像血人儿一样。他还拼命格斗，杀了十几名清兵，终于倒下。

高起潜没等卢象昇那边战斗结束，早就拔营逃走了。多尔衮率领清军一直打到山东济南，带了大批战利品，才撤回关外。

清太宗几次伐明，每次都打了胜仗，但没有在中原立足，主要是宁远、锦州等关外重镇还在明军手里，怕孤军深入，后路有被切断的危险。在第四次退兵以后，清太宗才决心先攻锦州。

公元 1641 年，清军围攻锦州，崇祯帝派蓟辽总督洪承畴，带领 13 万人马援救锦州。明军才到松山，清太宗又亲自率领大军包围松山，断绝明军的粮道。到了第二年，松山城被攻破，洪承畴被俘，锦州守将听到松山失陷，也投降了。

洪承畴被押解到了盛京，清太宗派人劝降。一开始，洪承畴表现得很坚决，不管怎么劝说，他都不搭理。过了几天，清太宗亲自去看望，还向洪承畴问寒问暖，把自己的貂皮大氅解下，披在他的身上。洪承畴腿一软，跪下投降了。

清太宗收服了洪承畴，十分高兴，赏了金银财宝不算，还演戏奏乐，表示庆贺。清军将领对太宗这样重视洪承畴，想不通，清太宗对将领们说："大家风里来雨里去，天天打仗，为的是什么？"

将领们说："还不是为了想夺取中原？"

清太宗笑着说："我们要进中原，好比瞎子走路，现在找到个带路人，我怎么不高兴。"

松锦大战以后，山海关以北，全被清军控制。清兵要进中原，只差宁远和山海关大门了。正当清太宗雄心勃勃，想攻打山海关的时候，他突然得病死去。他的年才6岁的儿子福临即位，这就是清世祖，又称顺治帝。顺治帝年幼，由他的叔父、亲王多尔衮和济尔哈朗辅政。几乎在同一个时候，关内的形势发生了急转直下的变化。

张献忠智取襄阳

1637年，由于明军的猛烈围攻，张献忠当初在湖北谷城接受明朝的招安，他并不是真心投降，而是暗暗积蓄兵力，准备东山再起。明朝将领发现张献忠的不轨图谋，便准备派兵镇压。

张献忠先发制人，于公元1639年，在湖北谷城再一次起义。他先杀掉在谷城的明朝县令，焚毁了官衙，重新打起了起义的旗号。不久，罗汝才也起兵响应。

接着，张献忠又将明朝总兵左良玉率领的进攻部队打得落花流水，左良玉带着余下的几百名残兵败将没命地逃回去了。崇祯皇帝恼羞成怒，气得将主帅熊文灿和总兵左良玉都革了职。崇祯皇帝又派杨嗣昌到湖广围攻张献忠。杨嗣昌率领 10 万人马，一路雄赳赳、气昂昂地来到襄阳。他派左良玉等将领把起义军四面包围起来。张献忠被迫转移到玛瑙山，这时起义军队伍里混进了奸细，情报被杨嗣昌掌握，起义军陷入包围圈中，最后被左良玉军打败，张献忠的妻子、儿子也被明军俘虏。

张献忠带领 1000 多骑兵突围出来，从湖北转移到四川。杨嗣昌跟踪追击，来到四川重庆，到处张贴告示：有谁能抓住张献忠，赏给黄金万两，并封他为侯爵。谁知第二天，在杨嗣昌的住处，就发现许多标语，上面写道："有谁能斩杨嗣昌的头，赏白银三钱。"杨嗣昌气急败坏，派出大批官军到处追剿。

而张献忠起义军却行踪不定，忽东忽西，使官军捉摸不透。直到第二年正月，明军才在开县追上起义军。这时的明军将士已被拖得疲惫不堪，起义军却绕到其背后，发起猛攻，全线崩溃，将领刘士杰被起义军杀死。

1641 年，张献忠乘明军襄阳兵力空虚，率精锐部队直取襄阳。杨嗣昌在重庆得知消息后，连夜派使者传令，命襄阳明军严加防守。使者走在途中被起义军发现后抓了回来，并在他身上搜到了盖有杨嗣昌行辕的大印和文书。

张献忠安排他的义子李定国打扮成杨嗣昌的使者，带了几名"随从"和令牌、文书，大模大样地混进了襄阳城。混进襄阳城的兵士趁夜间人们安睡之际，分别在四处放火，惊醒了熟睡的百姓，顿时全城乱作一团，起义军趁机打开城门，大队人马赶到，一举攻克了襄阳城。张献忠一面派人打开监狱，救出被俘的兵士和家属，一面直奔襄王府，活捉了襄王朱翊铭，并下令将朱翊铭斩首示众。

襄阳一战，缴获了明军储存在那儿的大批粮饷兵器，又将襄王府金库里的 10 多万两银子分发给当地的饥民，老百姓们听说张献忠处死了恶贯满盈的襄王朱翊铭，都载歌载舞，杀鸡饮酒，高兴得像过年一样。

　　杨嗣昌在重庆得知襄阳的消息后，寝食不安，丧魂落魄地从四川又逃窜到湖北。脚跟还没站稳，又听说李自成起义军趁河南兵力空虚的时候，攻破了洛阳，并将福王朱常洵杀死。杨嗣昌如五雷轰顶，像丧家之犬，感到自己的末日已经来临了，便抽出战刀，刎颈自杀，得到了应有的下场。

崇祯帝景山自缢

　　公元 1627 年，天启皇帝朱由校死了，葬于德陵。他没有儿子，遗诏由他弟弟信王朱由检继位。这便是大明王朝的第十六位皇帝，也是最后一个皇帝崇祯帝。

　　崇祯帝很聪明，很有心计，不轻易地相信别人，因而好独断专行，他很想搞好朝政，使朝纲振兴起来，但又不肯听取大臣们的意见，连皇后的意见也不听，成了真正的孤家寡人。

　　朱由检是个不走运的皇帝，他一登基就处在东边的大清国，西南面的起义军的夹缝中，如果他能听取大臣意见，能够任用那些有真才实学的忠臣良将，也许还能挽救败局。然而他不听别人意见，自认为聪明，了不起，结果造成大错，把像袁崇焕、洪承畴那样的军事家，杀的杀了，降的降了，致使局面越来越糟，弄得国库空虚，义军蜂起，大顺军威胁京师。当时有人劝他迁都南京，有人劝他速召山海关总兵吴三桂回师勤王，他都迟疑不决。

　　直到崇祯十七年三月十七日，大顺军已兵临城下，他才在皇宫内急得像热锅上的蚂蚁一样。现在南迁已经来不及了，山海关总兵吴三桂也没赶到。兵部点齐了城内的守军，一共还有 5 万多人。北京内城外城一共有 15.4 万多个城堞，守军全部上城，一人得摊 3 个，这能守得过来吗？再说也不能白天晚上连轴转呀！皇上没办法，只好在十八日那天，先下个《罪己诏》，承认以前都是自己不好，请老百姓原谅。接着又下诏停征"三饷"。跟着又下第三个诏书，乃是《亲征诏》，诏书说："朕今亲率六师以往，国家重务悉委太子。告尔臣民，有能奋发忠勇或助粮、器械、骡马、舟车悉诣军前听用。"还答应偿还"决不食言"！

十八日下午，李自成坐镇彰义门，开始对北京城全面进攻。

当天晚上，朱由检无法入睡。他登上皇宫后面的万岁山（即景山，又称煤山），遥望四面城外的满天炮火，他在山顶徘徊了一阵，回到乾清宫。吩咐太监把太子朱慈烺和另两个儿子定王朱慈炯、永王朱慈炤，分送到外戚周氏和田氏家。这时周皇后走来，垂泪对朱由检说："妾事皇上18年，一句也听不进去，致有今日。"说完便自杀了。

长平公主已经6岁了，她牵着父亲的衣襟，眼泪不停地流着。朱由检咬咬牙，叹口气说："你为什么偏偏生在我家！"他把公主推开，拔出墙上的宝剑，左手用袍袖掩面，右手举剑砍去，砍下了公主的左臂。公主惨叫着摔倒了。朱由检还想再砍，但手软无力，只好作罢。这时他身边还有几十名太监，为首的是王承恩。朱由检手执三眼火铳，大家骑上马，拿着斧头，直奔东华门。守门的卫士不认识皇上，准备抵抗。一伙人只好又奔到安定门，但这座门已经封闭，无法开启。这时远处近处都传来喊杀声，太监们都丢下马匹逃散。朱由检也只得下马，看看身边就剩下王承恩一人。王承恩是司礼监的秉笔太监。朱由检问他："你带笔了吗？"

"奴才随身带着。"

"好，你随我来！"

君臣二人又登上万岁山。朱由检见城内也已经到处是闪耀的火光，便脱下外服，要过王承恩的笔来，借着月光，在白缎衣里上写下了他的最后一份诏书："朕自登基十有七年，东人三侵内地，逆贼直逼京师。虽朕薄德匪躬，上干天咎，然皆诸臣之误朕也。朕死无面目见祖宗于地下，去朕衣冠，被发覆面，任贼分裂朕尸。勿伤百姓。"

朱由检把衣服挂在树上，将冠摘下，解散了头发，披在脸上，这才在山脚下的一棵树上自缢而死。王承恩对皇帝的尸体拜了三拜，吊在了另一棵树上。

崇祯皇帝直到临死，仍然不思自责，将国破家亡的罪责，全都推到众多文臣武将身上，而摆出一副代人受过的样子，其实，他自己的罪责最大。

明朝的最后一位皇帝死了，北京被李自成攻破。传国 276 年（公元 1368—1644 年）的大明王朝覆灭了。

明

朝

清　朝

　　清朝（公元 1644—1911 年）是中国历史上最后一个封建王朝。1616 年东北建州女真族首领努尔哈赤建立后金政权。1636 年皇太极即帝位后改国号为大清。顺治元年，即 1644 年明朝灭亡后入关，定都北京，逐步统一全国，形成了一个多民族统一的封建国家。

　　清朝政权实行以满族贵族为主体的满、蒙、汉封建阶级联合专权，政权组织沿袭明代，并创设军机处，为处理政务的最高权力机构，是中央集权专制的高度发展形态。一省或数省设总督，各省设巡抚，掌握地方的一切军政大权。北京设顺天府，盛京设奉天府，由中央直辖。全国的政治、经济制度的确立，促进了清王朝的巩固，使它得以稳定和发展。

　　清代城镇繁荣超过明代。清雍正、乾隆两帝统治时经济兴盛，商业发达，手工业欣欣向荣。广大农村集市贸易更加普遍。人口也从清初的数千万增加到 3 亿，是当时亚洲最强大的国家。

　　清朝前期，我国的疆域，西跨葱岭，西北达巴尔喀什湖北岸，北接西伯利亚，东北至黑龙江以北的外兴安岭和库页岛，东南到台湾及其附属岛屿澎湖列岛、西沙群岛。疆域辽阔统一的多民族国家为边疆的开发和各民族人民经济文化联系的加强，提供了有利的条件。

清代文学艺术在专制主义文化统治下取得了难能可贵的成就。曹雪芹的《红楼梦》、蒲松龄的《聊斋志异》、吴敬梓的《儒林外史》等均为优秀的古典小说。清代绘画有了很高的成就，出现了扬州八怪等著名画家。

19世纪中叶后，清朝政局腐败无能，灾害不断，民不聊生，国内发生太平天国、捻军等起义，同时西方列强纷纷入侵，中国迅速沦为半殖民地、半封建社会。1911年孙中山领导的革命党人发动武昌起义，推翻了清王朝统治，结束了中国两千多年的封建帝制。

吴三桂引清兵入关

崇祯帝眼看李自成的大军攻入北京城，在煤山一棵槐树上吊自杀。统治中国276年的明王朝，宣告灭亡。

大顺起义军攻破北京，大将刘宗敏首先率领队伍进城，接着，大顺王李自成头戴笠帽，身穿青布衣，跨着骏马，缓缓地进了紫禁城。北京的百姓像过节一样，张灯结彩欢迎起义军。

大顺政权一面出榜安民，叫大家安居乐业；一面严惩明王朝的皇亲国戚、贪官污吏。李自成派刘宗敏和李过，勒令那些权贵交出平时从百姓身上搜刮来的赃款，充当起义军的军饷，拒绝交付的处重刑。少数民愤大的皇亲国戚被起义军抓起来杀头。

有个大官僚吴襄，也被刘宗敏抄了家产，并且逮捕起来追赃。有人告诉李自成说，吴襄的儿子吴三桂是明朝的山海关总兵，手下还有几十万大军。如果把吴三桂招降了，岂不是解除了大顺政权一个威胁。

李自成觉得这个主意很有道理，就叫吴襄给他儿子写信，劝说他向起义军投降。吴三桂原来是明朝派到关外抗清的，驻扎在宁远一带防守。起义军逼近北京的时候，崇祯帝接连下命令要吴三桂带兵进关，对付起义军。吴三桂赶到山海关，北京已被起义军攻破。过了几天，吴三桂就收到吴襄的劝降信，这时他倒犹豫起来。北京还有他的家属财产，也舍不得丢掉。既然李自成来招降，不如到北京去看看情况。

吴三桂带兵到了滦州，离北京越来越近，就遇到一些从北京逃出来的人。吴三桂找来一问，开始，听说他父亲吴襄被抓，家产被抄，已经恨得咬牙切齿；接着，又听说他最宠爱的歌姬陈圆圆也被起义军抓走，更是怒气冲天，立刻下令退回山海关，并且要将士们一律换上白盔白甲，说是要给死去的崇祯帝报仇。

李自成得知吴三桂拒绝投降，决定亲自带 20 多万大军，进攻山海关。吴三桂本来就害怕农民军，听到这消息，吓得灵魂出窍。他也顾不了什么民族气节，写了一封信，派人飞马出关，请求清朝帮助他镇压起义军。

清朝辅政的亲王多尔衮接到吴三桂的求救信，觉得机会来到，立即回信同意。接着，他亲自带着 10 多万清兵，日夜不停地向山海关进兵。

清军到了山海关下，吴三桂已经迫不及待地带着 500 个亲兵出关迎接多尔衮。他见了多尔衮，卑躬屈膝地哀求多尔衮帮他报仇。多尔衮自然顺水推舟地答应。吴三桂把多尔衮请进关里，大摆酒宴，杀了白马乌牛，祭拜天地，订立了同盟。

李自成大军从南面开到山海关边。20 多万起义军，依山靠海，摆开一字阵，一眼望不到边。多尔衮从城头望见起义军阵容整齐，料想不容易对付，就让吴三桂打先锋，叫清军埋伏起来，自己和几名清将远远躲在后面的山头观战。

战斗开始了，李自成骑着马登上西山指挥作战。吴三桂带兵一出城，起义军的左右两翼合围包抄，把吴三桂和他的队伍团团围住。明兵东窜西突，冲不出重围；起义军个个血战，喊杀声震天动地。正在双方激烈战斗的时候，不料海边一阵狂风，把地面上的尘沙刮起，一霎时，天昏地黑，对面见不到人。多尔衮看准时机，命令埋伏在阵后的几万清兵一起出动，向起义军突然袭击。起义军毫无防备，也弄不清是哪儿来的敌人，心里一慌张，阵势也就乱了。直到风定下来，天色转晴，才看清楚对手是留着辫子的清兵。

李自成在西山上发现清兵已经进关，想稳住阵脚，指挥抵抗，已经来不及了，只好传令后撤。多尔衮和吴三桂的队伍里外夹击，起义军遭到惨重失败。李自成只好带领将士边战边退。吴三桂仗着清兵人多势众，在后面紧紧追赶。

李自成回北京后，在皇宫大殿里举行即位典礼，接受官员的朝见。第二天一清早就率领起义军，离开北京，向西安撤退。

李自成离开北京的第三天，多尔衮带领清兵，耀武扬威地开进北京城。公元 1644 年秋，多尔衮把顺治帝从沈阳接到北京，把北京作为清朝国都。从那个时候起，清王朝就开始在中国建立了它的统治。

第二年，清朝分兵两路攻打西安。一路由阿济格和吴三桂、尚可喜率领，一路由多铎和孔有德率领。李自成率领农民军在潼关抗击清军，经过激烈战斗，终于被迫放弃西安，向襄阳转移。过了几个月，农民军在湖北通山县九宫山，遭到当地地主武装袭击，李自成战败牺牲，年仅 39 岁。

李自成牺牲后，清军就把进攻锋芒指向张献忠。1645 年，清下诏招抚张献忠，张献忠毫不妥协，断然拒绝。1646 年（顺治三年）清朝派肃亲王豪格和吴三桂率军由陕南入四川，进攻大西军。张献忠处境虽然困难，仍于同年七月率军 10 万退出成都，北上抗击清军。十一月，驻军川北西充凤凰坡，由于叛徒刘进忠的出卖，清军发动突然袭击，张献忠兵败不幸牺牲。

明末农民大起义是中国古代史上规模最大、时间最长、斗争最复杂的一次农民起义，具有深远的历史意义。

多尔衮为崇祯帝治丧

多尔衮既有超人的军事之才，又有安服民心之策。他准备确定北京为大清的国都，为稳定北京的社会秩序，使民心安定，消除民族矛盾，以迎顺治帝进京，首先颁布一道晓谕天下的檄文。

檄文的主要意思是把矛头直指李自成的农民起义军，指出官、军、民等只要不反对新朝，就可以安居乐业，对新朝有功者赏，有罪者罚。接着又寻访、启用原明朝官吏，动员他们出来为新朝服务，同时还广泛地听取他们的意见。对能提出稳定社会秩序、安邦兴国策略者，不仅加官晋爵，还有重赏。多尔衮为国求贤做到了礼贤下士。甚至亲自登门拜访，以求能人出仕，扶助新朝。在听取一些策略时，他能做到既虚心又不盲从。多尔衮的这些措施，迎合了一些官民之心。他们纷纷出来投奔新朝。在这众多的归顺者中，难免有些贪官污吏混入，多尔衮的态度是"既往不咎，来者可追。"使一些原明朝的贪官污吏不得不老老实实地做官，扎扎实实地办事。从而又招来更多的贤良人才。

在实施新政中，多尔衮又听取了原明朝顺天巡抚宋权的建议：尊崇明代最后一位君王崇祯帝。多尔衮不仅采纳了这个建议，还扩大到对明朝20代皇帝的全部祭祀。他选择了一个良辰吉日，亲自主持隆重的祭祀大典。为扩大影响，做到家喻户晓，又命人擎着明朝20位皇帝的神位招牌，绕北京城一圈，然后又恭恭敬敬地把它们送到历代帝王庙中供奉。其虔诚之心，为世人所睹。祭祀后，多尔衮又将崇祯帝及其死难的嫔妃进行安葬，举行了隆重的安葬仪式。同时下令全国臣民一律戴孝三天，以表示对崇祯皇帝的哀悼。多尔衮的这些做法，对有着浓厚的民族观念和忠君思想的汉族人是一个很大的麻痹和安慰。

多尔衮为了巩固清朝的统治，大刀阔斧地改革了明朝的一系列腐败制度，废除了一些由于战争带来的各种苛捐杂税，在发布的政令中写道："大清入关，救民于倒悬，一切均须革故鼎新，凡原明朝制度的陈规陋习，都在改革之列。各种加征加派一律取消，蒙受战火的地区，损失严重者，正赋亦可酌情减免。今后地方官吏如违犯朝廷政令、肆意向民间加征加派贪污勒索者，一经告发，立即就地正法，决不轻饶！"这一举措，对稳定当时的社会秩序，缓和民族矛盾，维护清王朝的统治起到了重大作用。多尔衮把军国大事安排得有条不紊，以迎其侄福临来北京称帝。

福临虽6岁继承皇位，但在其母孝庄皇太后的教导下，可称得上是一位聪明的小皇帝。公元1644年秋多尔衮派何洛会到达盛京把迎帝入京的来意说明后，福临十分高兴。他任命何洛会为盛京总管，留守盛京，保护他们大清的发祥地。他与其母孝庄皇太后，选择良辰吉日携带众皇亲、文武百官，在大队人马的扈从下，浩浩荡荡开进山海关，直奔北京城。

多尔衮率领诸王、贝勒及文武大臣在北京郊外的通州接驾，君臣见面十分高兴。在一片欢呼声中，顺治帝首先嘉奖了多尔衮及随征的诸将，对文武百官也予以勉励。然后在多尔衮的引导下，由正阳门进入北京城。一切就绪后，多尔衮率领文武大臣上表劝进，早登龙位。几天后，由多尔衮选择良辰吉日，顺治帝按照汉族皇帝继位的仪式，正式坐上了皇宫中太和殿的龙椅，成为统治全中国、入关后的第一个清朝皇帝。

史可法死守扬州

史可法，字宪之，号道邻，河南祥符人。世居直隶大兴。祖父曾做过知州，政迹尚佳。后家道中落。史可法20岁应童子试前，住在一个野寺中。恰巧学使左光斗在京畿地区检查学政，也到这野寺来避风雪。见一青年伏在书案上睡着了，左光斗不忍心打扰他，只是拿了桌上刚写完的文章来看，竟是一篇难得的好文章。左光斗把文章放回原地，记下了文章上的署名，还为他披上自己的貂皮大衣。考试的时候，左光斗就拔取他为全县第一名。还把他接到自己的宅邸来，同子侄们一起读书，还常勉励他要努力学习，将来做国家有用之才，课余两人常讨论时事，辩论古今，就像亲父子一样。史可法家有老母，无人奉养，左光斗就派人按月送给老人衣食，为史可法解决了后顾之忧。

不久，左光斗受到魏忠贤的陷害，被捕入狱。史可法想尽办法终于得以在狱中见左一面。他在狱卒的指引下，找到了左光斗，见他倚着墙席地而坐，面额焦烂几乎不能辨认，左腿膝盖以下筋骨都断了，骨头茬子露出外面。史可法悲痛万分，抱着左光斗的腿哭了起来。左光斗听出是他的声音，但眼睛无法睁开。左光斗用手指努力拨开眼皮，怒目注视着他说："你到这种地方来做什么！国家乱成了这样，你还在这儿哭哭啼啼，天下大事谁来撑着啊！

你若还不快走，被奸党抓住了也是一死，还不如我打死你算了。"说着，就摸索地上的刑具，做出要打史可法的样子。史可法只好忍痛退了出去。这件事给史可法很深的印象，恩师至死仍以大局为重，以国家大事相嘱托，自己怎能有半点懈怠呢！于是发奋苦读，终于在 27 岁时中了进士，被授西安府推官。30 岁又升迁为户部主事。后来因镇压农民起义有功，提升为南京兵部尚书。

1644 年，李自成农民军攻入北京城，推翻了明王朝的统治。崇祯皇帝在北京煤山自尽的消息在同年四月份才传到南京。明朝把南京叫做陪都，设有六部衙门。听说这一消息后，各部开始商量选择皇帝。以兵部侍郎吕大防和原来的礼部侍郎钱谦益等人为首的陪都文官，认为：福王按伦序是神宗亲孙，当立，但此人不学无术，听信谗言，不如立穆宗之孙潞王以免除后患。于是他们致信南京兵部尚书史可法陈述意见，希望得到声援。而以凤阳总督马士英为首的武人集团，则想借福王之力达到他们专权朝政独揽大权的目的，于是也写信给史可法。

史可法当然也知道福王的劣迹，但他觉得国难当头，还需要借重武人的力量来完成光复明朝的大计，所以未明确表态，只是派人去迎接福王来南京祭祀祖庙。马士英正好借送福王到南京祭祖之机，联合了内侍韩赞周和将官高杰、刘泽清，共同密谋拥立福王登基。在蛮横的武人面前，东林党内的文官们只好听从马士英的命令，很快福王登上了南明皇帝的宝座，年号为弘光。

从此，南明朝廷的大权落在了马士英手里。马士英指使高杰、刘泽清联合上了一道奏折，请求皇帝派史可法去扬州督师。在南明政局动荡的形势下，史可法为了抗清大局，忍辱赴扬州任职去了。

身为兵部尚书的史可法，由于受到阮大铖、马士英等人的排挤，未能入阁办事，只在扬州督师，为了抗清大局，史可法毫无怨言，一心扑在攻守上。他以"恢复神京（北京）"为宗旨，被人们比作是南宋的李纲。

为了抗清，史可法"行不张伞盖，食不晋二味，睡不宽衣带"，夏天不用扇，冬日不穿袭，全身心地投入到抗清运动中。他在江北四镇分别派重兵把守，谁知手下这四员大将都非常刁悍倔强，互相不服，经常发生内讧。一有摩擦发生，史可法必得亲自前去调停。泗水镇将高杰原是李自成的部下，他率先争抢扬州的地盘，毫无纪律性的士兵们在高杰的纵容下，在扬州城外大肆抢掠一番，激起了扬州百姓极大的愤怒。百姓坚守城池，高杰的部队攻了几个月也未得进城。

史可法得知了此事，怒不可遏，恨不得立刻带人去消灭高杰这支土匪部队。三思以后，他又将拔出来的宝剑插了回去。有着极其丰富的治军经验的他，深知此事稍微处理不妥，就会导致高杰叛变投敌。此时，只能对他动之以情，晓之以理，给他讲明抗清的大义。于是，史可法脱去甲胄，换上官服，向扬州进发。

高杰得知史可法前来，非常害怕，以为史可法兴师问罪来了。史可法并没有责怪高杰，而是诚恳地劝诫他不要与百姓为敌，要严肃军纪。高杰及其部下被史可法的诚意所感动，撤走部队，移师瓜洲。扬州城安定了，史可法随即进扬州，设了督师府。

南明朝廷内，马士英之流的奸臣整日引诱弘光帝吃喝玩乐，无所事事。

同时，他又怕史可法立功，就经常扣发或延发军资军饷，士兵们在前线忍饥受寒。史可法心情非常悲怆。

不久，徐州告急。史可法命高杰率兵前去救援，谁知，河南总兵许定国已暗中投降了清兵，这次他与高杰一起前去徐州，就暗中将高杰和他的卫兵灌醉，半夜里，将高杰和他的卫队全部杀光。清兵轻而易举突破了南明的徐州防线，进一步逼近江南。

高杰的丧报传到史可法的手中，他大叫一声："中原已不可为了！"叫完就捶胸顿足，泪如雨下。高杰虽有很多缺点，但他英勇善战，他的死是史可法抗清的一大损失。

顺治二年（公元1645年）四月，多铎率清兵大举进犯淮北，淮安很快就被攻陷，清兵进逼扬州，形势非常危急。此时，史可法正准备亲自驻守扬州城最易被攻破的西门，南明内部却发生了内讧。驻守武昌的大将左良玉因不满马士英专权，起兵叛乱，直逼南京。马士英急忙让弘光帝召回江北四镇总兵和史可法，让他们撤回江南，救援南京。史可法只好率兵渡江，刚到南岸，就传来左良玉兵败的消息，史可法又急忙挥师北渡，他日夜兼程地赶回扬州，清军在许定国的引导下，于五月十日兵临扬州城下。

史可法急忙召防河诸镇将领入城守卫，只有刘肇基领4000兵赶到。清兵派泗州降将李遇春劝降，史可法命人将他射跑。清军还不死心，又先后写了5次劝降信，史可法看都不看就付之一炬。五月二十日，多铎率军猛攻，扬州城西北角被清军攻破，史可法悲痛欲绝。大家簇拥着他，试图从小东门突围出去，不幸碰到清军迎面而来，史可法见状大叫："我就是史可法！"

清军将史可法押解到多铎面前，多铎劝他投降，他厉声说："我，头可断，身不可屈！"多铎又劝道："君不见洪承畴乎？降则富贵。"可法轻蔑地说："我岂能仿效他的行为！我的决心早已下定：城亡我亡！"清将又劝降了3天，他依然毫不屈服。

顺治二年（公元1645年），史可法，这位坚贞不屈的抗清英雄被敌人杀害了。由于天气暴热，死尸太多，当家人来收敛时，已辨认不出他的遗体，只好将他生前的袍笏，埋葬在扬州的梅花岭上。

扬州失守后几天，清军攻破南京。南明政权的官员投降的投降，逃跑的逃跑，弘光政权被消灭了。

清兵继续南下，还颁布了一道剃发令，强迫百姓在 10 天之内，改依清人的习惯，一律剃掉前半部头发，留下一条辫子，违抗命令的处死，实行"留头不留发，留发不留头"。这一来，更加激起了江南百姓的反抗情绪。江阴军民在典史（县衙里一种小官）阎应元的率领下，顶住 20 多万清兵的重重包围，坚守了 80 多天。城里男女老少，没有一个投降。清军死伤惨重。嘉定军民坚持抗清 3 个月，被清军屠城 3 次，牺牲两万多人。历史上把这次惨案称作"嘉定三屠"。

少年英雄夏完淳

夏完淳原名叫夏复，松江（今上海市）华亭县人。父亲夏允彝是江南名士，老师陈子龙也是一位作风豪迈的文人。他的姐姐也是位出色的诗人。夏完淳是明朝末期的一位神童，英才早熟，胆气过人，5 岁就能与人谈论学问，7 岁能诗作文，9 岁时就写了一本《代乳集》的诗集。

夏完淳生活的年代，正值南明弘光政权瓦解以后，东南沿海一带的抗清力量继续战斗。弘光元年六月，明朝官员黄道周、郑子龙在福州另立明朝宗室，唐王朱聿（音 yù）键即位，历史上称为隆武帝。另一部分官员张国维、张煌言在绍兴拥戴鲁王朱以海建国。这样，就同时出现了两个南明政权。

为了对付抗清力量，清朝廷派了在松山战役中投降清朝的洪承畴总督军事，招抚江南。

这时候，在松江有一批读书人也在酝酿抗清，领头的就是夏允彝和陈子龙。夏复在他的父亲、老师影响下，把自己的名字改为夏完淳，15岁的他也参加了抗清斗争。他意气激昂，积极协助义军商定作战计划。

夏允彝有个学生吴志葵，是吴淞总兵，手下还有一些兵力。他们说服吴志葵一起抗清。吴志葵答应了，派出一支人马担任先锋队攻打苏州。一开始打得挺顺利，先锋队攻进了苏州城，但是吴志葵临阵犹豫，没有及时增援，结果进城的义军被围牺牲，吴志葵的主力在城外也被击败。

不久，清军围攻松江，夏允彝父子和陈子龙冲出清兵包围，到乡下隐蔽起来。清兵到处搜捕，还想引诱夏允彝出来自首。夏允彝不愿落在清兵手里，投到河塘里自杀。他留下遗嘱，要夏完淳继承他的抗清遗志。

父亲的牺牲使夏完淳万分悲痛，也激起他对清朝的仇恨。他和陈子龙秘密回到松江，准备再组织起义军。这时候，他们打听到太湖长白荡有一支由吴易领导的抗清义军，正在重整旗鼓。夏完淳把家产全变卖了，捐献给义军做军饷，在吴易手下当了参谋。他还写了一道奏章，派人到绍兴送给鲁王，请鲁王坚持抗清。鲁王听说上书的是个少年，十分赞赏，封给夏完淳一个中书舍人的官衔。

吴易的水军在太湖边出没，把清军打得晕头转向。但是后来由于叛徒的出卖，义军失败，吴易也牺牲了。

过了一年，陈子龙又秘密策动清朝的松江提督吴胜兆反清，这次兵变不幸又失败了，吴胜兆被杀害，陈子龙也被清军逮捕。陈子龙不愿受辱，在被押往南京时，挣脱绳索，跳河自杀。

夏完淳正在为失去他的老师而悲痛，因为叛徒告密，他自己也被捕了。清军派重兵把他押到南京。夏完淳在监狱里被关押了80天。他给他亲友写了许多可歌可泣的诗篇和书信。死亡的威胁并没有使他恐惧，他感到伤心的就是没有实现他保卫民族、恢复中原的壮志。

对夏完淳的审讯开始了，主持审讯的正是招抚江南的洪承畴。洪承畴知道夏完淳是江南出名的"神童"，想用软化的手段使夏完淳屈服。他问夏完淳说："听说你给鲁王写过奏章，有这事吗？"夏完淳昂着头回答："正是我的手笔。"洪承畴装出一副温和的神态说："我看你小小年纪，未必会起兵造反，想必是受人指使。只要你肯回头归顺大清，我给你官做。"

夏完淳假装不知道上面坐的是洪承畴，厉声说："我听说我朝有个洪亨九（洪承畴的字）先生，是个豪杰人物，当年松山一战，他以身殉国，震惊中外。我钦佩他的忠烈。我年纪虽然小，但是杀身报国，怎能落在他的后面。"这番话把洪承畴说得啼笑皆非，满头是汗。旁边的兵士以为夏完淳真的不认识洪承畴，提醒他说："别胡说，上面坐的就是洪大人。"

夏完淳"呸"了一声说："洪先生为国牺牲，天下人谁不知道。崇祯帝曾经亲自设祭，满朝官员为他痛哭哀悼。你们这些叛徒，怎敢冒充先烈，污辱忠魂！"说完，他指着洪承畴骂个不停。洪承畴坐立不安，虽似有万箭刺心，也不敢再审问下去，一拍惊堂木，喝令士兵把夏完淳拉出去。

顺治四年九月，这位年才17岁的少年英雄在南京西市被害。同他一起遇难的还有顾咸正、刘曙等人。他的朋友杜登春、沈羽霄把他的尸体运回松江，葬在他父亲的墓旁。人们为了保护夏氏父子的墓，在墓前竖立一块石碑，碑的两旁写着："永远禁止樵牧侵占"。到现在，在松江城西，还留着夏允彝、夏完淳英雄父子的墓。

李定国转战西南

隆武、鲁王两个南明政权先后覆灭之后，清军分三路向西南进攻，驻守在两广的明朝官员瞿式耜（音 sì）等在肇庆拥立桂王朱由榔即位，年号永历，历史上称他永历帝。

顺治四年十一月，明朝将领何腾蛟，依靠大顺军余部的力量，在全州大败清军；瞿式耜在桂林，也打退了清军的进攻。南明军声势大振。但是，由于桂王政权内部的不团结，湖广和广西又被清军占领。过了两年，何腾蛟在湘潭被俘杀，瞿式耜也在桂林城被清兵攻陷后就义。在桂王政权面临覆灭的时刻，李定国领导的大西农民军，担负起抗清的重任，在西南一带又继续战斗了10多年。

李定国是张献忠手下四名勇将之一，又是他的义子。张献忠最大的义子是孙可望，李定国是老二，张献忠牺牲以后，留下五六万起义军由孙可望、李定国率领，南下贵州、云南。他们派人向永历帝建议，愿意和他们联合抗清。经过一番周折，永历帝看到形势危急，只好依靠大西军，封孙可望为秦王。

孙可望是个野心家，他把永历帝控制在手里，在贵阳作威作福，独断专横，不把抗清放在心里；李定国却一心抗清，他在云南花了一年时间，训练了3万精兵，加紧制造武器盔甲；他还找了一批驯象的人，组成一支象队。在做好准备之后，决定出兵进攻清军。

李定国领导的军队士气高涨，军纪严明。他们从云南、贵州一直打到湖南，连战连胜，收复了几座重镇，接着，又三路进攻桂林。驻守桂林的清军主帅孔有德几次派兵迎战，没有交战兵士就逃散了。孔有德不得不亲自带兵到严关，和明军对垒。李定国大军一到，前面是高大的象队，后面是雄赳赳的兵士。大象一上阵吼叫起来，清军的战马听到象吼，就吓得到处乱窜。那时，天忽然下起大雨，电闪雷鸣，象群趁势一冲，清兵大败，明军奋勇追击。李定国把桂林城紧紧包围，日夜猛攻。孔有德亲自登城防守，明军的乱箭射去，正中了孔有德的前额。这时候，他又得到城北山头已被李定国攻占的消息，就放起一把火，投到火里自杀了。

李定国攻进桂林，一面分兵继续肃清残敌，一面安定百姓，把逃到山里的南明官员接回城里。有一天，李定国在七星岩边摆了酒宴宴请官员，他跟官员们说："现在的局势，就像南宋末年一样。你们不是敬佩文天祥、陆秀夫、张世杰诸公吗？他们的精忠浩气，固然是名留青史，但是我们尽忠国家，毕竟不希望有这样的结局啊。"大家听了，都深深佩服李定国的豪迈气概。

永历帝得到捷报，封李定国为西宁王。接着李定国又带兵打下永州、衡阳、长沙，逼近岳州。清朝廷大为震惊，连忙派亲王尼堪带兵 10 万反攻长沙。李定国得到消息，知道敌人来势很猛，就主动从长沙撤出，却在退到衡阳的路上设下伏兵。尼堪亲率追击，中了明军的埋伏，尼堪当场被砍死了。

李定国的胜利，引起秦王孙可望的妒忌，孙可望假意邀请李定国商量国事，想暗害李定国；李定国发现他的诡计，只好带兵离开湖南，回到云南。孙可望想提高自己的威望，亲自到湖南进攻清军，却打了个大败仗。

孙可望野心勃勃，想逼迫永历帝让位。他知道要达到这个目的，一定要除掉李定国，就亲自带兵 14 万进攻云南。哪里想到，他手下的将士们恨透了他的分裂活动，在双方交战的时候，纷纷倒戈奔向李定国一边，孙军全部瓦解。孙可望狼狈逃回贵阳，又遭到留守贵阳的将士的反对。孙可望走投无路，就逃到长安向清军投降。

南明政权经过孙可望叛乱，力量已经削弱。公元 1658 年，清兵由降将吴三桂等率领，分三路进攻云南、贵州。李定国分三路阻击，都遭到失败，不得不退回昆明，永历帝和他的几个亲信官员惊慌失措，逃往缅甸。

永历帝逃往缅甸后，李定国继续在云南边境上收集人马，打击清军，准备恢复明朝。他接连 13 次派人去接永历帝回国，永历帝都不敢回来。

李定国艰苦抗清 10 多年，没有实现他的愿望，他心情忧愤，终于得病死去。临死时候，他对他的儿子和部将说："宁可死在荒野，可不能投降啊！"

顺治十八年十二月，吴三桂带领 10 万清兵开进缅甸，逼迫缅甸交出永历帝，带回昆明。一到昆明，永历帝就被吴三桂勒死，最后一个南明政权到这时候彻底灭亡。

郑成功收复台湾

郑成功，本名森，字大木，福建南安人。他父亲郑芝龙由海上经商起家，后当了明朝的官，在东南海上拥有很大的势力，郑成功于公元1624年出生于日本，正是这一年，荷兰侵略者霸占了我国宝岛台湾。他生活的时代，正是社会激烈动荡的时代，国家内忧外患，危机日甚。公元1644年，吴三桂引清兵入关，使全国人民又遭受民族压迫的灾难，人民掀起大规模的抗清斗争。在这内外交困的时刻，满怀着报国热情的郑成功，肩负起反清复明的重担。郑成功的父亲郑芝龙是个投机分子，当清兵逼近福建的时候，一封许以高官厚禄的诱降信就使他下令撤回福建的门户——仙霞关的守军。清兵入闽，福州沦陷，隆武帝被杀，清兵在福州烧杀抢掠，郑成功的母亲也被辱自杀。23岁的郑成功，怀着万分悲愤的心情，在孔庙面前痛哭一场，烧掉了儒服，决意献身报国、大义灭亲，与他父亲誓不两立。他带领部下90多人，乘两只战船下海，在金门定盟，到南澳招兵，举起了"背父报国""抗清复明"的大旗。

集国仇家恨于一身的郑成功，从此开始了他激动人心的斗争生涯。

郑成功一呼百应，沿海人民纷纷前来参加他的队伍，一些不愿投降的明朝官员和士人也积极响应他，他的队伍迅速发展壮大起来。他以厦门、金门为据点，在福建、广东、浙江等沿海地区，英勇地与清军做不懈的斗争。到公元1653年，郑成功已控制了整个东南海面，拥有士卒10万余人，战船几百只，他团结江浙的抗清势力，形成了一股强大的军事政治力量。

不久，郑成功发动了几次北伐，于公元1659年发动了大规模的攻打南京之役。他亲自率领水陆大军10万余人，浩浩荡荡，势如破竹，南闯长江口，围住了南京城，并一口气收复了 4 府 3 州 24 县，一连串的胜利使他滋生了轻敌思想，结果中了敌人的"缓兵之计"，在南京城外吃了败仗，不得不撤回厦门。此时，清朝统治者又强行命令东南沿海的居民全部内迁，割断了郑成功与人民群众的血肉联系，而在西南建立的第三个南明朝廷，也被敌人扼杀，桂王逃往缅甸，郑成功愈加孤立。他一边总结经验教训，一边寻找出路，确定长期斗争的计划。

在公元 1661 年的春天，郑成功做出了一个重大的决定，即挥师东征，收复台湾。他的队伍在烽火中经过长期的锤炼，已成熟起来，赶走荷兰侵略者，收复国土，扩大抗清基地，现在正是时候。进军台湾的决心下定以后，郑成功便投入了紧张而周密的战斗准备工作之中。准备的中心是修造船只，整顿水军。要打败掌握海上霸权的荷兰侵略者，没有一支强大的水师是无法与之交战的。于是，船工们日夜赶造船只，兵士们日夜苦练本领，部队处于高度战备状态。与此同时，郑成功进行了兵力部署，将东征部队分为两批，首批将士两万多人，战船 100 多艘，由他亲自率领，第二批随后接应。一切准备就绪以后，顺治十八年二月间，郑成功把行辕移至金门，首批部队到料罗湾集中，随时待命出发。

三月初一，郑成功在金门举行隆重的"祭江"誓师仪式。三月二十三日，郑成功率领的东征大军从料罗湾出发，浩浩荡荡向东挺进，次日早晨，船队陆续到达澎湖群岛。

从澎湖到台湾，水路52里，顺风时只要四更半，但如果碰上逆风，十天八天也休想到达。三月二十七日，大军从澎湖出发，驶到半途，海面突然刮起暴风，船队寸步难行，无奈只好驶回澎湖停泊几天，等候顺风。谁知，一连几天过去了，暴风越刮越大，风向依然不变，船队仍然无法启航。而此时，军中粮食已所剩无几了，郑成功连忙命令两位将士到各岛去筹募粮食。澎湖36岛百姓们虽踊跃捐献，将家中仅存的一升一斗杂粮都拿出来劳军，但凑集起来的粮食只有100多石，还不够大军一餐。在这进退两难之际，郑成功果断地下令，按照预定日期进攻鹿耳门。

这天晚上，船队顶着狂风，离开澎湖冒险东征。海上狂风怒吼，惊涛骇浪，船只在咆哮着的海面忽而被抛上浪尖，忽而被摔下谷底，全体将士顽强地与风浪搏斗，丝毫没有气馁，他们以这种大无畏的精神，终于跨过了台湾海峡。于四月一日，到达台湾鹿耳门港外。

鹿耳门水浅礁多，航道非常危险。这里平时海水浅至一丈，涨潮时也不过一丈四五尺，而且航道很窄，只能容两只船出入，又弯弯曲曲，海底都是沙石浅滩，荷兰人又故意把损坏的甲板船沉在此处，港路更加复杂曲折，船只一不小心，就会撞个粉碎。所以，荷兰人凭恃鹿耳门是个"天险"，不加设防。他们将防御的重点放在台湾城和旁边的七鲲以及赤崁城上，在那些地方设有多处炮台，驻兵防守。

做了充分准备的郑成功对攻打鹿耳门胸有成竹。原来，事先他已派人探测到从鹿耳门到赤崁城边，在污泥中冲流着一条迂回曲折的港路，这条港路一直不为人知，逢到水位高的时候，船只可以很顺利地驶进去。现在关键性的问题是掌握鹿耳门的潮汛，郑成功从渔民处得知，每月的初一和十六是鹿耳门海潮水位最高的一天，于是，他就将进港日期定在四月初一。

　　这天上午，海水果然大涨，郑成功指挥船队沿着迂回曲折的港路，顺利地驶进了鹿耳门，直抵赤崁城附近。一直以为中国船队会从正面进攻的荷兰人，发现郑成功等人冲进了台江，以为他们从天而降，个个惊慌失措。英勇的中国将士们猛烈炮轰敌舰，将荷兰最大的一只名为"黑克托号"的舰船击沉。荷兰在台湾的驻军共有2000多名，这一仗就被击毙了500多人，荷兰人伤亡惨重，退入城堡龟缩不出。

　　登陆的郑成功部队，受到台湾人民的热烈欢迎和积极支援。在这种有利的形势下，郑成功将大军移扎在台湾城附近的鲲身山上，准备攻打荷兰殖民主义者在台湾的统治中心——台湾城。攻克台湾城，将意味着结束荷兰在台湾的殖民统治。但是，台湾城却并不容易攻克。荷兰人称它为"热兰遮城"，意思是"海上堡垒"。他们当初设计的时候，就将整座城当做一座堡垒，建筑十分坚固，城基方276丈6尺，高3丈多，上下两层，用大砖调油灰捣成，雉堞用铁钉牢，城墙上每隔几步，就有一个瞭望台，各处安着千斤大炮，环城四周的任何一个地方，都在射程之内。所以，郑成功的部队无论从哪个角度进攻，都躲不开敌人猛烈的火力，进攻几次，均告失败，并且伤亡不少。于是，郑成功采纳参军萧拱辰的建议，长期围困台湾城，直至城中粮绝投降。

　　这一年的十二月，已被围困了足足8个月的台湾城中，荷兰士兵死伤已达1600多人，剩下的不满700人，弹药、粮草几乎用光，荷兰人陷入了绝境。

　　时机已经成熟，郑成功决定发动最后总攻击。战士们奋勇攻战，一枚枚炮弹在城堡上爆炸开来，顷刻之间，瓦石乱飞，城墙上出现了缺口。荷兰总督揆一见大势已去，只好投降。

　　康熙二年二月一日，历史将永远记住这一天。就在这天，西方殖民主义的代表——荷兰第一次在正义的中国人民面前低下头来，承认自己侵略的失败。

　　年仅38岁的郑成功，坐在广场中的帐幕当中，接受荷兰驻台湾的最高长官揆一双手献上的降表，他向西方殖民者庄严宣告：中国的领土是不可侵犯的！台湾城上的荷兰国旗灰溜溜地降了下来，被侵占了 38 年的台湾，重新回到了祖国的怀抱。

郑成功收复台湾后，命儿子郑经留守在厦门，自己带了几营亲军开发台湾。他打算在台湾发展生产，学习春秋时候越王勾践十年生聚十年教训的榜样，为抗清复明做长期准备。可惜因为他长年在战火中奔波，风里来雨里去，积劳成疾，损害了健康，于收复台湾不久即患病去世。死时才 39 岁。

郑成功死后，儿子郑经掌管了台湾，还一直控制着福建沿海的岛屿。后来，康熙帝统治期间，台湾接受了清政府的统治，这样台湾与大陆归于统一。

顺治帝祭孔

入关后的顺治帝，在母亲的教导下，随着年龄的增长，做君王的才华也逐渐显露出来。

顺治帝继承皇位之初，全国的形势并不十分有利于清王朝的统治。以李自成为首的农民军仍在陕西、山西、云南、四川等地抗击清军；江南又不断地涌现出一些朱明王朝的宗室子弟各自为政，称孤道寡，举起反清复明的大旗；而北方各省又因清军入关后的圈地，使大批农民失去土地，不断爆发小股的农民起义；一些正统思想浓厚的文人不肯出任清朝官职，隐居山村、古庙讲学立说，宣传民族意识，唤起汉人的反满情绪，威胁着清朝的统治。

对于这些问题，顺治帝及时地做出相应的决断。首先集中优势兵力围剿农民起义军。命令吴三桂、英亲王阿济格、豫亲王多铎继续向西北进攻，尽快消灭强大的农民军。农民军由于连续作战，军队得不到休息与补充，人员伤亡很大，除战死外，还有一些降清者，力量越来越弱，起义军内部又充满了矛盾，相互猜忌、残杀，几经损耗，无论是人力、物力还是战斗力上都远远不再能与清军抗衡，杀到最后李自成只剩下 28 骑，被围在湖北九宫山，全部壮烈牺牲。

顺治帝消灭农民起义军后，封吴三桂为平西亲王，坐镇云、贵一带继续扫平残余的农民军。在此前还命多铎挥师东下，配合南下的清军，围剿南明各小王朝，采取分化瓦解、招降纳叛、以降军为前导、各个击破的策略。经过 10 余年的围剿，清军先后灭掉弘光、隆武、绍武、永历等南明小王朝，逼迫抗清力量较强的郑成功退守台湾。

对于北方小股反清力量，顺治帝采取软硬兼施的手段，一方面是武力镇压；另一方面又禁止圈地，保证耕者有田种，北方的反清斗争很快就被平息。

顺治帝遵照皇太后的意见，加强了思想文化阵地的占领和统治。顺治九年（公元 1652 年）八月二十七日孔子诞辰那天，秋高气爽，阳光灿烂，祭孔大典在北京国子监隆重举行。祭前派人将孔子第六十五世孙孔允植，接到北京参加祭典仪式，清军入关后已封孔允植为衍圣公。祭祀仪式完全按明制进行。顺治帝首先用香汤淋浴，换上祭孔衣服，然后带领文武大臣毕恭毕敬驾临国子监，走在最前面的 16 名太监抬着精制的祭品。

顺治帝在中午时分，到达国子监。祭祀大典在悠扬的乐曲声中开始。顺治帝面向国子监广场，躬迎孔夫子圣灵前来享受祭品，然后转过身来，恭恭敬敬地向孔夫子的神位献上一幅杏黄色的绢，披盖在神位上，再恭恭敬敬向孔夫子神位敬酒 3 次，行礼 3 次，祭酒高喊"礼成"，这祭孔大典就圆满结束了。

典礼结束后，顺治帝接见了衍圣公孔允植及孔、孟、颜、曾四姓子孙及五经博士，勉励并赏赐一番，同时诏告天下："圣人之道，如日中天，上之赖以政治，下之资以事君，学官诸生共勉之。"

顺治帝祭孔的消息不胫而走，众多儒生对此佩服得五体投地，盛赞顺治帝是真龙天子。儒生头脑中"天子重英豪，文章教尔曹"的意识，使他们感到既有为天子效劳之时，何不一显身手呢！于是，一些有识之才不再隐居，也出来展示才华了。

祭孔后，顺治帝又开始认真学习汉族文化，从历史文献、著名经典，到稗官小说传奇、野史无所不读，从中吸取不少治国安邦的道理。有一次顺治帝读《资治通鉴》，当读到唐太宗政绩时，当即产生一个新观念，便派人召集大臣前来议事。顺治帝向诸臣提出："汉高祖、汉文帝、光武帝、唐太宗、宋太祖、明太祖等前朝众多皇帝之中，卿等认为哪一位最英明，最值得尊敬？"大学士吏部尚书陈名夏（原明朝官吏）一眼瞧见顺治帝手拿的是一本《资治通鉴》唐记，马上回答："臣以为唐太宗在位期间号称贞观之治，他应比其他几位皇帝略高一筹。"诸大臣听后，一致点头称是。但顺治帝却说："陈爱卿之见未必正确，朕以为明太祖制定的法令无不合情合理，值得后世永远效法，像明太祖这样的英明之主，历代皇帝都是很难与之伦比的。"这一席话使众大臣十分佩服，尤其是明朝遗臣更是佩服得五体投地，觉得这位从关外来的皇帝继承大明江山是合情合理的，堪称当之无愧的英明之主。

顺治帝还继承明朝的科举制度，开科取士仍每三年一科，均在秋季举行，汉、满、蒙等各族文人一律平等入考，皇帝择优而取。清朝实行科举制度给汉族文人开辟了做官入仕、报效朝廷之路，这样做不仅笼络了广大汉族文人，同时也为清廷和地方选拔了一些治国安邦的人才。

顺治帝福临采取的这些明智之举，弥补了清军入关后满汉之间的一些裂痕，缓和了民族矛盾，使神州大地自清军入关以来的升平景象初露端倪。正当顺治帝为创造一个太平盛世大展宏图时，却不幸身染重病，不治而死，年仅 23 岁。

关于顺治帝之死，野史上说他因恋慕董小宛而远游为僧，这是没有根据的。福临是一位当之无愧有作为的皇帝。

康熙帝囚鳌拜

康熙帝名叫玄烨。他小时候就十分聪明好学。6 岁的时候，玄烨去给父亲请安。顺治皇帝问他长大以后想做什么，玄烨先是不作声，而是用小手摸着父亲的龙袍，然后才回答说："我愿意继承父皇，做个英明的天子。"顺治皇帝觉得玄烨的志向大，并且不论长相脾气，都与自己一模一样，对他就更加喜欢了。

顺治皇帝去世之前指定玄烨为皇位继承人，让索尼、苏克萨哈、遏必隆、鳌拜 4 位大臣辅政，这年玄烨才 8 岁。

顺治十八年，玄烨登上皇位，宣布建元康熙（康熙元年为公元 1662 年）。小皇帝每天不是读书就是游玩，朝廷大权都掌握在辅政大臣手里。被顺治皇帝指定为辅政大臣的索尼、苏克萨哈、遏必隆、鳌拜 4 人，经历与性情行事各不相同。

索尼是一位忠心耿耿地服侍过太祖、太宗、世祖的三朝元老，苏克萨哈与鳌拜是儿女亲家，但是两人对许多事情的看法不一致，相互间存在着不可调和的矛盾。遏必隆曾经在顺治初年，被人诬告受到撤职查办处分，后来顺治帝亲政后曾为他平反，使他得以恢复旧职，并不久后升职。

在 4 个辅政大臣中，鳌拜是最喜欢弄权术的，有极大的政治野心。他与苏克萨哈虽是亲家，二人却形同水火，各不相容。

顺治皇帝在世时，根据汉族地区的实际情况，改革了一些带有奴隶制残余的政策，例如宣布停止圈地等等。可是 4 个辅政大臣曾经从圈地中得到好处，所以反对这些改革。顺治皇帝死后不久，他们就重新圈占土地。

随着时间的推移，鳌拜的野心日渐显露出来。他在 4 个辅臣中本来居第四，可是他拼命往前挤，处处强出头，想要取代首席辅政大臣的地位。

鳌拜是清镶黄旗人，勇猛善战，曾多次立过战功，入关后追剿农民起义军战功显赫，顺治帝封其为议政大臣、二等公爵，后又提升为领侍卫内大臣和少傅兼太子太傅。鳌拜为人暴躁，傲慢无礼，擅于弄权，有极大的野心。在辅政期间处处制造矛盾，时时招募死党、排斥异己，曾以交换旗地为名，制造民族矛盾，借机假传圣旨滥杀与自己意见不同的大臣。

康熙六年（公元 1667 年）索尼因病去世，鳌拜高兴万分，死掉了他所忌惮的人，其野心愈加膨胀。借康熙帝亲政免去辅政大臣之机，诬蔑、陷害其儿女亲家苏克萨哈，又拔掉一颗眼中钉。遏必隆虽系皇亲，有赫赫战功，但为人忠厚，是非不分，从不得罪鳌拜，有时还站在鳌拜一边。这就促使鳌拜能独霸朝政，为所欲为。鳌拜又欺天子年幼，专横跋扈，无所顾忌，在朝中大肆培植党羽，安插亲信，一些重要位置，鳌拜都强行安排其亲信、死党。更有甚者，对吴三桂阴谋背叛朝廷的事不仅不管，还与其勾结。鳌拜这些罪恶阴谋，康熙帝既有所闻又有所备。

康熙皇帝年少有志，幼小时曾对其父说过"愿效法父皇，做一个英明天子"。他在祖母的教导下，懂得很多治国安邦的道理。而且从小又练就一身骑马射箭的武功，可称得上是文武双全的皇帝。康熙帝每日下朝除读书外，就和他选拔的上百名与他同龄的皇族少年练习擒拿、格斗等武术。同时又秘密委派自己的贴心人，监视、探听鳌拜的一举一动，做到有备无患。

康熙八年（公元 1669 年）初夏的一天，鳌拜装病，在家里与其党羽策划谋反。康熙帝得到消息后，决定带领自己亲兵护卫前往鳌拜府探病以观虚实，鳌拜及其死党突然听到皇帝驾到，吓得东躲西藏，鳌拜更是惊慌失措，连靴子都没脱就钻到被窝里，哼哼唧唧装起病来。皇帝的护卫掀开他的被子，一把亮闪闪的匕首露了出来，吓得鳌拜魂不附体，浑身犹筛糠一般。康熙皇帝神态从容，若无其事地拿起匕首，脸上现出少年天真的微笑说："太师病成这样，还没有忘记我们满族人刀不离身的老习惯，真值得年轻人效仿。"说完把刀轻轻地放在鳌拜身边，又着实地安慰了几句，然后起驾回宫。康熙帝的这次探病，举止大方，神态自若，言语自然，露出少年皇帝对年长太师无微不至的关心，丝毫没有露出对鳌拜的疑心，稳住了鳌拜的阴谋行动。

康熙帝这次探病也清楚了鳌拜的阴谋及其险恶用心；他的阴谋虽然还没有成熟，然而已使朝政危在旦夕。因此康熙帝决定按太皇太后"阴谋应及早粉碎，免生后患"的旨意，回宫后及时把此事讲述给祖母听，然后又召集索额图等亲近大臣共同商讨，进行了周密地安排，详细地布置，把粉碎鳌拜的阴谋叛乱准备做得万无一失。

诸事安排就绪后，康熙帝下诏，命鳌拜进宫议事，鳌拜装病时，没发现皇帝对他有疑心，因而仍如往常一样，旁若无人地走进皇宫，见了康熙皇帝仍旧是不跪拜只是哈腰，问道："陛下召老臣有何吩咐！"康熙帝十分生气，厉声喝道："鳌拜你可知罪！"鳌拜一听心知皇上有疑，但一贯专横的鳌拜根本没把这年少皇帝放在眼里，冷笑一声，挥动着手臂傲慢地说："臣奉先帝遗诏，辅政八年，何罪之有？"康熙帝见状更加气愤："大胆鳌拜，结党营私、违犯政令、陷害忠良、图谋不轨，还敢说无罪！"一向蛮横的鳌拜又拿出逼康熙帝诛杀苏克萨哈的架势、冲到御案前张牙舞爪地质问康熙帝："说我犯了这些罪，有何证据？"康熙帝大怒："来人，拿下这个奸贼！"话音刚落，从后冲出百余名年轻小将一齐奔向鳌拜。鳌拜见状大吃一惊，但他毕竟是久经沙场的猛将，岂能惧怕这些孩子，又见他们都是赤手空拳，更不放在眼里，竟挥拳与这些武士打起来，鳌拜做梦也没想到，这些小将就是康熙帝几年来精心训练出来的专门对付他的擒拿勇士。未几回合，鳌拜就被打翻在地，五花大绑地跪在了康熙帝面前。康熙帝擒住逆臣贼首，十分高兴，立即下令御林军将鳌拜府团团围住，将其儿子、弟弟、侄子以及其死党全部擒获归案，并召集文武大臣上殿，公布鳌拜的罪状，责令康亲王杰书会同刑部进行审讯。

鳌拜专横跋扈，朝野上下敢怒不敢言，今日被康熙皇帝擒获，大快人心。

众大臣都佩服少年皇帝文韬武略过人。金殿上，众臣你一条他一条列举了鳌拜许多罪状，经过归纳整理共 30 条，条条死罪，按清律应处以大辟之刑。其子、弟弟、侄子及其死党也应处于死刑。康熙皇帝又进行了一次复审，色厉内荏的鳌拜，此时伏地受审，一一承认了这些罪恶。康熙帝姑念其有功于前，又年事已高，故从轻发落，将他与其子叛终身监禁，不久鳌拜就病死在狱中了。

康熙帝智擒鳌拜，给被他打击和害死的大臣平了反，扫除一大隐患，他夺回权力以后，开始了清朝政治史上新的一页。

有胆有识削三藩

康熙皇帝在除掉鳌拜以后，就开始考虑一件大事：削平"三藩"。"藩"指的是封建王朝的属地。康熙皇帝所要消灭的"三藩"，指的是当时驻守在云南、贵州的平西王吴三桂、驻守在福建的靖南王耿精忠和驻守在广东的平南王尚可喜。这三个藩王原来都是镇守辽东的边将，后来又投降了清朝，充当了引路人，带领清兵开进了中原地区。清朝就封他们为藩王，给予他们优厚的待遇。

吴三桂在镇守云贵地区之后，招兵买马，拥有了 10 万众兵，他就在西南割据称雄，做起土皇帝。他任命官吏与将领，不许朝廷干涉，朝廷任命的云贵两省总督、巡抚，都要受他节制。他还利用西南丰富的矿产制造兵器，还囤积了大量火药，制造火枪火炮。又凿井煮盐，用盐与邻省交换粮食布匹等军需用品。耿精忠则利用沿海的有利地形，与海外私通贸易，大量走私，捞取大批金钱。尚可喜在广东征收大量租税，而且他性情残暴，经常杀人取乐，毫无人性。

康熙帝不允许皇权旁落，更不允许国家分裂。吴三桂、耿精忠、尚可喜的胡作非为，康熙皇帝早有耳闻，而且他将处理"三藩"的问题时时刻刻铭记在心上。

康熙十二年（公元 1673 年），尚可喜自觉年老力衰，请求皇帝让他回到辽东养老，把王位传给他的儿子尚之信，继续留镇广东，平南王府予以撤销。吴三桂听到这个消息后，立刻找来谋士商量，他也写了奏折给皇帝，请求撤藩。耿精忠见吴三桂也写了奏折，他也连忙上了奏折，请求撤藩。

康熙帝在收到吴三桂、耿精忠的奏折后，立即交给郡臣商议，并且表示他打算将三个藩一块儿撤销。不料，众大臣之中，除了明珠、莫洛、米思翰等少数大臣同意撤藩，大多数大臣都不同意，他们害怕三藩联合起来对抗朝廷；刚满 20 岁的康熙皇帝，在明珠等大臣的支持下，他认为自己的削藩主张是正确的，就下诏批准了吴三桂、耿精忠请求撤藩的奏疏，叫他们各自返回家乡养老，并在走以前把地方行政移交给当地的总督、巡抚。

吴三桂怎么也没想到康熙帝真会同意他的请求。他与耿精忠联合起来，玩弄两面手法：一方面装出毕恭毕敬的态度准备撤藩，另一方面迅速调兵遣将准备反叛。吴三桂想出一条妙计：他找来一个 30 来岁的姓朱的青年，在他的两腿上各刺了一条龙，假称是崇祯皇帝的后代，想复兴明室。吴三桂借了崇祯皇帝的名义，起兵反叛清朝。

康熙十二年十一月，吴三桂终于打出"反清复明"的旗号。他自称"天下都招讨兵马大元帅"，分兵两路进攻湖南和川陕。第二年三月耿精忠在福建起兵响应，向浙江、江西发动进攻。公元 1676 年年初，尚之信也在广东起兵响应，向广西进攻。至此，三藩勾结反清，叛乱范围扩展到云南、贵州、福建、广东、湖南、四川、陕西、甘肃、浙江、江西、贵州等 11 个省。

三藩叛乱，江南失守的消息传到北京，朝廷上一片混乱。那些不主张削藩的大臣们又叫嚷起来，他们主张与三藩求和。可是主张削藩的明珠、莫洛、米思翰等怎么也不肯退让，他们主张平定三藩的叛乱。康熙皇帝坚定了他的削藩决心，决定派八旗军全力讨伐吴三桂，坚决镇压叛军。

对耿精忠、尚之信，康熙皇帝则软硬兼施。他一方面派他们住在北京的兄弟前往福建和广东进行劝说，一再表示对他们以前的行为不再追究；另一方面，又派八旗军去攻打他们，把他们逼得投降了。这软硬兼施的办法果然见效，不久，耿精忠和尚之信就投降了。三藩中平定两藩，只剩下了西南的吴三桂了。

耿精忠和尚之信被降服，给吴三桂以很大打击。但他仍不死心，在攻入湖南以后，叛军的气焰十分嚣张，八旗军多次未能攻下被叛军占领的岳州、长沙等地。康熙帝下令继续加强正面进攻，同时派兵绕道湖南南部深入广西，袭击叛军后方。八旗军越战越勇，叛军内部却发生了动摇分化。吴三桂手下的大将林兴珠、韩大任投降了清军。

即将覆灭的吴三桂，已经 74 岁了，可是他仍念念不忘他的皇帝梦。终于在康熙十七年（公元 1678 年）公然在衡州自称"大周皇帝"，改元昭武，并大封伪官伪将，企图用这种办法给他的部将们打气。可是，这一切都不顶用，叛军终于抵抗不住清军的强大攻势，节节败退。一天，吴三桂听到前线战败的消息，心中一急，突然中风昏厥。从此吃不下饭，喝不下水。八月十七日，他一命呜呼了，结束了他丑恶的一生。

吴三桂死后，他的部将马宝、胡国柱草草安葬了他的尸体，就赶忙派人前往云南接吴三桂的孙子、13 岁的吴世璠（音 fán）前来奔丧。吴世璠到了衡阳以后，继承了皇位，改元洪化。然后带着他祖父的棺材匆匆忙忙地逃离湖南，退回到云南昆明。吴世璠逃回了云南昆明，仍不死心，仍然同清王朝对抗。康熙二十年（公元 1681 年）十一月，康熙皇帝派去了大将贝子章泰和都统赖塔，他们二人带着勇敢、顽强的清军攻破了昆明，吴世璠畏罪自杀。这样历时 8 年之久的三藩之乱终于完全结束了。

康熙二十一年（公元 1682 年），章泰和赖塔从云南凯旋而归，康熙皇帝高兴得亲自到芦沟桥来迎接，君臣见面，亲亲热热地举行了抱见礼，这给两位立了赫赫战功的将军以很大的安慰。由于康熙皇帝维护国家统一的决心很大，而且他的处事非常果断，因此他避免了一场使全国再度陷入混乱和分裂的战争。

康熙皇帝敢于坚持正确的意见，不听信谗言，而且善于用兵，终于打败了貌似强大的吴三桂、耿精忠和尚可喜，保证了祖国的统一和稳固，对于经济的发展和人民生活的安定做出了很大的贡献。

《中俄尼布楚条约》

清军入关后，兵力大部分移到内地，所以驻扎在东北的清兵有所减少，黑龙江一带屡遭沙俄的侵扰。当时清朝忙于攻取江南、平定三藩、收复台湾等等，无暇顾及东北黑龙江一带，给沙俄入侵造成空隙。这伙侵华沙俄原居欧洲，距中国十分遥远，然而他们侵略成性，经常用最残忍、最野蛮的手段向外扩张，最后魔爪伸到亚洲，直到中国黑龙江一带。

康熙帝继位后，鳌拜专权，政局混乱，鳌拜对沙俄入侵又隐瞒不报，致使沙俄先后占据雅克萨、尼布楚等地。他们在两地修建碉堡，建立殖民地，强征当地居民的赋税，甚至向清朝发布外交文书，要清朝皇帝向他们称臣。还无理要求中国每年向沙俄进贡白银4万两和丝绸等物资。这一切都遭到康熙帝的严词拒绝。沙俄恼羞成怒，增兵雅克萨，修筑更多的碉堡据点，威胁大清，并伺机扩大侵略范围。

三藩平息后，国内基本安定。康熙帝以为应适时出兵黑龙江，给沙俄侵略者以应有的回击，以保卫祖国领土主权不受侵犯。为此康熙帝于公元1682年借回盛京拜谒太祖、太宗陵寝之机，亲自调查边境情况。他出柳条边，乘船沿松花江北行，询问由黑龙江逃回来的老百姓，打听那里的情况，听到百姓对罗刹（即沙俄）的愤怒与咒骂，得知民心思归，百姓爱国，不为沙俄所用。

这是击败沙俄，保卫边境实现领土完整的有力保证。康熙帝安慰百姓说："朕对罗刹早有所备，待我大军一旦布置就绪，即刻发兵，收复失地，让你们返回家园。"

经过实地了解，康熙帝对出兵黑龙江充满了必胜的信心。为了更好地掌握沙俄的实际情况，回京后，他即派都统郎坦率几百健卒，化装成猎人，深入雅克萨一带侦察敌情，勘察地形交通。郎坦等人经过一个多月的侦察，取得了可靠的材料，绘制了地形图回到北京。

郎坦上奏说："根据臣等实际了解所掌握的情况分析，要想打败罗刹并不难，只要派 3000 兵就可取胜。"郎坦的报告与康熙帝的分析是一致的。为了永保边境的长治久安，康熙帝考虑必须在边境建城驻兵，屯田开荒，修筑水路公路，加强与内地的联系，这样才能从根本上加强边境地区的防御能力。

公元 1683 年康熙帝派兵驻守瑷珲等地，任命萨布素为黑龙江将军，派户部尚书伊桑阿到吉林督造船只，修通水路，扩建陆路，使边境与北京的通信几天就可以通达。康熙帝谆谆嘱咐萨布素，要求他关心和保护好边民，加强军民团结。

经过二三年的准备，到康熙二十四年（公元 1685 年）春，康熙帝得到萨布素的报告，知道一切准备就绪，于是下令攻占雅克萨。强大的清军得到当地人民的支持，很快攻下雅克萨，将沙俄侵略者赶走，首战告捷。康熙帝告诫萨布素要警惕罗刹的卷土重来。

果然不出康熙帝所料，沙俄退兵并不死心，不久窥探到清军撤回休整，雅克萨守兵少的机会，立刻组织大批军民，偷袭雅克萨。沙俄这次占据了雅克萨后，高筑墙，深挖沟，准备死守下去。雅克萨失守后，康熙帝命令萨布素第二年春必须夺回雅克萨，彻底消灭这股侵略者。这次战斗进行得十分激烈，因为沙俄防守工事修得又多又坚固，战争持续了 3 个月，最后沙俄头子托布尔津被击毙，士兵死亡百分之九十，清军重新夺回雅克萨。

第二次击败沙俄，康熙帝致书沙皇，提出通过谈判解决边疆问题的主张。沙皇因两次受挫，看到想用武力霸占黑龙江流域毫无希望，只好答应谈判，想到谈判上再捞一把。沙皇的代表是老奸巨猾的果洛文，清朝代表是索额图。果洛文使出浑身解数，耍尽了无赖手法；索额图义正词严、不卑不亢。在雅克萨中国各族居民强大声势的压力下，果洛文害怕如果再赖下去，将失去在黑龙江一带所有的地方，无可奈何地接受了中国代表提出的方案。双方达成了协议。

康熙二十八年（公元 1689 年）七月二十四日双方在尼布楚签订了《中俄尼布楚条约》。条约明文规定："格尔必齐河、外兴安岭和额尔古纳河为中俄两国分界线。分界线以南原俄国所建的据点包括雅克萨在内，全部拆毁；中国把尼布楚和它以西直到贝加尔湖的领土让给俄国。

《中俄尼布楚条约》虽然把原来属于中国的一部分领土让给了俄国，但这是出于清政府战略上的考虑同意的，是双方共同商议的结果，是中国历史上第一次平等条约。它确定了中俄双方东北部的边界，此后长达 150 年的时间里，这一段边境一直比较平静。《中俄尼布楚条约》也是康熙皇帝在外交政策上的一次胜利。

但是沙俄侵略者并不死心，它开始改变了侵略手段，以挑拨中国民族关系为阴谋，鼓动中国西北部的噶尔丹起来作乱。

三征噶尔丹

沙俄政府在雅克萨失败以后，并不甘心。就在尼布楚条约签订的第二年，又唆使准噶尔部（蒙古族的一支）的首领噶尔丹进攻漠北蒙古。

那时候，蒙古族分为漠南蒙古、漠北蒙古和漠西蒙古 3 个部分。除了漠南蒙古早已归属清朝外，其他两部也都臣服了清朝。准噶尔是漠西蒙古的一支，本来在伊犁一带过游牧生活。自从噶尔丹统治准噶尔部以后，他野心勃勃，先兼并了漠西蒙古的其他部落，又向东进攻漠北蒙古。漠北蒙古抵抗一阵失败了，几十万的漠北蒙古人逃到漠南，请求清朝政府保护。康熙帝派使者到噶尔丹那里，叫他把侵占的地方还给漠北蒙古。噶尔丹自以为有沙俄撑腰，十分骄横，不但不肯退兵，还以追击漠北蒙古为名，大举进犯漠南。

康熙帝召集大臣宣布他决定亲征噶尔丹。他认为噶尔丹气势汹汹，野心不小，既然打进来，非反击不可。公元 1690 年，康熙帝分兵两路：左路由抚远大将军福全率领，出古北口；右路由安北大将军常宁率领，出喜峰口，康熙帝亲自带兵在后面指挥。

右路清军先接触噶尔丹军，打了败仗。噶尔丹长驱直入，一直打到离开北京只有 700 里的乌兰布通（今内蒙古翁牛特旗西南）。噶尔丹得意扬扬，还派使者向清军要求交出他们的仇人。

康熙帝命令福全反击。噶尔丹把几万骑兵集中在大红山下，后面有树林掩护，前面又有河流阻挡。他把上万只骆驼，缚住四脚躺在地上，驼背上加上箱子，用湿毡毯裹住，摆成长长的一个驼城。叛军就在那箱垛中间射箭放枪，阻止清军进攻。

清军用火炮火枪对准驼城的一段集中轰击，炮声隆隆，响得震天动地。

驼城被打开了缺口。清军的步兵、骑兵一起冲杀过去，福全又派兵绕到山后夹击，把叛军杀得七零八落，纷纷丢了营寨逃走。

噶尔丹一看形势不利，赶快派个喇嘛到清营求和。福全一面停止追击，一面派人向康熙帝请示。康熙帝下令说："快进军追击！别中了贼人的诡计。"果然，噶尔丹求和只是缓兵之计，等清军奉命追击的时候，噶尔丹已经带了残兵逃到漠北去了。

噶尔丹回到漠北，表面向清朝政府表示屈服，暗地里重新招兵买马。公元 1694 年，康熙帝约噶尔丹会见，订立盟约。噶尔丹不但不来，还暗地派人到漠南煽动叛乱。他扬言他们已经向沙俄政府借到鸟枪兵 6 万，将大举进攻。内蒙古各部亲王纷纷向康熙帝告发。

公元 1696 年，康熙帝第二次亲征，分三路出击：黑龙江将军萨布素从东路进兵；大将军费扬古率陕西、甘肃的兵，从西路出兵，截击噶尔丹的后路；康熙帝亲自带中路军，从独石口出发。三路大军约定时期夹攻。

康熙帝的中路军到了科图，遇到了敌军前锋，但东西两路还没有到达，这时候，有人传说沙俄将要出兵帮助噶尔丹。随行的一些大臣就有点害怕起来，劝康熙帝班师回北京。康熙帝气愤地说："我这次出征，没有见到叛贼就退兵，怎么向天下人交代；再说，我中路一退，叛军全力对付西路，西路不是危险了吗？"于是，康熙帝决定继续进兵克鲁伦，并且派使者去见噶尔丹，告诉他康熙帝亲征的消息。噶尔丹在山头一望，见到康熙帝黄旗飘扬，军容整齐，连夜拔营撤退。

康熙帝一面派兵追击，一面赶快通知西路军大将费扬古，要他们在半路上截击。

噶尔丹带兵奔走了 5 天 5 夜，到了昭莫多（今蒙古人民共和国乌兰巴托东南）正好遇到费扬古军。昭莫多原是一座大树林，前面有一个开阔地带，历来是漠北的战场。费扬古按照康熙帝的部署，在小山的树林茂密地方设下埋伏，先派先锋 400 人诱战，边战边退，把叛军引到预先理伏的地方，清军先下马步战，听到号角声起，就一跃上马，占据了山顶。叛军向山顶进攻，清军从山顶放箭发枪，展开了一场激战。费扬古又派出一支人马在山下袭击叛军辎重，前后夹击。叛军死伤无数。最后，噶尔丹只带了几十名骑兵脱逃。

经过两次大战，噶尔丹叛乱集团土崩瓦解，康熙帝要噶尔丹投降，但是噶尔丹继续顽抗。隔了一年，康熙帝又带兵渡过黄河亲征。这时，噶尔丹原来的根据地伊犁已经被他侄儿策妄阿拉布坦占领；他的左右亲信听说清军来到，也纷纷投降，愿意做清军的向导。噶尔丹走投无路，就服毒自杀。

自那以后，清政府重新控制了阿尔泰山以东的漠北蒙古，给当地蒙古贵族各种封号和官职。清政府又在乌里雅苏台设立将军，统辖漠北蒙古。

后来，噶尔丹的侄儿策妄阿拉布坦攻占西藏。公元1720年，康熙帝又派兵远征西藏，驱逐了策妄阿拉布坦，护送达赖喇嘛六世进藏。以后，清政府又在拉萨设置驻藏大臣，代表中央政府同达赖、班禅共同管理西藏。

在平定噶尔丹叛乱中，清圣祖表现出了杰出的政治军事才能。这次平叛战争的胜利，清除了地方割据势力，避免了一次国家大分裂，有利于多民族统一国家的巩固和发展。同时，中央集权制力量得到加强，提高了清政府抵御外敌的能力。此外，这次平叛战争的胜利，还意味着受割据之害的人民的解放，给这些地区的社会经济的恢复和发展提供了必要的条件，从而有利于边疆和内地的经济文化交流。

康熙帝定西藏

西藏信仰佛教，自唐朝时就与中原关系十分密切，作为附属国的西藏与内地年年来往，互相通婚，直到宋、元、明仍保持密切的关系。明永乐年间佛教首领宗喀巴创立黄教，宗喀巴圆寂后，由其二大弟子达赖、班禅继承并共理黄教。以后的继承人采取转世制。清初清太宗皇太极写信给达赖喇嘛，希望建立满藏两族友好关系。此时，漠西蒙古的和硕特部顾实汗迁往青海并与达赖五世、班禅四世建立友好关系。他们对统治西藏的藏巴汗不满，由顾实汗出兵，杀死藏巴汗并与达赖、班禅共管西藏。顾实汗与清朝关系密切，这时的西藏出现了暂时的稳定。

不久，顾实汗病逝，达赖五世也圆寂，大权落入第巴桑结手中，他想立自己心中的达赖六世，对五世达赖的圆寂密而不报，可是他想立的六世达赖却是一个不守佛规的青年。这就引起对第巴桑结不满的拉藏汗的气愤，拉藏汗把此事上报朝廷，第巴桑结非常恐慌，想谋害拉藏汗，结果事发，竟被拉藏汗所杀。

拉藏汗掌权后，首先把第巴桑结所立的六世达赖押往北京，请朝廷处置。结果在北去的途中六世达赖却病死了。拉藏汗想立一个自己心中的达赖七世，但青海方面也立了一个七世达赖，双方互不相让，纷纷指责对方是假的。康熙帝为慎重起见，特派侍郎赫寿去协助拉藏汗处理此事。

过了几年，双方又上奏康熙帝，都要求自己的达赖坐床。为免出意外，康熙帝让青海的达赖到北京，但青海不答应，不顾拉藏汗的反对，擅自让自己选的达赖坐床。因达赖真假之争，双方矛盾越来越大，这就给窥视西藏已久的策妄阿拉布坦造成可乘之机。于是策妄阿拉布坦在康熙三十五年（1696年）冬出兵西藏。

策妄阿拉布坦是噶尔丹的侄子，自从噶尔丹夺取其父的汗位后，策妄阿拉布坦逃到吐鲁番，网罗党朋，招募其父的旧部，妄图复仇，以求东山再起。康熙三十五年，乘噶尔丹东进，伊犁空虚，策妄阿拉布坦占据了伊犁，重新组织队伍，一面向朝廷表示归顺，一面严阵以待准备抵抗其叔父噶尔丹的复辟。在噶尔丹自杀后，策妄阿拉布坦为表示自己归顺清朝的决心，将其叔父的尸体送往北京，证明自己没有二心。康熙帝见此，答应准噶尔余部由策妄阿拉布坦统帅。策妄阿拉布坦掌权后，极力建设军队，扩充实力。经过几年的准备，开始向西扩张，强占了哈萨克的全部领域，策妄阿拉布坦感到自己羽毛已丰满，便不把清朝放到眼里，却和沙俄相勾结，得到沙俄的支持，挥军向东、向南进攻。

康熙五十三年（公元1714年）策妄阿拉布坦出兵哈密，哈密立即上报朝廷请求派兵增援。康熙帝命将军席柱带领3000人前往救哈密，席柱与哈密合兵一处，猛攻策妄阿拉布坦，将其打得大败。策妄阿拉布坦还想攻打西藏。康熙五十五年冬，策妄阿拉布坦命其弟率兵6000进攻西藏，两军相战两月之久，拉藏汗兵败被杀，策妄阿拉布坦占领布达拉宫，大肆抢劫，连寺庙也没能幸免。

康熙帝得知策妄阿拉布坦进兵西藏后，十分震怒，他排除主和派的意见，下诏封青海达赖为六世达赖，废除拉藏汗所立的六世达赖。并命第十四皇子允禵为抚远大将军，坐镇青海统一指挥。清军将领延信带大队人马迎头痛击叛军，策妄阿拉布坦前有强大清军的围剿，后有藏民及喇嘛兵的袭击，首尾不能相顾，处境狼狈，很快被清军击败，逃回伊犁。后又归顺清朝。

清军击败策妄阿拉布坦后，进入西藏，安定社会秩序，延信将达赖六世从青海接送到西藏，重新举行了隆重的坐床仪式，成千上万的喇嘛藏民拥向布达拉宫，朝拜六世达赖。延信当众宣读皇帝诏书，诏书中规定，西藏从此政教合一，由达赖和班禅统一管理。达赖负责前藏，班禅负责后藏。从而中国西南出现一个长期稳定的局面。

吴敬梓与《儒林外史》

吴敬梓生于康熙四十年（公元1701年），字敏轩，号粒民，晚年自号文木老人。安徽全椒人。

吴敬梓出生在一个官僚地主家庭中，18岁就考取了秀才，是个少年得志的贵家公子。父亲吴霖起，是位精于儒学的人，因得罪上司而辞官回家，不久就病死了。父亲死后，吴敬梓独担门户，在家庭内部财产争夺中又被欺凌侵夺，使他看到这种书香门第表面上讲仁义道德，骨子里却是尔虞我诈。吴家败落之后，族人乡邻都歧视他，把吴敬梓视为吴家的不肖子孙，受过他慷慨接济的人也渐渐疏远了他。家乡无法存身，他不得不移居早就中意的南京秦淮水亭。他感到这里非常平静、舒适，再也不想参加科举考试，下决心要写一本书，把他们的丑态记录下来。

当时，清王朝统治者为了维护行将崩溃的统治，大力禁锢思想文化。不仅大兴文字狱，还把唯心主义的程朱理学作为官方哲学，用考试八股文的方法，束缚知识分子的手脚。按朝廷规定，八股文只能写四书五经上的东西，以孔子的是非为是非，以朱熹的注疏为标准，文章的格式刻板，连字数都有规定。这样培养出来的人没有真才实学，扼杀了大量人才。

基于这种情况，吴敬梓看透了科举考试的弊病，用辛辣的笔锋，尖锐地揭露了这一制度，写出了中国第一部长篇讽刺小说《儒林外史》。

在《儒林外史》中，吴敬梓用他那泼辣幽默的巨笔，穷形尽相地描绘了儒林群丑的恶言丑行，绘声绘色地刻画了众多市民官绅的面貌情态，无情地揭露了腐朽的八股文取士的科举制度和它所造成了的社会危害，歌颂了敢于冲击封建礼法和自食其力、洁身自好的传奇人物，尖锐地批判了程朱理学的虚妄，从一个侧面反映了中国封建制度的没落衰朽。

在吴敬梓的《儒林外史》中，有一个老书生叫范进，就是深受科举考试之苦的人。他只知道作八股文，连赫赫有名的苏轼是谁都不知道。直到胡须花白了，还只是一个可怜的穷秀才。有一次，他参加乡试回来，看到母亲和妻子已经饿了3天了，就抱着一个正生蛋的母鸡到集市上卖。没想到这一次他竟然考中了。人们到集市把他考中的消息告诉了他，他开始不相信，愣了一会儿，居然由于兴奋过度，猛地向后一跤摔倒，牙关咬紧，不省人事。被救过来之后，他披头散发，满脸黄泥，一身臭水，鞋也跑掉了一只。他什么也不顾了，只是一个劲儿地拍手大笑，高喊"中了！中了"后来被自己的老岳父杀猪的胡屠户打了一记耳光，才恢复了常态。从此人们都来巴结范进，送他房屋、田产、衣服、用具等等。范进科举成名，从一个揭不开锅的穷光蛋，摇身一变，变成了一个耀武扬威的"官老爷"。

吴敬梓笔下的读书人，有的被科举戕杀；有的投机钻营考试之道；有的做官后忘本变质，残害百姓。封建文化人的形象被揭露得淋漓尽致。吴敬梓用他那犀利的目光、深刻的见解宣告了封建八股制度必然灭亡的历史趋势。但很可惜的是，这位才华横溢的文豪却被穷困潦倒的生活过早地夺去了他的生命。乾隆十九年（公元1754年），他在完成《儒林外史》大作后不久，就病死了，仅活了53岁。

除《儒林外史》外，吴敬梓还著有《文木山房集》4卷和《金陵景物图诗》及其他一些诗文。他的《诗说》7卷，未完成的《史汉纪疑》和《文木山房集》12卷本，都已散失。

满族词人纳兰性德

清朝初年，京城里有一个才华横溢、侠义豪爽的满族青年词人，叫纳兰性德。他只活了31个春秋，便去世了。但他那超众的才华，精彩的词章，却名垂后世。

纳兰性德，原名成德，字荣若，号楞伽山人，满洲正黄旗人，生于顺治十一年（公元1654年），卒于康熙二十四年（公元1685年），他是大学士明珠的长子。

纳兰性德的词风清婉，内容悲戚忧抑。在他所作的三百几十首词中充满了苦痛。大凡能够寄托忧伤愁绪的题目，几乎都能在他的词中找到。他笔端流露出的这些无尽的哀愁，似乎同他荣华富贵的生活格格不入。

纳兰性德贵为世家子弟，相国公子，生活是何等的豪华尊贵。加之他幼时勤奋好学，刻苦用功，他本人又天资聪颖，文采过人，成人以后深受康熙皇帝宠爱，升为一等侍卫。像他这样一个前程似锦的人，为什么有那么多的痛苦呢？这可能与他敏锐、纯真，又富于感情的天然禀赋有关，同时他坎坷的爱情生活对他词作的影响也是很大的。

传说纳兰性德有一个从小就与他青竹梅马的表妹，长得相当出色，他们的父母看他们心心相印，就给他们定了亲。纳兰性德对表妹非常痴情，谁知不久他表妹被选入宫，和他近在咫尺却不能相见，纳兰性德为此特别伤心。他暗暗下定决心，一定要同她见上一面。机会很快来了，宫中死了一个后妃，喇嘛们每天应召进宫去念经，纳兰性德便假装喇嘛进宫，终于见到了朝思暮想的恋人。但那个时代，宫中戒备是非常森严的，他根本就找不到机会同表妹说话，真是相见不如不见，一道深深的创痕留在了他的心里。被迫与情人分离的苦闷和长久的思念久久地萦绕在他的心头，这份凄苦便流入了他的笔，进入了他的词章。

但是给纳兰性德生平打击最大的还不是同表妹的生离，而是同原配夫人卢氏的死别。

纳兰性德 19 岁时，受父母之命娶了两广总督、兵部尚书、都察院右副都御史卢光祖的女儿为妻。卢氏是一位娇柔、多情的贵族才女，非常可爱。她的才情可以同东晋谢道韫相比。她与纳兰性德情投意合，对丈夫的感情和志趣也非常理解，两人恩恩爱爱生活了 3 年，非常美满幸福。卢氏又贤惠又能干，对纳兰性德体贴入微，关怀备至，甚至在去世前半个月还拖着病弱的身体为纳兰性德剪裁衣裳。卢氏的死，对于这位多情而敏感的词人来说，打击太大了，他抚摸着妻子给自己缝制的衣衫，泪洒衣襟，痛不欲生，从此以后，他的词风更加凄婉、郁结了。

纳兰性德虽然受情所迫，终日郁郁寡欢，但他的性格中又有侠义、豪迈的一面。他曾经奋力营救过科场案犯江南汉族名士吴兆骞（字汉槎）。那是在他 22 岁的时候，他与当时享有盛名的顾贞观相识了，他们一见如故，相见恨晚。正是在顾贞观那里，他了解到了吴兆骞的不幸遭遇。

顺治时期，为了巩固自己的统治，清廷故意迫害入试的汉族知识分子，他们制造了许多起科场案。吴兆骞就是其中的一个受迫害者。吴兆骞应试的那一年，顺天（北京）、江南、河南、山东、山西 5 地的考场又兴大狱，而且吴兆骞所在的江南和顺天考场闹得最为厉害，许多主考、同考官都被判了死罪，连许多无辜的考生也被判了刑。

事发后，吴兆骞和江南的举子们一起被押解到了京城。皇帝声称要举行复试，并亲自在太和殿监考。这那里是考场呀，分明是刑场嘛！众多的考官们轮流监视着考生，堂下站立着武士，摆放着刑具，考生的背后还有两名满洲护军持刀站立。在这样的气氛下，考生们哪里还敢答卷，早已吓得胆战心惊，所以大批考生未能完成答卷，就被投入了监狱，后又被发配到极北的宁古塔（今黑龙江宁安市西海林河南岸）。吴兆骞和他的难友们在冰雪苦寒的宁古塔一待就是 20 多年。

吴兆骞蒙冤在绝塞的苦难境遇，引起了纳兰性德的深切关怀，他非常同情吴兆骞，决心将吴兆骞从苦难中救出，但说说容易，做起来就难了。即使像纳兰性德这样一个相国公子、朝廷侍卫身份的人，要想营救吴兆骞也是非常困难的，他用了 5 年的时间，终于用金钱赎取了吴兆骞。

营救吴兆骞只不过是纳兰性德侠义行为的一个典型事例，其实平时他所结交的朋友尽是落难的奇才雅士。

纳兰性德深受中原汉族几千年文化的熏陶，但是他的血管里奔流的却是北方少数民族那强悍的血液，二者融汇在他的诗词里，就使他的作品既有情思婉转、幽怨、缠绵的一面，又有深沉、高旷、豪迈的一面。这也使得他的词风更具个性。

纳兰性德比较推崇李煜的词，他的词风也很像李煜。纳兰性德的词传世的有《纳兰词》《通志堂集》。他还与顾贞观合选了《今词初集》，与徐乾学一起编刻了宋元以来诸儒说经之书为《通志堂经解》。

蒲松龄落魄写《聊斋志异》

康熙年间，在山东省淄川县（今淄博市）的一个小村庄里，有一个塾师先生叫蒲松龄。他常常带着茶水和旱烟来到村口的路旁坐下来，免费招待过往的行人。那些过往行人大多是小贩、脚夫和游荡四方的文人。他们歇下来喝茶时，聊的话题可多了。

坐在一旁的蒲松龄笑容可掬地看着大家。当有人过去道谢的时候，他就请求那人把家乡和旅途听到的故事和见到的新鲜事讲给他听。那些行人走南闯北，见多识广，讲出来的故事当然很新奇。蒲松龄把事先准备好的笔墨纸砚拿出来，一边听，一边记。这样，日积月累，他搜集了许多有趣的故事。

后来，蒲松龄积累的好故事越来越多，他把搜集到的故事作了加工，写成了一本短篇小说集，就是著名的《聊斋志异》。《促织》是《聊斋志异》中的名篇，故事是这样叙述的：

古时候，有个皇帝爱斗促织，命令老百姓捉促织进贡。有个叫成名的老实人运气不好，怎么也捉不到一只促织。官府常常因此责打他，打得他屁股上老伤口流脓，新伤口流血，疼痛难忍。成名又急又怕，就去哀求一个巫婆。巫婆教给他一个办法。他一试，果然捉到一只又强又壮的促织。他一家子都高兴得不得了。没想到他9岁的儿子一时失手，弄死了促织。可怜的孩子害怕父母责罚，就跳到井里淹死了。成名夫妇发现促织死了，气汹汹地找儿子。等他们知道儿子也死了的时候，真难过极了，觉得活着也没什么意思了，每天面对面地呆坐着，也不生火做饭。说来也怪，成名的小儿子死后，变成一只促织，跳到成名袖子上。第二天，成名把促织献给知县，知县献给巡抚，巡抚又献给了皇帝。这只促织很凶猛，天下所贡的促织没有一只能斗得过它。

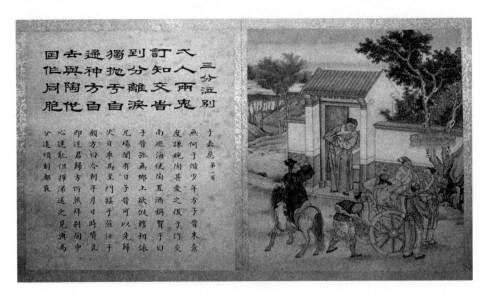

它还能随着琴声跳舞。皇帝很满意，提升巡抚和知县做了大官。

人们听了这个故事，就七嘴八舌地议论开了。有个老人说："我小时就听说过，明朝有个皇上爱斗促织，全国贡上去的多着呢！"一个穷书生感慨地说："为富不仁啊！"

《聊斋志异》中的故事，反映了社会现实生活，也表现出了作者的态度。其中有的是质问当权者，有的是揭露科举制度，有的把狐狸鬼怪描写成善良美丽的少女，歌颂了青年男女真挚的爱情，还有的赞扬了普通人民的反抗精神……

蒲松龄能写出这样内容深刻的小说，是和他一生中的坎坷遭遇分不开的。明朝崇祯十三年（公元1640年），蒲松龄出生在山东淄川县蒲家庄。兄弟4人，都从小读书，蒲松龄是兄弟中成绩最好的。他顺利地通过县、州、府的考试，每次都是第一名。19岁就考中秀才，人们都以为他前程远大。可是这以后，蒲松龄到省里考试就怎么也考不中了。后来，父亲死了，兄弟4人也分了家。蒲松龄只分到一间破房子。房子四壁透风，周围长满了蒿草。他没有钱请人维修房子，只好借来一块木板遮挡起来。

为了家庭的生活，他只好到大户人家去做塾师了。

康熙十二年至十四年（公元1673—1675年）蒲松龄在本邑半泉乡王家坐

馆，任塾师。王家是淄川名门大族。在王氏兄弟中，王观正与蒲松龄最相投，又同是科举失意者，所以两人交情甚厚。蒲松龄家母病逝，无以营葬，王观正慷慨解囊相助。

从王家撤馆后，蒲松龄又到罢职归田的翰林院检讨唐梦赉家做了西宾，唐梦赉很器重他。最令蒲松龄感动不已的是唐梦赉对他写鬼狐神怪、创作《聊斋志异》大加夸奖，并在几年后，为《聊斋志异》写了序言。

康熙十八年（公元1679年），蒲松龄又到了淄川西鄙西铺村的毕家坐馆。毕家也是名门望族，馆东毕际有请蒲松龄来家教几个孙子读书，也把他当作清谈的伴友，文字的代笔，应酬的替身。蒲松龄才华出众，措辞得体，文笔优美，谈吐风雅，给毕家增色不少。毕际有也比较开明，蒲松龄来到毕家后，仍然利用授业之余写狐鬼小说，毕际有对此不但不反感，反而也兴致勃勃，还为他提供了不少创作素材，蒲松龄很感动。

在当时，读经、研经、准备科考才被认为是读书人的正经事，而写鬼狐小说常被世人视为邪道。即使是蒲松龄敬重的孙蕙也曾写信劝他集中精力治举业，不要再把精力放在写狐鬼小说上。

蒲松龄还算幸运，作馆的几家，基本上都不歧视小说家，不加干涉，所以他才得以执着写作。毕际有更令他所敬，二人时常谈诗论文说聊斋。

康熙二十七年（公元1688年）春，当时非常有名望的大诗人王士祯来到毕家，毕王两家世代联姻，毕际有的夫人是王士祯的从姑母。蒲松龄有机会作陪，能这么幸运地见到王士祯，蒲松龄非常高兴，二人谈诗论文，很投机。王士祯看过蒲松龄的部分《聊斋志异》手稿，诚心诚意地称誉了一番，这使他非常激动。能得到有名望的大诗人的公开表扬称赞，也算是他的心血没有白费，他的辛苦创作即将得到社会承认。他一生与王士祯仅见了这一次面，但却结成了文友，有书刻成，互相寄赠。王士祯后来读完《聊斋志异》，还作了评点，写了一首为后世广为传诵的诗：

姑妄言之妄听之，豆棚瓜架雨如丝。

料应厌作人间语，爱听秋坟鬼唱时。

此后，蒲松龄信心倍增，更加努力地创作，他的名声连同他的《聊斋志异》在没有最后完成的时候，就已声名远扬，广为社会所知了。

著名思想家顾炎武

顾炎武，号亭林，江苏昆山人，出生于公元1613年，学者们都叫他亭林先生。顾炎武的家庭是江苏有名的四大富户之一，又是世代相传的书香门第。从他的高祖到他的父亲，祖孙五代都做过明朝的大官。顾炎武的养母王氏也出生在官宦人家，是一位有教养学识的妇女。她还没结婚，丈夫就死了，后来抱养顾炎武做儿子，决心要将他培养成人。

顾炎武小时候学习非常勤奋。3岁的时候，养母就亲自教他读书，给他讲古代英雄的故事。10岁时，开始跟随祖父学孙子、吴起的兵法著作以及《左传》《国语》《战国策》《史记》《资治通鉴》等历史书籍，14岁就考中了秀才，正是"少年得志"。

顾炎武不仅专心学习，还关心国家大事，他参加了明末有名的文学团体"复社"，开阔了视野，培养了忧国忧民的思想情感。明朝灭亡以后，顾炎武接受了福王的邀请，到南京担任兵部司务，可是不到一年福王政权也灭亡了。顾炎武满怀亡国之恨，回到家乡组织义军抗击清军。不久，清兵攻占昆山，顾炎武率义军苦战了4个昼夜，因双方力量过于悬殊而失败了。养母王氏闻讯之后，深为国家前途担忧，自此粒米不进，绝食而死。临终前还嘱咐顾炎武说："我虽然是个妇道人家，也有爱国的思想；你千万不要忘记亡国的耻辱，不要当异族的臣子，要牢记先祖的遗训，那样我死也瞑目了。"顾炎武将养母的遗训深深地铭刻在心中，决心抗清到底。

顾炎武安葬养母后，立即与唐王政权联系，筹划联合组织力量抗击清军。不料这件事走漏了风声，被人告发到清朝，顾炎武因此被关进了监狱。后来，他的几位好朋友经过多方努力，才设法把他搭救出来。

顾炎武在家中没法待下去了，只好背井离乡，开始了旅居生活。顾炎武注重将学到的书本知识与实际联系起来。他从明朝灭亡的惨痛历史教训中，深感必须要寻找社会兴亡的真正原因和历史规律。

45岁时，顾炎武带着两匹马，轮流骑坐，还有两匹骡子驮着必备的图书，走上了深入社会调查研究的道路。他先后游历了山东、河北、山西、陕西。凡是名山大川，天险要塞，他都要亲自登攀，详细考察。到了山海关、居庸关、古北口、蓟州、昌黎等战略要地，他都亲自来到当地的老农和退伍的老兵家，听他们介绍情况向他们详细询问地形、地势和风土人情。遇到与书本记载不一致的地方，他都反复勘对，校正书本的错误。遇到古碑遗迹，他总是设法越过荆棘和野草，有时干脆就手足并用，爬到碑前，擦去碑上的斑藓青苔，仔细辨认诵读，将它摹拓下来。

在长期深入调查研究的基础上，顾炎武提出"务农积谷""守边备塞"的战略思想，提倡国家要加强边防力量，要关心边境人民的疾苦，设法使他们生活富裕起来。

顾炎武身体力行，从来不"纸上谈兵"。他每到一处考察，凡是能办到的，总是亲自去办。他看到北方丰富的水利资源被白白浪费了，深感惋惜，就计划把南方的水车、水碾、水磨引进过来，还写信邀请南方的朋友来边塞一同实现这些计划。他到一处住下来，看到可开垦的荒地，就与当地农民一起挖地，种植五谷，深得农民的钦佩。

顾炎武为人直率，同时又谦虚好学。周围的人都喜欢与他在一起交谈，他遇到不懂和有疑问的问题，就虚心向有经验的老者请教，积累了丰富广博的知识。很快他的名字在大江南北、长城内外传开了。

顾炎武在漂泊不定的旅居生涯中，著述甚丰。他完成了从青年时代起就开始的对治国安邦方略的研究，写成了《天下郡国利病书》和《肇域志》。这两部书不但是研究民生利弊的专著，而且是清初地志学上的重要著作。《肇域志》100卷，专门论述地理形势和山川要塞；《天下郡国利病书》120卷，200字，专门论述地方利弊和经济的发展。凡是有关河流水道、农田水利、工矿资源、交通运输、户口田赋、兵防徭役等情况，他都做了详细的记述。

顾炎武又是一个唯物主义的思想家。他认为宇宙是物质构成的，强调要从具体的事物中探求真理，反对主观空想。他还积极主张进行政治经济改革。除此以外，顾炎武在音韵学、考据学、训诂学、历史学等方面，都有独到的见解和丰富的著述。

他晚年时，清王朝对待汉族知识分子的态度发生了变化。康熙帝为了笼络汉族的知识分子，下令叫各地举荐著名学者。顾炎武那时已是名闻天下，有人举荐他，都被他严词拒绝了。

顾炎武从45岁离家出走，整整在外漂泊了25年。晚年才定居在陕西华阳县，授徒讲学。公元1682年，顾炎武在旅经山西曲沃时，不幸患病，与世长辞。

曹雪芹与《红楼梦》

《红楼梦》是中国文学史上成就最高的长篇小说，他的作者是生活在清代乾隆年间的作家曹雪芹，续作者为高鹗。曹雪芹是我国伟大的现实主义作家。

曹雪芹（约公元 1715—约公元 1763 年），名沾，字梦阮，号雪芹。其先世本是汉人，但很早就成了正白旗内务府"包衣"，也就是皇室的"家奴"。这就确定了曹家的特殊的社会地位：一方面是家奴；另一方面，因为是皇室的家奴，所以与皇帝的关系还非常密切。曹雪芹的曾祖母孙氏，曾经做过康熙皇帝的乳母，康熙对曹家就特别的信任。公元 1663 年，清政府设置"江宁织造"，这是一个负责为皇家提供纺织物的衙门。曹雪芹的曾祖父曹玺始任江宁织造，自此，曹家三代四人连任不断。由于康熙帝对曹家的信任，曹家几代江宁织造，除负责织造工作之外，还有特殊的使命，即作为皇帝的心腹和耳目密切监视着江南的情况，大则官吏、人民的动向，小则物价、气候的变化，一律直接奏明皇帝。曹雪芹的祖父曹寅做江宁织造时间最长，最受康熙帝信任。康熙帝 6 次南巡，有 4 次在江宁织造府驻留，并由曹寅接驾，使得曹家门庭生辉。当时的曹家荣华富贵俱全，盛极江南，曹雪芹在《红楼梦》中描写的贾、史、王、薛四府，实际上就是曹家等封建豪门的化身。

曹寅是当时的"名士"，能写诗、词、戏曲，又是有名的藏书家，著名的《全唐诗》就是由他主持刻印的。这样的家庭传统对培养曹雪芹的文学才能起了一定的作用。曹寅死后，曹颙、曹頫相继承袭职位，曹雪芹大概就是曹頫之子。其时清宫廷内部斗争异常激烈，雍正五年（公元 1727 年），曹頫因"行为不端"被株连，获罪落职，家产被抄。曹家被抄时，曹雪芹刚好 13 岁。少年时代的经历，对曹雪芹以后的创作产生了很大影响。

曹家被抄后，地位一落千丈。曹雪芹跟着父亲迁居到北京。乾隆帝即位后，曹家的地位略有好转。但四五年后，一场重大的政治风波，使曹家彻底败落了。曹雪芹从此由贵族公子沦为穷困的小市民。

曹雪芹经历了家势盛衰巨变，备尝人间冷暖。成年后，他流落到北京西山脚下居住，生活非常贫困。他住在一条"满径蓬蒿"的"僻巷"内，一家人常常靠喝粥过日子。有时，他想喝点酒，也没有钱去买，只得向酒店赊账，常常受到当权的豪富贵人的"白眼"相待。曹雪芹身处厄境，却不事权贵。他心胸坦荡，喜酒健谈。曹雪芹就是在贫困的条件下，靠写文章、作画和行医度日。这也使他有更多的机会与普通劳动者接触，扩大了他的创作视野。

一年除夕，一个名叫于叔度的跛足贫民向曹雪芹诉苦："我家断粮3天，现在又是寒冬腊月，我是借贷无门啊！我的孩子整天拉着我的衣服，跪在我膝下，又冻又饿，哭叫不休。唉，我是求死无路啊！"曹雪芹对于叔度的悲惨遭遇深表同情，便和于叔度商量谋生的办法。于叔度告诉曹雪芹："我见到有贵公子买只风筝就拿出数十金来。如果我能做风筝去卖，倒可以养活我一家几个月了。"多才多艺的曹雪芹就教于叔度扎风筝，解决了他的生活问题。后来，曹雪芹还专门写了一本《南鹞北鸢考工志》，专门介绍怎样绘扎风筝。他在这本书的"序"中说："我写书的目的是为残废而生活无着的贫民得到一个谋生的机会！"

曹雪芹在贫困中，增强了对封建制度黑暗、残酷、虚伪和必然崩溃的命运的认识，增加了他对受官府贵族欺凌压迫的劳动人民的深刻同情。他提笔写小说，立志要把自己对生活的独特感受、对人生的独特见解以及对社会时代的强烈批判表达出来。尽管他家经常喝粥断粮，但他仍然在作画出卖、与人畅谈、访问疾苦的余暇，伏案疾书，夜以继日地写作《红楼梦》。曹雪芹以"披阅十载，增删五次"的艰辛劳动，终于写出了不朽的《红楼梦》。

乾隆二十七年（公元1762年），京师流行天花病，曹雪芹非常宠爱的独生子也因患天花病而死去了。贫困交加的曹雪芹日夜思念儿子，经常痛哭，自己的病也加重了。这年的除夕，他终于"泪干而逝"，离开了这个世界。终年才48岁。他家里除留下一个年轻的妻子和几束书稿外，分文没有。他的好友们凑了点钱才把他草草入土安葬了。

《红楼梦》原名《石头记》。曹雪芹在世时，即以抄本流传。由于80回以后的文稿在流传、借阅中"迷失"，所以在很长一段时间里，仅以80回流传。乾隆五十六年（公元1791年），高鹗把自己续写的后40回和经他作了改动的前 80 回合在一起，由程伟元以活版印行。于是世上才有 120 回的《红楼梦》。《红楼梦》在思想深度和艺术成就上达到的水平，在中国文学史上是罕见的。

《红楼梦》所描写的不是"洞房花烛夜，金榜题名时"的爱情故事，而是写贵族青年贾宝玉、林黛玉、薛宝钗的恋爱和婚姻悲剧。小说的巨大的社会意义，在于它不是孤立地去描写这个爱情悲剧，而是以这个恋爱、婚姻悲剧为中心，写出了当时具有代表性的贾、王、史、薛四大家族的兴衰，其中又以贾府为中心，揭露了封建社会后期的种种黑暗和罪恶，以及其不可克服的内在矛盾，对腐朽的封建统治阶级和行将崩溃的封建制度作了有力的批判。

正是由于这种伟大的价值，200 年来，《红楼梦》广泛流传，以至于形成了一个蔚为壮观的"红学"研究领域。《红楼梦》被越来越多的人喜爱和阅读。

神州盛世

康熙帝继位后，虽然国内大局已定，但仍面临数处困难，恢复和发展经济是稳定政治局面的重要环节，他在宫廷御柱上书写 6 个字："三藩、河务、漕运。"三藩平定后，河务就提到日程。如果说土地是农耕民族繁衍的摇篮，那么水利就是农耕民族生息的源泉。治水修河，成了历代帝王的心患。康熙十六年康熙帝任命靳辅为河道总督，负责治理黄河。

靳辅是辽阳人，顺治年间入仕，先后担任编修、安徽巡抚、武英殿学士等职，一向勤勤恳恳，办事老练。他手下有一幕僚叫陈潢，生长于钱塘江边，深谙水性，在水利方面很有经验。靳辅在陈潢的协助下，用疏导和筑坝相结合的办法，使黄河经过他 10 余年的治理，大有改观。康熙帝南巡时，特到黄河视察河务，看到靳辅在各河段修筑的减水坝，叮嘱道："减水坝原用以泄水，遇泛滥横流，安知今日减水坝不为他年之决口？且减水旁流，浸灌民田，当筹划措置。"靳辅也考虑到减水坝扰民不小，于是便提出开新河的办法。新开的中河既免减水坝淹民修补之苦，又提高了运输效率。康熙帝知道后，对他夸赞不已。

靳辅与陈潢在治黄过程中不幸相继病逝。后来张鹏翮出任河道总督，又使黄河工程有了生机。康熙四十四年二月九日，康熙帝第五次南巡，又视察了黄河工程。他看到九里冈巍巍的大坝，治理得很理想，对张鹏翮非常满意，倍加赞扬，特赐一把他亲笔题字的小扇，勉励他努力治河，为国分忧。经十几年的努力，使经常泛滥的黄河"水归故道，漕运无阻"，曾几度汪洋的苏北七州县的大面积土地得以恢复耕种。大运河免受黄河之灾，畅通无阻。漕运的恢复，使南北经济贸易繁荣起来。

康熙帝在位 61 年，六次南巡，虽说是游山玩水，以陶冶情趣，舒宫中政务繁忙之苦，但也不忘视察民间的疾苦，了解民情。在太湖游览时，他对太湖冲刷土地之事，十分关心，了解得十分详细。然后，责令有关大臣进一步调查，制定出一个具体减免赋税的政策。

清初的皇帝深深感到明朝灭亡的一大主要原因就是苛捐杂税繁多。什么地、赋、人丁等税，还有什么"辽饷""剿饷""练饷"等名目繁多的军饷，再加上豪门、恶吏暴征乱派促使农民生活无望，纷纷起来造反，起义烽火越烧越旺，直至明朝灭亡。所以多尔衮进入北京后，首先废除了明朝一切不合理的苛捐杂税，对于乱摊乱派的贪官法吏、土豪劣绅予以制裁。康熙帝继任后，又在原基础上制定了更系统、更完善、较合理的赋税制度和征收办法。同时对因兵祸、天灾造成的疾苦，康熙帝还特下旨进行赈济。

在减免税收的同时，康熙帝又下令废除手工业工人的匠籍制度，准许他们自行开业，不再做官府的手工业奴隶。废除明朝以来的乐户、惰民等贱民身份，使他们同受良民一样的待遇。鼓励农民到边远、山区开荒种地。开垦出来的地，归开垦者所有，政府发放给印信，永准永业。开垦出来的地税，开始为免税 3 年，后又延为免税 6 年，个别偏僻之处，免税 10 年。对云贵等地区还允许官府雇工垦荒，边境驻军实行屯田。由于措施得当，全国耕地面积由康熙初年的 527 万顷上升到 851 万顷。

康熙帝对工商业也十分重视。康熙二十三年（公元 1684 年）下令开放海禁，并和日本、朝鲜互通贸易。同时在广州、宁波等地建立海关，征收关税。江南纺织业随着农、商的发展也十分繁荣。由于康熙帝降低了纺织业的税金，促使纺织业蓬勃发展。

康熙帝在位 61 年，对外以强兵卫国保疆，对内多实施安抚政策，对有着正统思想的汉人则用儒家思想进行束缚，其政策有六项：

一、崇祀孔子，亲往祭典。国子监讲授程朱理学。

二、举"博学鸿词科"，笼络汉族名人名士。

三、开馆编写《明史》《康熙字典》《佩文韵府》等书，使文人志士才有所用，心有所想。

四、六下江南，召见名人雅士，体察民情民风。

五、开千叟宴，召见天下年过 65 岁以上的官员，以示满汉一体。

六、科举考试，恢复八股文，以笼络士人之心，网罗英才。

由此，帝业始固，社会稳定，边境安宁，随着农、工、商的发展，文化艺术也繁荣起来，诗、词、歌、赋、散文、小说、戏剧等争奇斗艳，这些作品大都是讴歌这一时期的太平景象的。著名的戏剧《长生殿》《桃花扇》，小说《聊斋志异》等等，虽然有些内容有一定的讽刺与鞭挞，但对清朝的统治还是有利的。这些作品问世后，流行很广，颇受百姓的喜爱。由此可见，康熙帝功业之显著，垂于青史，昭然后世。

清朝廷大兴文字狱

　　清朝贵族统治全国以后，一方面重视、笼络知识分子，另一方面又对不利于其统治地位的思想文化，严加禁锢，进行思想统治。他们既努力学习汉族文化，又对当时文人的诗词文章特别注意。只要从中找出一些似是而非的东西，就指斥作品影射朝廷，因此大兴冤狱，有时还株连九族。就连那些刻书、买书、卖书的人，也都会牵连受罚。人们把这类冤狱叫做文字狱。

　　清朝最早的文字狱，出现在康熙帝统治时期。

　　清代初年，文人们聚集结社的风气很盛，由于经历了明代覆灭的重大历史变动，文人们在诗文中往往要寄托他们怀念故国的情绪。所以，从顺治九年（公元 1652 年）以后，清政府便不断颁布禁止文人结社的明令。康熙二年（公元 1663 年），浙江有一个叫庄廷鑨的人，自己出资刻了一部《明史》。书中记有明末天启、崇祯朝的事迹，其中，自然有一些指斥满族人的字句。清辅政大臣认为这是大逆不道，下令严办。这时，庄廷鑨已死，朝廷仍然不肯放过。他们刨出棺木，开棺戮尸，焚烧尸骨，不仅如此，还把他的兄弟、儿子、侄子以及为这部书作序、刻印、校对、发行、收藏的共 70 多人，全部杀害。受株连的多达 200 人，其中以聚集结社的文人最多。这就是中国历史上有名的文字狱"明史案"。康熙年间，还有沈天甫之狱、戴名世《南山集》之狱等文字狱。

　　到了雍正年间文字狱更加多，也更加残酷。雍正三年（公元 1725 年）清朝开始对文人结社定下法例，严加究查。雍正一朝，对因文字罹祸的汪景祺、吕留良、曾静等人实行残酷镇压，对当时的文人产生了很大的消极影响。

　　其中，最惨绝人寰的是雍正四年（公元 1726 年）的查嗣庭一案。查嗣庭是当时的礼部侍郎，他到江南去主持科举考试，出了一道八股题"维民所止"。"维民所止"本是"四书"《大学》中的一句话。清朝政府却在"维"和"止"两个字上找到了问题。认为"雍"字去掉"亠"，正字去掉"一"就是"维""止"二字，所以，他们认为出题者是在暗中发泄要砍雍正皇帝头的思想。雍正皇帝知道后，勃然大怒，立即派人到江南，把查嗣庭押回北京，关进大牢。查嗣庭连气带病，死在狱中，雍正皇帝气恨难消，还命人把查嗣庭戮尸示众，把他的家属流放到至少3000里开外的地方去才算罢休。

吕留良是清初思想家。他称清朝为"北朝"，称明朝为"本朝"，主张分清"华夷之别"。清朝皇帝就是"夷"，必须把他们赶走。吕留良死后，他的著作传到湖南，被一个以教书为业的书生曾静读到了。曾静十分信服吕留良的说法，特地跑到吕留良家乡浙江去搜寻他的遗著。吕留良的儿子和门生把吕留良的遗著全部送给了曾静。曾静回到湖南，就开始传播吕留良的理论。他的一个学生张熙听了，也很信服，便自告奋勇到西北，找到川陕总督岳钟琪，劝他反清。岳钟琪能征善战，是清初的一员名将。据说他是南宋抗金名将岳飞的后代，张熙才想到去联络他。可岳钟琪生在清朝，当的又是清政府的地方大官，根本不想学祖宗岳飞抗击金兵，更没有恢复明朝的念头，他把张熙劝他反清这件事报告给了雍正皇帝。

雍正皇帝得报，当即传下圣旨，把张熙、曾静以及吕留良的儿子、学生都抓起来，押解到北京听候处置。这一次，他决定不杀曾静、张熙，而是也写了一本书 17 叫《大义觉迷录》。在这本书中，雍正皇帝承认清朝是"夷"。但是，他又说，皇帝是上天指派的，上天只问某人的"德"，并不问某人出生在什么地方。他又发挥说，舜就是东夷，周文王就是西夷。由于他们品德高尚，所以当了君主。雍正皇帝想以此说明"华夷无别"，自己虽是满洲人，却与舜和文王一样，是上天授给的皇位。他让人把《大义觉迷录》颁行天下，又赦免了曾静、张熙的死罪，让他们到南方各地去宣讲这本书。同时，却对吕留良等人毫不留情。吕留良已经死去几十年了，还要开棺鞭尸示众。又将他的儿子、学生、刻书、藏书者连同他们的家属，一律处以死刑，孙子辈则流放到东北，给满族骑兵做奴仆。

乾隆时期，文字狱有增无减。据一种不完全的档案材料《清代文字狱档》统计，从乾隆六年（公元1741年）至乾隆五十三年（公元1788年），前后48年之间，共有文字狱63起。乾隆帝还不同意雍正皇帝的看法，觉得承认满族是"夷"不妥当。于是，把《大义觉迷录》列为禁书，全部收回，又下令把曾静、张熙再抓起来，凌迟处死。

公元1777年，江西举人王锡侯注改《康熙字典》，在凡例中提到玄烨、胤禛的庙号及弘历的名字，没有避讳，被认为是"大逆不道"而被治罪；巡抚海成因为只是奏请革去王锡侯的举人，被指为包庇，革去了职务。

此外，乾隆皇帝还多次颁布禁令，对于那些不利于清朝统治者的"异端邪说"，一律加以查禁、销毁。据统计，仅从公元1774年到公元1782年的9年中，全国毁书24次538种13862部。

清朝统治者大兴文字狱，和焚书坑儒一样，都严重阻碍了进步思想的传播和科学文化的发展。当时的知识分子一举手，一投足，稍不注意，就要得罪统治者。一些文人学士只好逃避现实，埋头整理古代典籍。清朝统治者极端专制主义的统治以及文人们"避世"的治学方法，使清朝的政治局面和学术思想越来越僵化，毫无生气。同时，大兴文字狱加剧了臣民的不满，对清政府产生了巨大的离心力，成为清王朝衰败的重要原因。

四皇子胤禛夺位

康熙帝是一个有作为的好皇帝，一生共有35个儿子，长大成人的有24位。长子胤禔是妃子所生，二子胤礽是皇后所生，而其母早逝，康熙帝比较喜爱他。

胤礽自幼聪慧，长成一表人才，在诸皇子中是佼佼者。康熙十四年立胤礽为太子改名胤礽。过早地立太子确实也带来一些问题，一些无职的势力小人为了自己将来的前途，厚颜无耻地奉承太子，离间诸皇子间的关系，太子又受皇帝的偏爱，性格难免起变化，乖戾的性格也逐渐暴露出来。胤礽两次被立，两次被废。

胤禔觉得自己虽是妃子所生，但是排行老大，太子的宝座是有希望得到的，因而频繁活动，不仅拉拢一大帮人支持自己，而且用一种迷信的巫术来诅咒太子胤礽早点死。四子胤禛为人奸诈，颇有心计，他认为自己是在位皇后所生，胤礽被废，其太子之位则非他莫属。在宫内紧紧抓住原皇后的弟弟隆科多，二人关系确实不一般。此外，他还暗中交结权臣年羹尧。三皇子胤祉文武全才，为人忠厚，平日与胤礽关系不很好，对皇太子的位置无争执之心，他认为父子之间没有什么大事，即使不合，很快就过去了，所以他坚信将来皇位还是二哥的。八皇子胤禩虽是妃子所生，但知识渊博，文才出众，又善交际，很得一些大臣的拥护，所以他也积极活动，拉拢一帮人为自己鸣锣开道，争夺太子宝座。十四皇子胤禵与胤禛一母所生，为人比较正直，也很干练，文武双全，坐镇西北对此事无所想……此时的诸皇子根本没有考虑什么国家利益、兄弟情谊，都想把太子宝座抢到手。这些事渐渐被康熙帝知道了，总想找个机会教训他们一番。

太子胤礽处处防备其他兄弟在皇上面前进谗言。为此，派人秘密偷听皇

帝与诸皇子间的谈话。此事被皇帝发现，十分震怒。为此，于康熙四十七年八月，第一次将太子胤礽废除，同时将长子、三子、四子、五子、八子都分别囚禁起来，给予警告。

废黜太子，立刻引起朝臣们的注意。十一月的一次早朝，康熙帝提出立太子一事，话音刚落，立即有人启奏。按惯例每次皇帝发问，诸臣总是沉默、思考一下，才有人启奏。今日却反常，康熙帝一看启奏者竟是自己的岳父佟国维。佟国维保荐八皇子。他一讲完，诸臣立即附和都赞成立八皇子。康熙帝明白，这些大臣是被八皇子买通好的，所以急忙上奏。康熙帝威严地说："立嗣应遵长幼之序，嫡庶有别，被废太子胤礽排行老二，如今怎能一下子轮到老八头上呢？"诸臣听后哑口无言。

康熙帝退朝后思绪万千。得知大皇子胤禔请蒙古喇嘛用妖术诅咒太子，又想胤礽死去的母亲，舐犊之情油然而生。七八个月后，又恢复了胤礽的太子之位。然而胤礽的确是一个扶不起来的太子，旧习不改，新病又犯，故技愈演愈烈。最后，康熙帝不得不忍痛再一次废胤礽的太子之位。这是康熙五十一年的事。这时的康熙帝已经是年近60的人了，无论是精神、体质都难以经受这样的打击。

康熙六十一年十月康熙帝患病，这对一位69岁老人来说是非常危险的，这一点康熙帝是十分清楚的，而此时他所面临的还是皇位的继承人问题。经过反复考虑和比较，他认为唯有十四皇子胤禵是合适人选。十四子为人很有修养，文韬武略都很好，大有作为。诸皇子争夺继承权时，他从不参与。所以康熙帝决定传位给十四皇子。此时，胤禵正任抚远大将军驻防西北。康熙帝下密诏："传位十四皇子"，让他火速从西北赶回京师继承大统。不料此事竟被日夜守护在病榻前的顾命大臣隆科多所知，隆科多看后急急忙忙找四皇子胤禛商量。胤禛见到诏书后，反复琢磨，竟高兴得跳了起来，胤禛指着诏中的"十"字，小声地告诉隆科多。

康熙帝病重时，住在畅春园，隆科多以国舅身份始终侍奉在康熙帝左右，闲杂人等一律禁止入内，诸皇子也不例外。四皇子胤禛因隆科多的安排却始终在皇帝跟前。康熙帝虽然病体沉重，但还惦记着不久前曾派四皇子去发放赈灾粮的事，想了解一下情况，立即命隆科多宣四皇子。胤禛到御榻前详细地奏明了情况，康熙帝听后，点点头。沉默一会，康熙帝对四皇子说："儿呀！冬至即将来临，朕应到南郊举行祭天大礼，朕因病不能去。你代父皇去一趟！"四皇子觉得在这关键时刻不能离开，便迟疑起来。

康熙帝见状，心有所疑。自病重后他常见四皇子的影子，而很少见到其他皇子，心里更是疑惑，但由于病魔缠身也就踏实一些了。天有不测风云，人有旦夕祸福。十四皇子还未到，康熙帝的病越来越重。康熙六十一年（公元1722年）十一月十三日病势更重，稍微清醒点，命隆科多召诸皇子进见。隆科多故意将"诸"字误听为"四"，立即高喊："皇帝宣四皇子进见！"胤禛早已等候多时，听到喊声，立即端起早已准备的参汤走了进来。康熙帝一见，仅四皇子胤禛一人，不由大怒，指了指隆科多，又指了指胤禛，然后随手抓起枕边一串佛珠，向胤禛抛去。说来也巧，正好套在胤禛的脖子上。胤禛赶紧跪下，康熙帝越发生气，但只说了一个"好"字，便驾崩了。隆科多一见，立即叫其他皇子一起入内，诸皇子一见父皇归天，不由得号啕大哭。隆科多却不紧不慢地说："诸位阿哥，请暂且收泪，听我宣读圣上遗诏。"八皇子大声地问："父皇有什么遗诏？"隆科多不慌不忙从袖中取出康熙帝上次宣十四皇子进京的诏书，大声念道："朕决定传位于四皇子，着继朕登基，即皇帝位。"

原来胤禛上次看过诏书后，高兴的是将"十"字上添一横，下提一勾，竟变"十"为"于"。尽管诸皇子不服，但无人想到会有篡改遗嘱之事。况且胤禛的脖子上又戴着皇帝传下来的佛珠。到底还是三皇子胤祉老实、忠厚，第一个向四皇子胤禛跪拜："臣服从皇帝遗诏，请陛下节哀！"其他皇子一见，无可奈何，也只好随声附和。就这样，四皇子胤禛登上了皇帝的宝座。

雍正帝过河拆桥

雍正帝自继位后，以严法治官吏，以重刑惩罪人，并且广布侦探，察人隐私，无孔不入。特别是他对宗亲骨肉之寡恩少义，不免使后世流言纷起，颇多恶名。

康熙帝去世后，罗卜藏丹津更加猖狂，自称达赖汗台吉，裹胁 20 万人打起反清旗号，到处烧杀抢掠。这时雍正帝刚继位不久，内忧未平，外患又起，但雍正帝果断地命年羹尧为川陕总督、抚远大将军会同四川总督岳钟琪进剿罗卜藏丹津。

年羹尧与岳钟琪均是战场上的宿将，富有战斗经验。年羹尧兵分两路，自带一路进兵疏勒河、巴塘、黑塘一带。命岳钟琪带领兵马攻镇南、西川、北川诸堡，抄其后路。年羹尧的先头部队因不了解地形，被罗卜藏丹津用诱兵之计骗入沼泽地，杀得大败。年羹尧得知消息后，命士兵每人准备两捆干草与木枝，夜袭罗卜藏丹津。罗卜藏丹津自以为有天然屏障，可高枕无忧，况且白天清军已被打得大败，丝毫没有防备，结果被清军杀得大败后逃窜到郭隆寺，与胡必尔汗会合。还没等二人商量好对策，岳钟琪大军已包围了郭隆寺，岳钟琪亲自指挥，一举攻下郭隆寺。罗卜藏丹津与胡必尔汗夺路逃回老巢乌兰穆和尔。

年羹尧坐镇西北，拥兵自重，干预朝政。年羹尧平定青海后，雍正帝封其为一等公，赐金黄服饰、三眼花翎、四团龙补。其儿子年富封一等男。连家奴魏之耀也是四品顶戴。可见权倾朝野。年羹尧进京时，声势浩大，众公卿跪接于广宁门外，然而年羹尧不屑一顾，竟扬鞭策马而过。在雍正帝面前，随随便便坐着，毫无君臣之礼。生性多疑的雍正帝岂能容忍太久。隆科多以拥戴之功，把持朝政，雍正帝继位之初，凡是下诏、传谕均称舅父隆科多，这岂能长久。雍正帝决定采取国师文觉禅师之计："只要师出有名，伺机而动，不怕过河拆桥。"

雍正帝头一个目标就是年羹尧，首先分化瓦解其内部，去其臂膀，先后将川陕官员中年羹尧的亲信全部调出，提高官职。然后收买其内部见利忘义的小人或者忠于朝廷者。年羹尧属下有个叫蔡珽的，是年羹尧一手提拔的，在四川任巡抚。年羹尧命其铸钱等，蔡珽都没有办，为此二人反目成仇，年羹尧罗其罪名将其撤职查办，上奏朝廷，经刑部审理拟斩。雍正帝见到这份奏折，十分高兴，传旨亲自召见。雍正帝首先赦其死罪，然后详细询问四川的情况。蔡珽感谢皇帝不杀之恩，遂将四川情况如实上奏，又将川陕情况及其所知又夸大其辞，并给年羹尧罗列数10条罪状，雍正帝心中暗喜，启用蔡珽为左都御史。

雍正三年二月天空出现"日月合璧，五星连珠"的奇观，人们认为这是祥瑞，纷纷上书皇帝表示庆贺。年羹尧也照样写一贺词，但却把"夕惕朝乾"，写成"朝惕夕乾"，整个意思反了。雍正帝一见，十分震怒，认为年羹尧对皇上不敬，别有所图。立即下诏撤大将军之职，调任杭州将军。年羹尧接旨三日后方将印信交给岳钟琪。这时有个幕僚劝其造反，年羹尧沉默很久，方说："这事是办不成的，还是到杭州去。"谁知到杭州，雍正又下旨，夺去将军之职，令其看守涌金门。这时年羹尧方如梦初醒，不由得牢骚满腹，怨气冲天。

年羹尧一倒，朝中王公大臣精神振奋，纷纷上奏弹劾年羹尧的罪状。有的说他与静一道人邹鲁等图谋不轨；有的说他纵容汪景琪著《西征随笔》攻击朝廷；还告他擅调官兵捕杀郿阳盐枭时，枉杀百姓800余人……经刑部核实，其罪共92条，供词明白，依律当大辟，其父及兄弟、子孙、叔伯之子、兄弟之子年方16岁以上者皆斩，以下及妇女给功臣家为奴。雍正帝看到奏折后，略有所思，然后说：年羹尧有大功于前，姑且从宽，令其自裁。儿子年富斩首。余下 15 岁以上者充军边关。其父年遐龄、其兄年希尧革职免罪。

年羹尧虽死，但隆科多仍在，隆科多虽颇有算计，此时也不得不考虑自己的处境。想到皇上对他也起了疑心，更担心雍正帝的缇骑出没无常，于自己不利，赶紧向雍正帝提出辞去兼职的步兵统领。雍正帝见奏折立即批准，隆科多颇感踏实。他那里想到，他的一举一动，雍正帝都清清楚楚。

雍正五年，田文镜上书弹劾隆科多，接受年羹尧贿赂，对年羹尧有所庇护。雍正帝降旨，削去太保，革去尚书，令其去阿拉善山筑城垦地。据清史记载，隆科多把持朝政，权倾内外，而雍正帝无论是下诏或传谕，必称舅父隆科多，一时群臣不知所措。而实际是已有除去隆科多之意。田文镜有一幕僚邬先生，善阴阳八卦。有一次，问田文镜："不知大人想当一名有名的督抚，还是当一名平平庸庸的督抚？"田文镜说，必须当一名有名望的督抚！邬先生说，我代大人拟一奏折，内容你不必看，也别问，直接上奏给皇帝保证此事大成！田文镜很相信邬先生，将奏折呈上，事情果如所言。实际上是邬先生听田文镜每次上朝下朝所议论的宫廷诸事，才做出准确判断的。

隆科多发往阿拉善山后不久，都察院又上一本罗列隆科多的罪状：私抄玉牒，收藏于家；将圣祖仁皇帝御书贴在厢房，视为玩具等共计 41 款。雍正帝命缇骑去阿拉善山，将隆科多逮捕归案。念其是自己的舅父，免其正法，囚禁于畅春园外面三间小房里。雍正六年隆科多郁闷而死。

实施仁政的治国之君

雍正帝虽然残酷多疑，但确实是一位治国之君。他不好声色，不尚奢靡，张廷玉说他每次见到皇上用餐时，从不掉一颗饭粒或饼屑。他经常教育厨师要珍惜粮食，不能浪费粮食。雍正帝日夜勤于国事，很少有人与他在一起。批阅奏折累了，唯一的消闲，就是独自饮酒、赏花或赋诗。他有一首诗，把自己描写得十分形象逼真：

> 对酒吟诗花劝酒，花前得句自推敲。
> 九重之殿谁为友，皓月清风作契交。

可见雍正帝真正是一个孤家寡人。实际他也有朋友，其中之一就是上面提到的张廷玉。张廷玉为人忠厚，文才出众。记忆力又好，皇帝的诏书、谕旨多出于他的手，是雍正的得力大臣，雍正视他为自己的手脚。有一次，张廷玉病了，没有来上朝，雍正帝对群臣说："朕这几天手脚不舒服，干不了大事！"诸臣一听齐声说："陛下龙体欠安，还是静养几日吧！"雍正帝听后，哈哈一笑说："朕的肱股之臣张廷玉有病，岂不是朕的手脚不舒服吗？"群臣这才恍然大悟。

再一个就是鄂尔泰。鄂尔泰为内务府郎官时，雍正帝尚是四皇子，那时正是诸皇子明争暗斗、争夺太子宝座之际。雍正帝曾多次召见鄂尔泰，但每次都遭到鄂尔泰的拒绝，他说："皇子不可外交大臣，这是祖训。"雍正帝听了此话，不但没有生气，反而高兴地说："此人竟敢以小小的郎官，遵守法制，拒见皇子。实在难能可贵"。由此，鄂尔泰在雍正帝记忆中留下深刻的印象。雍正帝继位后，把他先后派往云南、贵州、广西等地任总督。

云南、贵州、广西一带的苗、瑶、彝等少数民族的土司，历来是世代承袭的。在当地不仅有征赋税、摊徭役等权利，还有生杀大权，是典型的奴隶制度。有的土司更为凶残，任意杀人，将人杀死后，还向死者家属索要"垫刀银"，真是可恶至极。这些土司各霸一方，控制当地财政大权，严重地危害了清朝的利益。为此，雍正帝命鄂尔泰对罪大恶极的土司严惩不贷。

鄂尔泰接到圣旨后，立即同部下几名将军研究，如果派大军硬攻，弊多利少，唯智取是最好的方法。首先他选择牛庄土司，这是一个十恶不赦的家伙，鄂尔泰派人混进土司的内部，里应外合，一举将其捉获，审讯后关进大牢。鄂尔泰觉得要彻底解决这个问题，必须"改土归流"，废除土司制度，由朝廷命流官进行管理，使国家政令统一。为笼络安抚一些较好的土司，朝廷授予他们终身制的官职，但也要由流官进行控制。鄂尔泰将此策奏明圣上，雍正帝同意这个办法。雍正六年（公元 1728 年）底，特授鄂尔泰为云南、贵州、广西三省总督，负责推行"改土归流"政策。

鄂尔泰接到皇帝御旨后，立即对云、贵、广一带土司进行调查分析。他认为如果要在这三省顺利地推广改土归流的政策，必须先除掉云南镇源的土司。镇源（今云南镇源县）土司刀翰，为人凶狠残暴，是这一带的顽凶。如果先除掉他，其他土司就比较容易治理。然而刀翰的大寨设防十分坚固，易守难攻。鄂尔泰仍采取分化瓦解里应外合的方法，首先用重金收买刀翰的亲信头目刀海做内应，然后分兵两路一举攻破镇源，并杀死刀翰。攻下镇源后，鄂尔泰在此设州县，委派流官管理。北部乌蒙土司，得知镇源已被攻破，十分惊慌，立即联合镇雄土司、泗城土司共同抗拒清军。广西泗城土司的军队还没有到，镇雄、乌蒙两寨已被清军攻下，并设置乌蒙府和镇雄县，安排好流官，然后挥师追击泗城土司。泗城土司闻讯后，自知难以抵抗强大的清军，只好乖乖地投降。鄂尔泰将泗城土司迁出另行安排，将其北部划给贵州，建永丰州，设泗城府。接着乘得胜之师迅速地将梧州、柳州、庆远等地一一攻下，分别设州、府、县，由流官统治。废除了土司的奴隶制度，使苗、瑶、彝等各族百姓脱离枷锁，在清朝的统一管理下，这些地区的社会治安稳定，百姓生活有了保障。这些地区的流官逐渐受到当地居民的欢迎。

雍正八年（公元 1730 年）鄂尔泰基本完成云、贵、广（西）三省的改土归流后，在盘江上修建一座由 20 多根碗口粗的铁索拉起的桥，桥上铺设木板，建有阁楼，气势雄伟壮观。雍正帝得知后，命名为"庚戌桥"，以纪念鄂尔泰改土归流的功绩。

雍正帝继位后，依然面临着征收赋税的问题。他想要制定一个更为合理的既能保证皇粮、国税不减少，又对百姓有益的新办法。山东巡抚黄炳、直隶巡抚李维均等人提出的摊丁入亩的征税办法。他认为很可行，于是命李维均拟一个详细条文，核准后颁发在全国各地推行。

"摊丁入亩"制度在浙江钱塘县推行时，受到了以王敏、金煦为首的绅士、生员们的反对，他们集聚1000多人，将县衙围住，要求县官免去"摊丁入亩"这个办法，并威逼县官3天后给予答复。县官将此事上报浙江巡抚李卫，李卫深知"摊丁入亩"制度是经过皇帝慎重考虑后才推行的，这个办法是限富、利民又益国之策，决不能视同儿戏，决定派兵对闹事者进行镇压。三日后，王敏、金煦等人又集聚1000多人，声势更大，如果不停止"摊丁入亩"的实施，要砸毁县衙，正在这时，人群乱了起来，闹事者全被官兵包围起来。未等官兵动手，吓得这些人纷纷逃窜，金煦逃脱后躲在家里不敢露面，王敏等人被捉拿。经审讯后，李卫将凡有官职的一律革去，关进大牢。经此镇压，这些富绅、生员再也不敢闹事了，因此法对广大百姓是有好处的，所以后来推行得十分顺利。

"摊丁入亩"方法的实施，经钱塘县这样一闹，在其他地方推行反而顺利多了。继浙江后，山东、云南、福建、陕西、甘肃、江西、湖北、江苏、安徽等省也先后实施。乾隆帝继位后，在全国范围内继续实施。

雍正帝为皇子时，曾在杭州涌金门见一卖字的书生，此人不仅字写得非常好，而且谈吐不凡，才华横溢。雍正帝曾命他写一副对联，书生一挥而就，其中一秋字，书生竟将"火"字写于左面。雍正帝说："这个秋字写错了。"书生举起一名帖说："请看，没有写错！"雍正帝说："你已经是秀才，为什么不去考举人，而在此卖字呢？"秀才说："家贫需要养活妻子，故以卖字维持生活。"雍正帝听后，命从人拿出百两黄金说："我做买卖赚了些钱，送给你去求取功名，是否够用啊？"书生十分感激，连说：

"够用，够用。"雍正帝笑笑说："如果考取状元，千万不要忘了我呀！"说完上车走了。

书生得到这笔资助，果然连考连中，直至翰林。雍正帝继位后，一日看到此书生的名字，想起往事，心中很高兴，想到这书生果有奇才，不负朕望。立即传旨召见，书生上殿后，雍正帝写一"和"字，竟将"口"字写在左边，问书生，可认识此字。书生说："这个字写错了，口字应在右边。"雍正帝笑而不答。第二天，命书生奉旨前去浙江巡抚处报到。巡抚看过圣旨后，命书生前往涌金门卖字3年，然后再来供职。此时书生方恍然大悟。后来，这个书生无限忠于雍正帝，恪尽职守，勤劳国事，做出一番成就。

雍正元年，胤禛在圣祖书中发现一道谕旨，盛赞明太祖，并寻找其后人量才授职。雍正帝看后，立即降诏明察暗访，两年后访得其后人朱之琏，观其人，觉得他很不平凡，遂授予一等侯，入正白旗，令其世袭，这对缓和民族矛盾起了一定的作用。

乾隆帝勤于国政

雍正十三年（1735年）秋天，58岁的雍正帝驾崩于圆明园。他的儿子弘历继位。弘历登基后任命允禄、允礼、鄂尔泰、张廷玉为辅政大臣，开始了他漫长而又辉煌的帝王生涯。

弘历继位后，第二年起改年号乾隆。他就是历史上有名的乾隆皇帝。乾隆帝勤于国政可与圣祖、世宗相比。他每日早朝必在5点准时开始，夏季时，天已大亮，而冬季，天还很黑，不论春、夏、秋、冬一律如此，从不误朝。为便于应付临时事物，命军机处大臣10余人，每晚一个轮流值班。又恐突然有事，一人办理有困难，又特安排一人早晨提前上朝协助办理（当时称作早班）。乾隆帝每日早朝为使诸人得知，从雍正十三年十二月二十四日起，由寝宫出来后，每过一门必放鞭炮一声，直到乾清宫。宫中值班者、太监、侍卫、杂役等，立即起来安排自己的工作。军机处10余人每五六天轮一次，已

觉得辛苦，然而皇帝却天天如此，竟习以为常，诸臣既佩服，又不敢松怠。西部边疆用兵时，每次有军报来，虽半夜，也必须呈报上来，由乾隆帝亲自批阅，处理。紧急时还要召军机大臣商议，然后，起草诏书，一忙往往三四个小时，不得安睡。

乾隆帝继位后，缓和了君臣之间的关系。释放被禁锢的允禵、允禶等人。并封允禵等为公爵。恢复允禩、允禟的宗籍，收入皇室家谱，废除阿其那、塞思黑的骂名。封自己的兄弟为亲王，尊母亲钮祜禄氏为皇太后，立富察氏为皇后。

摄政王多尔衮，率清军入关，辅佐顺治帝北京继位，缓和民族矛盾，定鼎中原，功勋显赫。只因权高位显，死后遭忌削其王位，驱逐出太庙。饶余郡王阿巴泰平定河北，为大清征战，镇压抗清武装，立下赫赫战功，只因与廉亲王允禩关系密切，革去王位。乾隆帝继位后，恢复了多尔衮睿亲王之爵位，命其五世孙淳颖袭封，并命配享太庙。封阿巴泰为辅国公。又赦免查嗣庭、汪景琪家属无罪，命返回原藉。这几件事无论在皇室，还是在大臣中，都收到非常好的效果，众大臣齐声称颂乾隆帝为仁德皇帝。

乾隆帝对于有功之臣，除嘉奖、提拔外，还下诏绘功臣画像，挂在紫光阁内。乾隆四十一年平金川，绘功臣像 50 名。乾隆五十三年平台湾，绘功臣像 30 名。乾隆五十八年，平廓尔喀，绘功臣像 15 名，并亲自参加祭祀。

乾隆四十年，乾隆帝南巡时，曾在扬州祭祀史阁部，并赐谥忠正。两年后命扬州府在扬州梅花岭建祠纪念。乾隆帝亲自写诗凭吊，并命将其诗刻于碑上，立于祠堂前。

乾隆帝继位不久，正赶上山东平度县闹水灾，平地水深 3 尺，低洼处则汪洋一片。百姓们扶老携幼，拖儿带女向高处逃难。平度县知县颜希深，积极组织人力抢救，忙了两天两夜，没合一次眼，没吃一顿热饭。水退后，又面临解决灾民的吃饭问题。粮食县府各粮仓都有，但如果不奏明皇上，擅自开仓放粮，就是死罪；如果上奏皇上后再放粮，往返公文的时间又将饿死多少人！颜知县决定宁可自己丢掉性命，也要为全县几万灾民着想，他将此事告诉了母亲。其母深明大义，赞成儿子的做法。颜知县得到母亲的支持，立即命令全县各粮仓全部开仓放粮，赈济灾民。

无家可归的灾民领到了救济粮，保住了生命，重建家园。灾民们拥到县衙高呼感谢颜知县，高呼皇恩浩荡。然而此事却激怒了山东巡抚，他一面具文上奏，一面命颜知县听参。当乾隆皇帝收到这份奏折，弄清了事情的真相后，将这个巡抚痛责一顿，褒奖了颜希深，并告诫诸臣，再遇到这类问题，允许先斩后奏。并下旨提拔颜希深为莱州知府，其母封三品夫人。

乾隆帝为了能多了解一些民间实情，常常微服出行。一天，他来到西清古鉴馆，这西清古鉴馆乃是乾隆帝命梁诗正办的，是专为朝廷缮写文件的地方。到室内一看，只有一个人伏案抄写，其字工整隽秀。抄写者抬头一看，进来一人，仪表不凡，相貌堂堂，真是大家风度。但不是本馆人，又不认识，马上站起来说："相公请坐！"来人问："怎么只有你一人在抄写啊？"抄写者说："相公，今日是八月十三日，馆中都去参加乡试，故剩我一人。"

来人问："为何你不去呢？"抄写者说："馆内不可无人，一旦朝廷有什么文件要抄写时，馆中无人，岂不误了大事吗！所以我没去！"来者问其姓名、籍贯等。原来抄写者是常州杨瑞莲，是梁诗正的亲戚，写得一手好字，篆字隶书都写得非常好，但在家乡不得志，为此，到京投奔亲戚梁诗正。梁诗正把他安排在此馆做缮写官。二人正谈得有兴趣时，伴驾人寻到此处，跪下请皇上回宫。杨瑞莲听说是皇上，马上跪下磕头请罪。乾隆帝含笑而去。

第二天早朝，乾隆帝问梁诗正："梁爱卿你亲戚杨瑞莲老实忠厚，字又写得好，没去参加乡试，朕赏一个举人给他！"梁诗正一听马上跪下磕头谢恩。杨瑞莲抄写文件有成绩，后来乾隆帝就派他去湘潭当了县官。做了县官的杨瑞莲仍是老老实实、忠诚可靠地办事。为此，很不得上司青睐，所以遭到上司的参奏。乾隆帝看到奏折后，很生气地说："杨瑞莲是一个诚实人，朕是清楚的！"说完，将奏折扔在地上，这位上司讨个没趣，没丢掉官，就算他万幸了。

乾隆十二年，驻金川的莎罗奔叛清，乾隆帝调张广泗为川陕总督，进剿金川叛逆。张广泗原是鄂尔泰部将，作战勇猛，屡有战功。张广泗奉命后，调兵3万分两路进击，一路势如破竹，副将马良柱更为骁勇善战，乘胜直攻匪巢克逊，贼兵屡次请降，均遭张广泗的拒绝，务必全部歼灭。但张广泗忌妒马良柱的战功，竟将其调回，改派别将，使贼众有可乘之机，一举反攻，使得胜之师成为败将之军。张广泗对此又密而不报，继续向朝廷要兵、要饷。乾隆帝对此有所怀疑，一面宣诏启用岳钟琪，一面派大学士讷亲为经略，前往支援。讷亲原本勤于国事，处事用心，思路敏捷。往往有些事常与皇帝想到一起。为此，很受乾隆帝信任。然而一旦得宠，人就变了，自以为是皇亲，有才学，骄横起来。这次身为监军，本应为皇帝分忧，与将士同心合力，将贼兵剿灭，然而讷亲自恃才高，蔑视张广泗。张广泗也瞧不起这样一个无军事才干的监军，由于二人不和，加上中了莎罗奔弟弟的诈降计，致使两军相持半年毫无进展。

乾隆帝为此事大怒，下旨将二人逮捕下狱。命傅恒为经略，率八旗劲旅，又从黑龙江调来一支大军归傅恒指挥。乾隆帝亲自为其祝酒送行。傅恒与岳钟琪两军会合，以精锐之师戮叛贼，屡战屡胜，迫使莎罗奔携子投降。金川之战遂告捷，乾隆帝于京郊黄新庄迎接凯旋大军。封傅恒为忠勇公，赐双眼花翎，复岳钟琪旧爵。

福康安进兵西藏

乾隆帝是有作为的皇帝，在他执政期间，各民族间和睦团结，但仍有一些地方发生动乱，威胁清政府的统治。

乾隆五十一年（公元 1786 年），台湾天地会数千人在林爽文、庄大田的领导下，其人数越来越多，攻城夺县，严重威胁着清朝的统治。台湾总兵柴大纪一面坚守，拼命抵抗；一面上奏朝廷，请求派兵协助剿灭天地会。乾隆帝得知后，一面嘉奖柴大纪等固守有功的将士，一面派镇远大将军福康安率兵援台。

沙场宿将福康安善于用兵，而部下海兰察又是其得力战将。二人经过周密研究，制定一个声东击西的作战计划。在佯攻天地会的根据地大理杙庄的同时派精锐兵将偃旗息鼓，直奔被天地会包围的嘉义县。林爽文中其计，分兵回救大理杙庄。结果被福康安逐一击败，林爽文、庄大田被杀。台湾天地会剿灭后，乾隆帝命福康安为两广总督，坐镇广东，封海兰察为超勇公。乾隆五十六年（公元 1791 年）廓尔喀入侵西藏，乾隆帝又命二人前去攻打廓尔喀军。

廓尔喀部落大约在 18 世纪中期兴起，在今尼泊尔境内建立了一个野心勃勃的王朝。曾在乾隆五十三年（公元 1788 年）强占聂拉木，清朝派巴忠前去交涉，要求归还聂拉木，而巴忠竟擅自答应每年给廓尔喀交纳白银近一万两，这样才把聂拉木要回。事后又隐瞒此事，此后廓尔喀每年都派人向西藏索要此款。而西藏达赖与班禅对此事根本不知道，为此廓尔喀大怒，准备派兵入侵西藏，要求赔偿这几年的银子。

乾隆四十五年六世班禅进京为乾隆帝祝寿，不幸死在承德，其兄仲巴呼图克图与其弟红帽喇嘛沙马尔巴一向不合，而其兄仲巴呼图克图护送班禅遗体回西藏时又把乾隆帝赐给班禅作为殡葬用的金银珠宝全部占为己有，更引起其弟沙马尔巴的不满，沙马尔巴不顾国家与民族利益，投靠廓尔喀，并唆使权臣巴都尔沙入侵西藏，以求达到个人的目的。于是巴都尔沙在乾隆五十六年二次入侵西藏，乾隆帝得知此事，立即追问巴忠，巴忠畏罪自杀。乾隆帝了解清楚情况后立即调两广总督福康安为将，超勇公海兰察为参赞，率大军入藏征讨廓尔喀军。

廓尔喀军得知清军大队人马前来支援十分恐慌，抢掠后大队人马匆匆逃回本国。福康安命海兰察率军继续追剿，海兰察乘廓尔喀军不备，越过一条狭窄的险路，直攻敌营，打得敌人措手不及，狼狈逃窜，很快将敌人全部赶回廓尔喀境内。

廓尔喀权臣巴都尔沙回国后，立即下令拆掉铁索桥，认为有此天险，清军是不会过河的，海兰察一面命部分骑兵沿河扎营以稳军心，一面命令另一部分士兵，乘黑夜绕至上游，伐木作筏偷渡过河，当廓尔喀军发现清军时，已来不及抵抗了，只得纷纷溃退下去，海兰察挥军直下，连克廓尔喀数城，迫使廓尔喀拉特纳巴都尔派使臣，向福康安投降，表示再不敢冒犯天威。

福康安郑重地说："你们如真心求和，第一把掠夺扎什伦布寺的财物全部交还。第二将祸首沙马尔巴交出。第三今后每5年向天朝进贡特产一次。"使臣一一接受。并于第二天又送来牛、猪、羊各百头，米200石以及果品、糖茶、酒等犒劳清军。

福康安接受廓尔喀交来的降表后，撤兵转回西藏，受到八世达赖和七世班禅的热烈欢迎，大犒三军庆贺胜利。福康安与达赖、班禅共同商议制定了一个《西藏善后章程》，就班师回朝了。

乾隆帝对廓尔喀外邦的入侵西藏，坚决给予还击，表明了清政府对西藏问题的正确立场。西藏历来是中国领土必不可少的一部分，不容异邦随意入侵或诋毁。福康安率军彻底征服廓尔喀，维护了西藏主权，其功绩昭示后人。

下江南开腐败之风

25 岁的乾隆皇帝即位后，励精图治，很有作为。他觉得他的祖父康熙皇帝注重休养生息，可是政策过于宽松放纵了；他的父亲雍正皇帝整顿纲纪，但是清除异己，政策又过于严苛了。他吸取了他们的长处，摒弃了他们的短处，采取刚柔并济，一张一弛的治国方法。

乾隆帝在位的六十年中，保持和发展了康熙、雍正时期的势头，所以后世人常常把他和康熙皇帝、雍正皇帝并称，把他们在位的 100 多年说成是清朝的鼎盛时期。当时，清朝经过康熙、雍正两朝的恢复和发展，社会经济空前繁荣。全国耕地面积比顺治年间增加了三分之一，已达到 600 余万顷。人口也达到 3 亿。城市里店铺林立，街市繁华，已经恢复到明代的水平。

当时国库充裕，乾隆皇帝有恃无恐，连年用兵。在取得了一些胜利以后，他十分得意，自诩为"十全武功""十全老人"。乾隆皇帝自以为在政治、军事上取得了了不起的成就，陶醉在一片赞扬声中。他四处游山逛水，在位 60 年，就 6 次游江南，4 次谒祖陵，5 次游五台山；到曲阜祭孔、到河南嵩山的次数不可胜数，更不用说每年还要到承德狩猎了。

各地地方官为了投皇帝所好，每次接圣驾都要大大排场一番，有时候一次就花去二三十万两银子。乾隆皇帝每次乘船顺运河游江南，运河两岸都搭满了戏台、彩棚，沿海排列着无数彩船。他的龙舟及大大小小的随行船只共有1000多艘，都由青壮年民工和年轻妇女拉纤，称为"龙须纤"。

扬州是商人云集的地方，奢靡成风。为了接驾，更是挖空心思地露富摆阔。城里的大街小巷，都铺上了锦毡，路两边挂着绸帐，开湖堆山，建楼造园。行宫里的一切器物，都豪华无比，就连痰盂都是用银丝镂嵌而成的。除了游山逛水，对女乐、珍宝、饮食、宫苑等等，乾隆皇帝也无所不好。

花费最大的是庆寿大典。乾隆皇帝在自己的母亲过60岁生日的时候，下令在从西华门到西直门外高梁桥的十里长街上，张灯结彩。每隔数十步就搭一个戏台，这边是霓裳曲，那边是羽衣舞，南腔北调，鼓乐喧天。朝廷大臣和地方官员竞献厚礼。广东地方官献了一个翡翠亭，高3丈，宽两丈，屋瓦全部用孔雀毛制成，五彩斑斓。湖北地方官献的黄鹤亭，重檐3层，全部用的是七八尺高的玻璃砖。这次做寿，各地献的金佛，就有上万尊之多。乾隆皇帝特地命人建了3层楼陈列金佛，称为万佛楼。

乾隆皇帝奢侈过分，就连朝廷的一些大臣也看不下去了。有一个官员到江苏去办事回来，乾隆皇帝召见他，询问江南民情如何。那个官员鼓起勇气说："皇上南巡之后，百姓生活甚苦，怨声载道。"乾隆皇帝一听这话，脸色大变，厉声斥问："百姓生活苦，你说出来谁生活苦；怨声载道，你说出来谁有怨言！"不等那个官员分辩，就把他赶出朝堂，贬到新疆戍边去了。有个大臣劝乾隆皇帝说："皇上每到一处巡幸，地方官一味奉承，残害了百姓不浅。"乾隆皇帝大怒，非要杀那个大臣不可。多亏朝廷大臣一再讲情，才把那个大臣免官了事。

随着统治阶级享受欲望的不断膨胀，官僚们的贪污也到了惊人的程度。特别值得一提的是大学士和珅。这个深得乾隆皇帝重用的人贪财好货，植党营私。各级官吏都趋炎附势，对他百般奉承，大量进献贿赂。因此在全国形成了一张贪污网。谁要碰一碰这张网，就会引起一场明争暗斗。

山东巡抚刘国泰是和珅的心腹，他挪用了 10 万两白银的公款。御史钱沣掌握了确凿的证据，在朝廷上弹劾刘国泰，说他勒索下属，挪用公款。乾隆皇帝见钱沣说得有根有据，心里疑惑，就命令和珅和钱沣同去查核。钱沣这个人很有心计，他接到命令以后，换上旧衣破帽，提前秘密出发了。他刚走到良乡，就看到有一个脑满肠肥的奴仆打扮的人一路上勒索钱财，任意驱使地方官，十分狂妄。钱沣暗中一打听，原来那人是和珅派往山东的信使。钱沣记下那人的相貌，一路上细心察访，过了几天，在那人回来的路上把他抓住了。钱沣从那人身上搜出刘国泰给和珅的信，信上写着借款填补库银亏空的事，用了很多暗语。钱沣当即把信密封好，派人专程上奏给皇帝。

后来，和珅和钱沣先后到了山东。开始，和珅还想收买钱沣，送给他名贵的裘皮。钱沣不买他的账，拒绝了他的厚礼。和珅见势不妙，也不过分包庇刘国泰。等他们回京复命的时候，乾隆皇帝拿出刘国泰的那封信，说："朕洞察秋毫，你们不用再奏了。"马上下令把刘国泰处以死刑。

不久，内阁学士尹壮图上奏乾隆皇帝说："地方上的总督和巡抚大多声名狼藉，各省的银库，被他们侵吞了很多。"乾隆帝就派了一个满族大臣和尹壮图前往各地查验。尹壮图是个书呆子，没有钱沣那么机智。那个满族大臣受到和珅密嘱，每到一处都想方设法拖延时间，让地方官借好银子补足，才开始查验。他们从山西大同开始盘验，由此向南，先后到了直隶、山东、河南等省，都没有查出亏短。结果，尹壮图犯了妄言之罪，丢了官。而清朝官场的风气也愈来愈腐败了。

乾隆帝的奢侈使其他贵族官僚、地主豪绅上行下效，追求享乐，成了一种社会风气。清江浦的河道总督衙门，每逢宴会，就有 20 多样豆腐做的菜，肉菜则有 40 多种。一盘豚脯，要用 10 头猪，一盘鹅掌，要几十只鹅。驼峰一味，要宰杀三四只骆驼，更不用说那些猴脑、鲁羹了。他们饮食的浪费，已经远远超过"富人一顿饭，穷人半年粮"的程度。

纪晓岚总纂《四库全书》

雍正二年（公元 1724 年）六月十五日午时，清朝大学者，著名文学家纪昀（字晓岚）出生在直隶献县一个富贵的官僚士大夫家庭。献县（今河北省沧州市河涧一带）在清朝前期，人才辈出，纪晓岚 4 岁起便读书习文，从小就受到了良好的教育。一同上学的七八个人中，他年纪最小，却是最聪明的一个，私塾老师非常喜欢他，对他的要求也格外严格。

纪晓岚天资聪颖，顽皮淘气，流传下来许多有关他的故事。有一年冬天，纪晓岚在课间，趁老师不在，做起了滑稽表演。手拿一把破扇子，一扭一扭地学起了村里演大戏时傻老婆扇扇子的样子，惹得满堂大笑。这时，正巧一个南方的书客路过这里，被这滑稽的场面所吸引。他看到晓纪岚穿着棉衣棉裤，手中却摇着扇子，觉得好笑，一时书生底气十足，便说："你这个样子，颇像一联。"纪晓岚见是一南方人，随回答道："怎么讲法？"那书客便吟道："穿冬装摇夏扇糊涂春秋。"纪晓岚不加思索，脱口回敬："居南方来北地什么东西。"对仗工整，言辞辛辣，南方书客扫兴而去，身后引来一阵哄堂大笑。

有一天，他放学回家，经过一家酒店，偶然瞥见店里的账房先生汗流不止，手忙脚乱，觉得很有趣。他走进里面才知道，原来是账房先生有一笔账出了差错，可无论怎样也找不到错在什么地方。纪晓岚拿过账本仔细看了一遍，然后三下两下把账本撕了个粉碎。这一下账房先生可急了，抓住纪晓岚不依不饶。纪晓岚笑了笑，推开账房先生说："这本账目太破旧了，我再给你写一份新的，顺便把错处改过来。"

账房先生将信将疑，他把新账本、笔、砚摆在纪晓岚的面前。纪晓岚提笔"唰唰"地写了起来，不一会儿工夫，一本新账目写好了。账房先生望着

这个小学童，竖起了大拇指。

纪晓岚21岁时参加了河涧的乡试，成绩优异。24岁时又参加了顺天乡试，又以超群的才华赢得了第一名。这一段时期，他潜心研究考证学，博览群书，打下了扎实的基础。

乾隆十九年（公元1754年）三月，31岁的纪晓岚参加了会试，廷试为二甲第四名，赐进士出身。按照大清科举制度规定，新选进士除一甲三名授修撰及编修外，另外再选一部分有文学书法特长的进士，入翰林院庶常馆学习，称为翰林院庶吉士。乾隆二十二年，纪晓岚庶吉士学习期满，成绩优异留馆授编修。

从此以后，纪晓岚开始走上了春风得意的仕途。他先后出任山西乡试正考官、会试同考官、顺天乡试同考官，并视学福建。直至乾隆二十九年（公元1764年）纪晓岚的父亲病故他才返乡守丧。3年期满，他携带家眷又回到京师，补授为翰林院侍读。这一年正月，纪晓岚奉诏续修《通志》，深得乾隆帝的赏识。乾隆三十三年四月，纪晓岚升任翰林院侍读学士。

天有不测风云。这一年发生了两淮盐引案，这是乾隆年间的大案之一。

其中牵扯到盐运使卢见曾，他勾结盐商，收取贿赂，侵吞公款且数额巨大。在查办过程中，发现卢见曾事先得知了消息，把资财藏匿起来，于是乾隆帝严令追查走漏消息之人，负责此案的正是刘统勋。刘统勋是纪晓岚顺天乡试时的副考官，性情刚直，因赏识纪晓岚的才华，使之成为第一名，并上奏给乾隆皇帝。他与纪晓岚师生情谊甚浓。但他并不因此而徇私情，经查正是纪晓岚走漏了风声。

原来纪家与卢家是亲戚，纪晓岚的女儿嫁给了卢见曾的孙子。纪晓岚因泄密报信一事在乌鲁木齐度过了两年多的谪戍生涯。这件事对他的思想、性格、处世态度影响很大。回到京师后，他的内心充满了矛盾，深感世态炎凉，仕途险恶，但他又不想隐身出世。所以他终日以书为伴，苦心研读。

乾隆三十七年（公元1772年），乾隆帝降旨，购访民间遗书，提倡对古籍进行整理和考据。派军机大臣为总裁，挑选翰林学士等官，选定员数，详定条规，专司查校，编纂《四库全书》。

由刘统勋极力推荐，纪晓岚担任了总纂官。纪晓岚非常敬佩这位恩师、严师，他尽心尽职，招揽了当时许多著名的学者参加编修，深得乾隆帝的赏识。十一月，纪晓岚被补为翰林院侍读。

乾隆四十七年（1782年）第一部《四库全书》告成，贮于文渊阁。《四库全书》总计存书3470种，79016卷；存目6819种，94034卷。后又陆续缮写6份。十一月，第二部缮写完成，贮于盛京文溯阁；乾隆四十八年（公元1783年）第三部缮写完成，贮于圆明园文源阁。乾隆四十九年（1784年）第四部缮写完成，贮于热河文津阁，另三部贮于扬州文汇阁、镇江文宗阁、杭州文澜阁，底本仍贮翰林院内。

《四库全书》是我国历史上乃至世界历史上规模最为宏大的一部百科全书式的大丛书，它基本上囊括了乾隆以前中国古代的重要著作，许多珍本秘籍因《四库全书》的编修才得以保存下来，这是一项极为浩繁的工程，素有"千古巨制，文化渊薮"的美称。

和珅跌倒，嘉庆吃饱

乾隆帝在位的时候，很宠信一位叫和珅的大臣，和珅是怎样发迹的呢？这有些来历。

一次，乾隆帝准备出外巡视，叫侍从官员准备仪仗。官员一时找不到仪仗用的黄盖。乾隆帝十分恼火，问："这是谁干的好事？"官员们听到皇帝责问，吓得张口结舌。有一个青年校尉在旁从容不迫地说："管事的人不能推卸责任。"

乾隆帝侧过脸一看，那个校尉眉目清秀，态度镇静，乾隆帝心里高兴，把追问黄盖的事也忘了，问他叫什么名字。那青年校尉回答，名叫和珅。乾隆帝又问他的家庭情况，读过哪些书，和珅也无不对答如流。

乾隆帝十分赞赏和珅，马上宣布他总管仪仗，以后又派他当御前侍卫。和珅是个非常伶俐的人，乾隆帝要什么，他件件都办得十分称心；乾隆帝爱听好话，和珅就尽说顺耳的。日子一久，乾隆帝把和珅当做了亲信，和珅也步步高升。不出 10 年，从一个侍卫提升到了大学士。后来，乾隆帝还把他女儿和孝公主嫁给了和珅的儿子。和珅跟皇帝攀上了亲家，权势如日中天。再加上乾隆帝年老力衰，朝政大事，就自然落在和珅手里。

和珅受到乾隆帝的恩宠，不断加官晋爵，而和珅也利用这份恩宠不断地贪污受贿，中饱私囊。

乾隆帝想仿效康熙巡游江南，派和珅负责监造龙舟车驾，和珅派人到各处收集名贵木料，征召工匠，把龙舟造成十分华丽，花去银子无数，其中大部分进了和珅的腰包。

和珅又借机到各地通报皇上巡游之事，要地方官做好迎接工作。地方官接到公文，吓得不得了，怕接待不周，就拼命贿赂和珅，和珅也借机向地方官索贿，这次巡游使和珅积累了财富无数。云南总督李侍尧，仗着是乾隆帝的红人，不受和珅的指使，没有向和珅行贿，和珅即向乾隆帝告发李侍尧贪污索贿，吏治废弛，使乾隆帝将李侍尧革职。

和珅不但接受贿赂，而且公开勒索；不但暗中贪污，而且明里掠夺。地方官员献给皇帝的贡品，都要经过和珅的手。和珅先挑最精致稀罕的留给自己，挑剩下来再送到宫里去。好在乾隆帝不查问，别人也不敢告发，他的贪心就越来越大了。

有一回，有个大臣叫孙士毅，从南方回到北京，准备朝见乾隆帝，正巧在宫门口遇到了和珅。和珅一见孙士毅手里拿着一只盒子，就问："你手里是什么东西？"孙士毅说："没什么，是一只鼻烟壶。"

和珅走上前去，不客气地把盒子抓在手里。打开一看，那只鼻烟壶竟是用一颗大珠子雕刻出来的。和珅拿在手里，看了又看，嘴里连声啧啧称赞，死皮赖脸地说："好宝贝！就送给我，怎么样？"孙士毅慌忙说："哎，不行了。这件宝贝是准备献给皇上的，昨天已经奏明皇上了。"

和珅脸色一沉，把珠壶往孙士毅手里一塞，冷笑着说："我不过跟你开个玩笑，何必那样寒酸相！"

孙士毅把那只珠壶献给了乾隆帝。过了几天，他又跟和珅碰在一起，只见和珅得意扬扬地说："我昨天也弄到一件宝贝，您看看，能不能跟您上次进贡的那只比？"

孙士毅走过去一看，原来就是他献给乾隆帝的那只珠壶。孙士毅嘴里随口应付了几句，心里想，这件宝贝怎么会落到和珅手里，一定是乾隆帝赏给他了。后来，他偷偷打听，才知道和珅是买通太监从宫里偷出来的。

和珅利用他的地位权力，千方百计搜刮财富，一些朝臣和地方官员，知道他的脾气，就尽量搜刮珍贵的珠宝去讨好和珅。大官压小吏，小吏又向百姓层层压榨，百姓的日子越来越难过了。

乾隆帝在做满60年皇帝后，传位给了太子颙琰（音 yóng yǎn），颙琰即位，就是清仁宗，又叫嘉庆帝。

嘉庆帝早就知道和珅贪赃枉法的情况，因为他是太上皇的红人，对他的所作所为依旧忍着，朝廷大臣也不敢参奏。嘉庆四年（公元 1799 年），乾隆帝一去世，大臣一上奏，嘉庆帝马上把和珅逮捕起来，命他自杀，并且派官员查抄和珅的家产。

和珅的豪富，本来是出了名的，但是抄家的结果，还是令人大吃一惊。长长的一张抄家清单里，记载着金银财宝、绫罗绸缎、稀奇古董，多得数都数不清，粗粗估算一下，大约值白银 8 亿两之多，抵得上朝廷 10 年收入。嘉庆亲自处理了这桩贪污案，他也不觉暗暗心惊，自古以来，即便是晋朝以奢华著名的王恺、石崇，也不及和珅的千分之一。自然，那查抄出来的大批财宝，都让嘉庆帝派人运到宫里去了。事情传开后，民间就有人编了两句顺口溜讽刺说："和珅跌倒，嘉庆吃饱。"

女英雄王聪儿

18 世纪末期，中国正处于清朝乾隆皇帝统治的"盛世"时期，但在这"隆盛之势"的背后，却隐藏着巨大深刻的社会危机。

和珅掌权的时候，清王朝十分腐败，地方官吏贪污横行，百姓怨声载道。当时，在湖北、河南一带，白莲教又盛行起来。有个安徽人刘松，到河南传教，利用给百姓治病的机会，劝人入教，后来被官府发现，流放到甘肃去。

刘松的徒弟刘之协和宋之清逃到湖北，继续传教。他们宣传说，清朝快要灭亡，将来会出现新的世界，入教的人都可以分到土地。当地的贫苦农民受够地主剥削的苦，渴望得到土地，听了这个宣传，纷纷参加了白莲教。

参加白莲教的人越来越多的消息，惊动了乾隆帝。乾隆帝命令各省官府捉拿教徒。一些官吏本来是敲诈勒索的老手，趁机派出差役，挨家挨户地查问，不管你是不是教徒，都得拿出一笔钱来"孝敬"他们。有钱的出钱买命，没钱的穷人就被抓到监狱里拷打，甚至送了命。武昌有个官员向百姓敲诈勒索不成，罗织罪状，受到株连的有几千人。不论教徒或没入教的，都被迫害得家破人亡，所以百姓对官府更加切齿痛恨。

白莲教首领刘之协到了襄阳，召集教徒开会商量。大家道："这个世道，真是官逼民反了！不如索性造反吧。"经过一番商议，决定用"官逼民反"的口号，发动群众起义，并且派出教徒分头到各地去联络。

公元 1796 年，也就在嘉庆帝即位那年，白莲教徒在湖北宜都、枝江等地举行了起义。襄阳地方有个白莲教首领齐林，原定在元宵灯节起义，不料走漏了消息，遭到官府的袭击，齐林和 100 多个同伴被杀害。

齐林有个年轻的妻子叫王聪儿，原是个江湖卖艺的女子，从小练得一身武艺。她决心给丈夫和起义的同伴们报仇，就和齐林的徒弟姚之富一起，重新整顿起义队伍，不出一个月，就组织了一支四五万人的起义军。王聪儿和其他首领一起率领队伍，到处打击官府，惩办贪官污吏。

当王聪儿在湖北起义的时候，四川、陕西的白莲教徒也起兵响应。起义的火焰在三省广大地区蔓延开来，一些贫民、流民，都参加了起义队伍。

嘉庆帝一看起义军声势越来越大，慌了手脚，连忙命令各地的总督、巡抚、将军、总兵等大小官员，派出大批人马镇压。可是那些大官、将军们只知道贪污军饷，不懂得怎样打仗。

王聪儿分兵三路，从湖北打到河南。起义军打起仗来不但勇敢，而且机动灵活。他们在行军的时候，不整队，见了官军不正面迎战，不走平坦大道，专拣山间小路走，找机会袭击官军。他们又把兵士分成许多小队，几百人一队，有分有合，忽南忽北，把围剿他们的官军弄得晕头转向，疲于奔命。

王聪儿的起义军在湖北、河南、陕西流动作战，打击官军。第二年，在四川跟那里的起义军会师。

嘉庆帝见官军围剿失败，气得脸都红了，大骂王聪儿是罪魁祸首，又下了一道诏书把一些带兵的将军们狠狠地训斥了一通，撤职的撤职，办罪的办罪，并且严厉督促各地将军集中兵力，围剿王聪儿起义军。

清军将领明亮向嘉庆帝献了一条恶毒的计策，要各地地主组织武装民团，修筑碉堡。起义军一来，就把百姓赶到碉堡里去，叫起义军找不到群众帮助，得不到粮草供应。这种做法，叫做"坚壁清野"。嘉庆帝下令各地采用这种计策，起义军的活动果然越来越困难。

清军在川北一带围攻王聪儿。王聪儿摆脱清军围攻，亲自带领两万人马攻打西安，不料在西安遭到官军阻击，打了败仗；再打回湖北的时候，明亮率领官军紧紧追击。起义军后面有官军，前面又有地方武装民团的拦截，终于在郧西（今属湖北省，郧音 yún）的三岔河地方，陷进敌人的包围圈。

王聪儿临危不惧，指挥起义军退到茅山的森林里，准备组织突围。官军发现了，又围住茅山，从山前山后，密密麻麻地拥上来。起义军经过顽强抵抗，终于失败。王聪儿和姚之富眼看突围不成，退到山顶，纵身从陡峭的悬崖上跳下去，英勇牺牲。

女英雄王聪儿牺牲后，各地起义军继续进行反抗官府的斗争。清王朝共花了 9 年工夫，才把这场大起义镇压下去。但是，清王朝经过这场严重打击，从此一蹶不振。

嘉庆帝死后，他的儿子旻（音 mín）宁即位，就是清宣宗，也叫道光帝。道光帝即位后，清王朝越来越衰落，西方资本主义国家乘机加紧侵略，民族危机越来越严重。到了公元 1840 年，也就是道光帝即位的第二十年，爆发了鸦片战争。

从这以后，中国从封建社会一步步变为半殖民地半封建社会，英勇的中国人民为了反对帝国主义侵略，反对封建统治，前仆后继，开展了不屈不挠的艰苦卓绝的斗争。中国历史进入了一个新的时期——近代史时期。

乾隆帝寸土不让

清朝自康熙继位以来，国势日愈强大，到乾隆年间各国与清朝互通来往，不但有亚洲诸国，还有欧洲一些国家，其中英国也想插入这一行列，但它是垂涎神州的地大物博。为此不断派人通过商谈贸易之事，来窥视清朝的虚实。

乾隆帝83岁生日时，除王公大臣还有各国使臣、商人前来祝贺，英国派了一名外交老手马戛尔马尼身兼特殊使命也来祝寿。乾隆帝在避暑山庄举行了盛大庆典，招待各国贵宾。

马戛尔尼是七月底到达天津的，在直隶总督宋肯堂的陪同下，一行数人来到避暑山庄。宏伟壮丽的避暑山庄使英国使团赞不绝口。惊叹宫殿的雄伟、设计的巧妙。

马戛尔尼一行人，听说大清皇帝马上接见他们，真有些受宠若惊，然而听说按中国礼节进见，傲慢之态又表露出来。陪同的清朝官员说："我皇英明，威震四海，谁不称天朝威武。皇上对那些不服从天朝法度的外夷，是不能以礼相待的，请贵使考虑！"马戛尔尼听此话语坚定有力，不由一怔，马上用缓和的口气说："能否按我国见君主以单腿下跪的礼节叩见？"陪同官员说："等我奏明皇上，看是否可以，再答复你。今日贵使团是不能叩见皇帝了，请休息！"说完命人将马戛尔尼一行人带去休息。

马戛尔尼碰了一个不软不硬的钉子，心里很着急；一直等了两天才得到回话：皇帝不能单独接见你们，只好等到八月十三日庆典时与各国大臣一起进见。马戛尔尼一听，傲慢之心早已无影无踪了。

八月十三日是乾隆皇帝83岁大寿，这一天在避暑山庄万树园举行庆寿大典，前来祝寿的王公大臣，各国使臣早早就来到万树园等候，这时红日初升，霞光四射，乐声大震，金鼓齐鸣，乾隆帝乘坐16人大轿，在众侍卫的簇拥下，缓缓进入万树园。此时祝寿人一齐跪下，高呼："祝陛下万寿无疆！"这隆重庄严的场面，使马戛尔尼情不自禁地跪下双膝行中国的三拜九叩大礼。

乾隆帝下轿后，健步走进澹泊敬诚殿，接见前来祝寿的王公大臣和各国使节。待乾隆帝在御座上坐稳，祝寿者一一献上寿礼。英使马戛尔尼代表英国女皇也献上价值1.3万英镑的礼品，同时也得到乾隆帝回赠英国女王的玉如意和赠给他个人的礼品，这时马戛尔尼看到乾隆帝虽年过8旬，然而精神饱满，目光炯炯，不怒自威，又禁不住双膝跪下高呼："祝皇帝陛下万寿无疆！"祝寿后，乾隆帝举行盛大宴会，招待诸王公大臣及各国使节，并观看歌舞、杂技、焰火等。

第二天马戛尔尼准备找事先陪同他的官员请求交涉两国谈判问题，却被告知："皇上谕诣，请贵国使团先期返回北京。"马戛尔尼无奈只好唯命是从，然而返京中又不顺利，使团人员因不服水土，连续死掉3人。乾隆帝得知此事后，心里非常嫌恶，认为英吉利不吉利，命大学士和珅传旨，让英国使团离京回国。和珅会见马戛尔尼时，直截了当地告诉他："皇上对你们不远万里，前来祝寿，非常高兴。但又怕你们不习惯北京的寒冷天气，特谕使团即刻回国。"马戛尔尼一听，犹如一瓢凉水浇头，但很快镇定下来说："承蒙大皇帝垂念，我们非常感激，只是还有一事相烦禀报大皇帝。"和珅说："有什么事，请说。"马戛尔尼提出两国派使臣常驻各国；要求在天津、宁波等地扩大通商；想在舟山或广州划一块地让他们居住。和珅一听竟提出这么多的要求，回答："等我禀报皇上以后，再做答复。"

过了几天和珅通知马戛尔尼："你提出的问题皇上作了口谕：'准许在澳门开设洋行，至于额外贸易之事，与天朝法度不合，不准进行。至于划地一事，天朝法制森严，尺地寸土，俱归版藉，疆址森然，即岛屿沙洲，亦必划界分疆，各有专属。此事尤不便准行。'"马戛尔尼一听，心灰意冷，一切无望，只好灰溜溜地回国了。

然而老奸巨猾的马戛尔尼由北京南下到广州的一路上，十分留意沿途情况，搜集了不少重要经济资源、水陆交通和军事等方面的情报，探听了中国虚实，为侵略中国作了准备。

天理教起义

嘉庆十八年，即公元 1813 年，嘉庆皇帝离开了北京去了承德避暑山庄，准备在那里花天酒地，整日歌舞不休，过得舒适安逸。就在此时，竟发生了一场几乎使清朝统治灭亡的大事。

这就是天理教起义。

天理是白莲教的一支，又称八卦教。教徒在河北、河南、山东、山西、北京等地都有，分布很广。北京的首领叫做林清。林清是北京大兴人，幼年做过武将家的小童，学得一身好武艺，他住在北京郊区宋家庄的姐姐家里，为人仗义，见识又广，而且慷慨大方，不受钱财，很受当地人敬仰。林清尤其口才很好，善于鼓动群众，吸引了许多人入教。

河南天理教的首领叫李文成，为人很有抱负，并且有勇有谋，也受到当地人的极力推崇。林清就前往河南找到李文成，与他共商起义大事。李文成建议把山东天理教的首领找来，一起商谈。冯克善是个很有心计的人。他一到来，就告诉林清、李文成说嘉庆皇帝不在京城，正在避暑山庄。

"这正是起义的好机会，我们一同来商量一下，可万万不能错过了好时机呀。"李文成小声地说道。林清接着说："我想好了，口号就是'二八中秋，黄花落地'。中秋节就是起义时间，'黄花落地'指清朝统治灭亡了。"

李文成高兴地拍着手掌说："我们组织好人马，在同一天起义。冯兄夺取山东，林兄攻占北京，我在河南发动。然后三军在北京会师，叫嘉庆皇帝跪地称臣，清朝统治就结束了。"

李文成送林清、冯克善以后，就组织教徒积极打造兵器。因为时间紧迫，大家都干得十分卖力。有一天晚上，李文成对几个打造兵器的弟兄说："这段时间，大家起早贪黑地干，十分辛苦。我们今天就早点儿休息，大家喝点酒，预先庆祝胜利吧。"

于是，李文成派人摆上酒菜，围坐在一起喝起酒来。喝过几杯，大家都有了几分醉意。这时一个人高声地念起八卦的口诀来，其他人来了兴趣，竟高声喊起"二八中秋，黄花落地"的口号来了。没料到，县里一个小官叫刘斌的从朋友家喝完酒出来，路过谢家庄。他听到吵吵闹闹的声音，就站下来听了一会儿，竟把起义的口号听了个一清二楚。刘斌吓了一跳，赶紧回去报告知县。知县名叫强克捷，是个新上任的官，对县里的情况也不了解，对天理教的情况也一无所知。听到报告后他不敢采取行动，就让刘斌把事情报告给太守。

太守听了不以为然地笑道："河南的人穷，有几个强盗抢劫有什么大惊小怪的？"强知县听了这话依然不放心，他就又派了些人去探听。过了一会儿，就有人回来报告："我们探得以李文成为首的天理教，到处招兵买马，还造了许多武器。"强克捷一听，知道这事情紧急，赶紧又派人向太守报告。太守却依然不急不忙地劝他们不要鲁莽。

强克捷却想这事发生在自己管辖的范围内，倘若真有点事情，皇上怪罪下来，自己是逃脱不了责任的。于是他想不如赶紧去抓几个首领来。晚上，李文成正在屋里休息，一群兵丁冲进来，他根本没有来得及躲，就被活捉走了。李文成的妻子李四嫂，见丈夫被抓，知道事情泄露了，马上就找首领们商议。结果，李四嫂带领大家冲进城去，杀了刘斌，赶走了强知县，把李文成救了出来。就这样，起义被迫提早9天发动了。起义群众推李文成为真主，教徒们纷纷响应，声势很快壮大。嘉庆皇帝正在避暑山庄行乐呢，听到这个消息，吓得赶紧返回北京。

住在北京的林清，却并不知道李文成起义的消息。到了中秋节那一天，林清按早就规划好的，把攻打皇宫的人分作两队：一队从东华门进攻皇宫，一队从西华门进攻皇宫。义军首领摇晃着小旗，指挥义军搭人梯爬墙。

形势十分紧迫，二皇子绵宁（即位后改旻宁）哆哆嗦嗦地拿了一杆鸟枪爬上城墙，看见义军已搭人梯上爬上来了，他定定神，举起枪，义军应声落地，这时候镇国公奕灏带着1000多人赶来了，义军与他们展开了激烈的战斗。无奈寡不敌众，逐渐败下去了。这一夜，皇宫中乱成一片。王公、妃嫔、太监、宫女，都哭哭啼啼地缩在屋子的角落里，心惊胆战，还不敢烧火做饭，只好饿着肚子，不知是凶是吉。

天亮时候，有几个突围出去的义军赶紧去报告在那里等候消息的林清。没想到庄亲王绵宁已经探知林清的情况，抢先一步，用计把林清抓走了。在北京起义的天理教徒，至此已完全失败了。

在河南起义的李文成，仍然在那儿与官军对阵，抗击着上万官军。官兵见无法打退李文成，就采用围城的办法。李文成于是同妻子李四嫂分兵两路。李四嫂带兵坚守，他自己则带着一部分兵士退到深山老林里去了。这里深山老林，路径弯曲，李文成在这山中指挥起义军与官兵拼命死战，杀死无数官兵。不料官府见难以取胜，就命令放火烧山。一时间，浓烟滚滚，火映红了半个天空。李文成见无法逃身，就纵身跳入火海，在烈火中殉难。

李文成率领的起义军覆灭后，官府的重兵就转移到城内。因为这是一座古城，城墙坚实厚重。于是有人建议用炮轰，有人建议掘地道。地道快要挖成的时候被起义军发现了，赶忙运水往地道灌，阻止了官兵的进攻。没想到他们竟在地道里装上炸药，配合四面攻城。只听一声巨响，城墙倒塌了，官兵蜂拥而进。在城里的起义军，仓促之间与官兵们展开肉搏战。起义军在城内已被围困了很久，已经疲乏不堪了，然而大敌当前，大家都奋勇杀敌，毫不退让。李文成的妻子李四嫂挥舞双刀，率领义军们奋不顾身地左冲右突，杀了上千名敌人，最后因为人数太少、势单力薄而渐渐败下来。李四嫂也身负重伤。她深知官兵们残酷的行径，即使活着被抓去，终究不免一死，为了少受侮辱，李四嫂自刎而死。其他义军首领大多数自杀了。河南的天理教起义也以失败告终了。

林清、李文成等人领导的天理教起义缺乏明确的目标，带有浓厚的迷信色彩，他们把希望寄托在侥幸取胜上，所以很快就失败了。但是他们神奇般地攻进了皇宫深处，英勇无畏地与最高统治者直接进行战斗，是汉唐宋明以来从未有过的壮举。

这次事变像一把利刀刺进清王朝的心脏，使它流血不止。这次事变对清王朝的统治是一次强有力的震撼，令清王朝的统治者想起来就心惊胆战，不寒而栗。

清　朝

中国近代

在 16 世纪以前，中国一直是世界上的先进国家之一。然而，当诸多西方国家进入资本主义时代之后，中国相对地落后了。公元 1840 年发生的英国侵略中国的鸦片战争，把中国社会的进程明显地划为两个不同的时代。这一年，即为中国近代史的开端。

鸦片战争前的中国社会，是封建制度一统天下，是英国率先发动侵华战争，使中国开始向半殖民地半封建社会转化。割地赔款，外患迭至，内忧不断。公元 1851—1864 年的太平天国农民运动沉重地打击了清政府的统治。这之后，清王朝左宗棠、张之洞等人开展过以捍卫封建统治的洋务运动，亦收效甚微。公元 1894 年，中国在甲午战争中战败后，列强掀起了瓜分中国的狂潮。面对民族危亡，资产阶级改良派的维新运动，反帝的义和团运动，都先后失败了。《辛丑条约》签订后，中国完全成为没有自主权的半殖民地国家。

公元 1911 年，以孙中山为代表的资产阶级革命派发起的辛亥革命，推翻了清政府，结束了中国长达两千多年的封建帝制，创立了资产阶级民主共和国。但是中国旧有的社会性质并未改变。

龚自珍忧国忧民

清朝从嘉庆、道光朝以后，国势越来越衰落了。一些关心国家命运的知识分子不甘心一味埋头读苦书。他们愤然而起，在社会上发出震荡人心的喊声，希望人们振作起来，为国家的重新振兴而做出努力；也希望当权者不要再浑浑噩噩地过日子，而要进行一场彻底的政治改革。开创这种风气的代表人物，就是著名思想家和文学家龚自珍。

龚自珍的家在杭州西子湖畔。他从小就显示出超过一般人的聪颖，12 岁的时候，开始跟随外祖父段玉裁学习。他最爱读的书是北宋大政治家王安石的《上仁宗皇帝书》，他一边认真地读，一边恭恭敬敬地抄写，前后居然抄写了 9 遍。当时还是少年的龚自珍就立下了远大志向：要向王安石一样，改革社会弊病。

因为龚自珍平日里读书刻苦努力，所以参加科举考试连连得中，20 多岁就在北京做官。那时候，国事十分衰落，危机四伏，可是许多文人只会写文章颂扬"盛世"，以便谋取功名富贵。但年轻的龚自珍却不肯那样，他读过古今许多书，看问题、议论事情都十分精辟、透彻，而且他还专门喜爱研究社会政治、经济问题，把自己的学问叫做"天地东西南北之学"，可见他研究问题的深刻和广阔。龚自珍还在许多文章中呼吁要进行政治改革。他认为祖宗留下来的法制弊病很多，应该行动起来，进行变通改革。这样，社会才能进步。

后来龚自珍考中进士。在殿试的时候，他效法王安石的《上仁宗皇帝书》，请求进行变法。他在文章中大胆提出自己的观点，文字十分尖锐。阅卷大臣看了以后大惊失色，一口咬定他的书法不符合考试规格，把他的文章从优等拉了下来。

龚自珍这样极力主张变法、改革，当然不符合统治阶级的心意。所以他做官20多年，一直只当些小官，根本得不到升迁，而那些整日溜须拍马的官僚们反而做着高官，拿着丰厚的俸禄，他们都叫龚自珍为"龚呆子"。可是在社会上，龚自珍已经是很有名气的文坛大师了。他的诗词和散文都写得非常好，在社会上广为流传，他还同当时著名学者和政治家林则徐、魏源等是好朋友，经常在一起谈论国事，或者谈论诗词，互相勉励。龚自珍作为文坛的大师，常有年轻人来请教，他就从头说起，细细道来，从来不认为是麻烦，他讲解得那么细致，有时听者都疲倦了，而龚自珍却依然侃侃而谈。

还有一年初夏，龚自珍到郊外看见有一片盛开的芍药花，美丽动人。龚自珍看得不忍离去，就在花旁坐下来，拿出一壶酒高兴地喝起来了。过了一会儿，有个人从这里经过，龚自珍看他穿着普通人家的衣服，神情淳厚，不容分说就把那人请来喝酒，一边喝酒一边高声歌唱。刚好有一个龚自珍的朋友路过，也被拉来喝酒吟诗。于是3个人一块儿开怀畅饮，十分痛快。从这件小事上，我们可以看到龚自珍豪爽、奔放的性格，同时我们也知道龚自珍在黑暗的官场被压抑太久，所以他对这样自由、美好的生活极为向往。

那时候，英国正非法向中国输入鸦片，毒害了人民，而且换走大量白银。国家国库空虚，人民的钱财也被搜刮一空，生活更加艰难，而且鸦片毒害人民的健康。龚自珍看见苦难的祖国由于鸦片的输入而更加虚弱，他坚决主张禁烟。后来，他听说道光皇帝派林则徐为钦差大臣到广东去禁烟，喜出望外，马上给林则徐写了一封长信，帮他出谋划策，还表示愿意同他一道去广东，协助林则徐禁烟。林则徐是龚自珍的老朋友了，他知道龚自珍的一片爱国之心，而且也了解龚自珍的才能，内心非常希望龚自珍同他一起去广东禁烟，拯救中华民族，然而当时朝廷内外昏庸无能，还互相排挤，局面很复杂，林则徐虽然理解龚自珍的一片心意，但也只好回信婉言谢绝了龚自珍的一番好心。

林则徐走了以后，龚自珍再也不愿过那种官场生活。一方面他的才能、抱负无法得到施展，想报效祖国都没有办法，看着国家越来越衰落下去，他却只能在一旁叹息，另一方面是官场腐化，奸臣、小人当道，整日歌功颂德却不会为民办事。龚自珍决定辞官回家。第二年四月，龚自珍雇了两辆车，一辆车上装着他珍爱的100部书，一辆车自己乘坐，龚自珍一人独坐在车中，想起自己怀才不遇、报国无门。从小就苦读经书，满腹才学，本想通过考试做官后，为祖国兴盛做出自己的努力，却屡屡遭到小人排挤，自己又耿介忠诚，反倒不能被委以重任，现在年纪大了，悄然返回家乡，真是无限的感慨。龚自珍一路吟咏不绝，把自己当时的感触和对往事的追忆，写成了许多感人的诗篇。

他的一首催人奋进的诗是这样写的：

> 九州生气恃风雷，万马齐喑究可哀。
>
> 我劝天公重抖擞，不拘一格降人才。

在那"万马齐喑"的社会里，龚自珍的诗像一声惊雷，使人惊醒，让人沉思。要使国家振作起来，靠的是一场变革，而现实的黑暗又让他心情沉重。

不久，龚自珍回到杭州老家，在书院讲学。两年之后，这位掀起近代改革风潮的思想家和文学家因病去世。

振国威虎门销烟

清王朝自顺治帝入关以来，经康熙盛世、雍正严治、乾隆十全武功，达到了天下大治。但目光短浅的官吏们，只看到本国的盛世，邻国的依附，却没有发现远隔万里之遥的欧美诸国的发达经济。自视其国威日振，疆土愈固，

朝野上下皆傲然自大，视外国一律为夷。自称天朝，锁关自守。而吏制败坏，贪污成风，使中国由强逐渐向弱转化。

乾隆末年，来中国以通商为名的英国特使马戛尔尼，在乾隆帝那儿没有捞到好处，他们并不死心。经过多年处心积虑的探索，终于找到了撬开中国大门的钥匙，他们从罂粟花中提炼出一种有毒的麻醉品，经火煎烤，散发出一种香味，使人吸之，迷迷腾腾，精神兴奋，像是一种享受。一旦上瘾，则很难戒掉。

自从鸦片输入中国，开始是一些商人、士绅、官宦子弟吸食成瘾，后来，逐渐扩大到一般平民，士兵中也有一些吸上瘾，特别是士兵，被外国人耻笑为"双枪"士兵。吸食鸦片不仅有害个人健康，甚至断送生命；更重要的是严重损失国家的经济利益，促使大量白银外流。

嘉庆末年，皇帝派人前去东南沿海一带调查。据查，嘉庆初年，输入中国的鸦片仅有三四千箱，而现在增加到七八千箱。每箱鸦片从印度购买才200多印度卢比，到中国后每箱销价竟高达十三四倍。有利可图，就促使英国商人想尽一切方法向中国倾销。而中国的一些不法贩子勾结败坏的官吏狼狈为奸，组织了鸦片输入销售一条线，使鸦片源源不断地输入中国，中国的白银就滚滚向外流去。由于白银外流，银价上涨，铜币贬值，致使百姓生活愈加痛苦。嘉庆末年，朝廷已处于内忧外患之中。

嘉庆帝责令两广总督进一步查明鸦片的来源及走私的情况，并采取有效措施。两广总督逮捕了一些鸦片贩子，找到了鸦片贩卖的据点，同时也了解到鸦片贩子偷运鸦片所采用的各种各样的卑鄙手段。此事上奏朝廷，嘉庆皇帝甚感吃惊，为确保国家白银不再外流，缓和农民的反抗情绪，巩固大清的统治地位，嘉庆帝与诸大臣商讨禁烟办法。然而嘉庆皇帝已是有心无力之人了，禁烟措施还没想好，竟于嘉庆二十五年秋撒手人寰，其二子绵宁继承皇位，就是道光皇帝。

道光初年，禁烟办法实施得仍不得力，鸦片的输入有增无减，白银也成倍地外流，中国的社会经济开始了急剧的变化。鸦片给中国带来的严重后果，整个综合国力都遭到严重破坏。清政府已清楚地看到鸦片将摧毁自己的统治。

面对此状，道光帝决心采纳汤金钊的建议，诏命林则徐为钦差大臣，节制广东水师，赐尚方宝剑，有先斩后奏的生杀大权，前往广州禁烟。又特赏黄马褂，可在紫禁城骑马，并严厉告诫穆彰阿等人："从今以后若仍有主张弛禁，严惩不贷！"

林则徐，福建侯官（今福州）人，自幼聪明好学。20岁中举，27岁中进士，为官20多年，忠心耿耿，办事干练，官风清正，铁面无私，不久前由江苏巡抚擢升为湖广总督。湖广一带是鸦片走私猖獗的地区之一。自林则徐上任以来，对走私鸦片的人绳之以法，捣毁其窝点，严惩其窝主，缴获烟枪5500多件，烟土1.2万多两，狠狠打击了走私鸦片的嚣张气焰。

道光十八年十一月十五日受皇命后的第八天下午，钦差大臣林则徐动身去广州。临行前又入宫陛辞，然后上路。亲朋好友一直相送到永定门。龚自珍因病不能前来，特派家丁匆匆送来一封壮行信。

道光十九年一月二十五日（公元1839年3月10日），林则徐到达广州，前来迎接钦差的官员在两广总督邓廷桢的率领下，恭候在码头的迎宾台两侧，正中摆着香案，四周有士兵守卫着。船越来越近，绣有斗大"林"字的大旗，渐渐靠近天字码头，这时水军提督关天培下令鸣礼炮19响。林则徐在众士兵的卫护下，来到前来迎接的众官员面前，首先认出邓廷桢和关天培，关天培武举出身，任广东水师提督，为人耿直，秉性忠厚，也是一位禁烟的骨干人物。三人寒暄后，林则徐将道光圣旨供在香案上，率领众人三拜九叩，然后宣读圣旨，从此林则徐、邓廷桢、关天培三人合作全力禁烟。

胸有成竹的林则徐，首先肃清走私、包庇、纵容贩毒的贪官污吏。抓住靠鸦片发了横财而又十分猖狂的伍绍荣。伍绍荣原是个买办，上下勾结，走私鸦片，发了横财，花钱买了个三品道员，混入官场，做官后他更加肆无忌惮，作恶多端。

伍绍荣自林则徐到广州后，已是寝食不安，自知罪孽沉重，罪责难逃。他被抓到衙门大堂后，立即瘫软在地，如实招认其罪恶：替英酋包销鸦片1万多箱，获赃银10万两。林则徐历数其罪恶，依律处斩了伍绍荣。

林则徐杀伍绍荣，又警告了20余名贪官污吏，肃清了内贼后，利剑直指英酋。英国驻中国的商务监督义律，是一个阴险毒辣的家伙，一向在中国贿赂贪官，专横跋扈，袒护本国不法商人。这次在中国贩卖鸦片的最大商人是查顿和颠地。查顿闻讯后，在林则徐到广州前几天已悄悄溜走。而颠地靠义律撑腰，又不甘心失去发财的机会，与义律勾结，千方百计地对抗林则徐禁烟。

他们以少充多，企图蒙混过关。义律让颠地交出1100箱鸦片，而颠地实际上才交出1037箱，将许多鸦片隐藏起来，拒不交出。林则徐派参将李大纲，前去洋行警告颠地，并让他转告义律，不交出全部鸦片，是过不了关的。义律闻讯，知道此计不成，立即召集全体英商商议对策。什么贿赂、美人计、软泡硬磨、暗杀等等都是些下策，无济于事，最后义律决定诉诸武力。而这些商人又都怕事情闹大，自家生命难保。

义律拒不交出鸦片激怒了广州人民，他们自觉地拿起刀枪，将英国洋行团团围住。林则徐下令，将洋行的中国雇员撤出，派1000余名士兵将洋行包围，逼迫义律交烟交人。颠地被吓得趁黑夜悄悄溜出洋行，准备逃往澳门。然而四面八方都是愤怒的中国人，他最后被人们从水中擒获，装在麻袋里。第二天，颠地在威风凛凛的钦差大堂上，老老实实地交代了罪行。并表示愿意交出全部鸦片。林则徐严肃地警告他，这次放你回去，并告诉义律，如果再不交出全部鸦片，将断绝你们的粮、米、水，直到全部交出为止。

颠地回到洋行，如实转告义律。义律望着眼前狼狈的颠地，无奈，只好将鸦片两万多箱共 237 万斤全部交出。林则徐、邓廷桢及广东巡抚怡良，一起赴虎门验收，并严重警告这些外商必须低头认罪，保证今后再不做鸦片生意。

林则徐望着这堆积如山的鸦片，心里十分高兴，这是战胜英酋的重大胜利。上对得起皇上，下对得起百姓。林则徐命人起草奏折将此胜利喜讯奏明皇帝，并请示处理方法。

道光皇帝接到林则徐、邓廷桢、怡良的联合奏折，非常高兴。立即传谕：鸦片数量之多，不易运送到京，免生意外，着就地销毁，并谕沿海居民及外商在销烟时，前去观看，以震中华神威。

道光十九年四月二十二日（公元 1839 年 6 月 3 日）广州城大街小巷贴满了布告：皇上命钦差大臣林则徐于四月二十二日在虎门销毁鸦片，着沿海居民外商前来观看。

这一天，虎门彩旗高悬，锣鼓震天，无数百姓扶老携幼，从四面八方拥向虎门，如同过年一般，一些外国商人，也集聚在看台周围观看这一空前盛况。

看台上，林则徐威风凛凛，坐在中间，左右两侧，坐着邓廷桢和关天培，还有怡良、余保存等人。林则徐神采奕奕地转向关天培说："开始销烟！"关天培大声传令："钦差大人有令：销烟开始！"霎时，万众欢腾，士兵们将鸦片与石灰掺在一起，倒入烟坑，然后放进海水，顿时气泡翻滚，浓烟冲天，散发出一股呛人的气味。200 多万斤鸦片，全部被销毁。这些鸦片终于全部被销毁了，就连池子里剩下的黑渣，也都被冲进了大海。

林则徐的销烟运动取得了胜利，可是义律那些英国人是不会善罢甘休的。不久，这些侵略成性的恶人便把这当成借口，发动了罪恶的鸦片战争。

林则徐联民抗英

虎门销烟，极大地鼓舞了中华民族，也振奋了道光皇帝。但如何加强防御，他根本没考虑，反而认为这次胜利，英国人再也不敢捣乱，可以过太平日子了。他又听从穆彰阿一班佞臣的唆使，将邓廷桢调任闽浙总督，两广总督由林则徐担任。二人虽相处一年，但志同道合，成了莫逆之交。分别时，相互勉励，愿使两地遥相呼应，禁烟之心，矢志不喻。他们相互的赠言，林则徐是："铜墙铁壁，威武不屈。"邓廷桢是："携手并肩，遥相呼应"。二人为国为民筑起从闽浙到两广的钢铁长城。

林则徐虎门销烟的胜利，给英酋以沉重的打击。他料定英酋义律一定不会善罢甘休。为此，上奏道光皇帝拨款维修炮台，购买大炮。但昏庸无能的道光帝只看到眼前的胜利，认为这是多此一举。林则徐决心自筹资金，做好战争准备。各衙各部门的官员，在林则徐的倡导下，纷纷捐助。对那些发了鸦片之财，而又不愿捐助的人，林则徐就强迫他们捐助。有了钱，林则徐命关天培抓紧维修炮台，并把新购置的200门大炮，安装在最关键之处，把虎门装配得如铜墙铁壁一样。

在布防虎门炮台的同时，关天陪又组织了大批水勇（如同现在的民兵）。同水师官兵一起进行操练，相互配合，联合作战。促使广东水师的力量更加强大。

果然不出林则徐所料，义律并不甘心失败，更不舍得中国这块肥肉。他发现有几艘英国商船不夹带鸦片，进入珠江口时，竟派两艘兵舰和10艘武装商船，迫使这几艘商船返回，并肆意向中国的巡逻船开炮。关天培当机立断，命水师以重炮回击。关天培虽受伤，但指挥若定，水师将士更为勇敢顽强，水勇小船也向英船冲去。在重炮的轰击下，义律所乘的指挥船被击中，顿时火光冲天，吓得义律赶紧撤退逃跑。

击败英舰后，士气更加高涨，关天培命人将胜利喜讯报告给林大人。下午林则徐亲自来水师营看望关天培及受伤的士兵。并告诉关天培，义律是决不会善罢甘休的，你们一定要日夜用心防备，切不可掉以轻心。果然，第二天义律就带领舰队攻击珠江口和官涌山炮台，一连6次，均告失败。

义律走投无路。他无法向商民、政府交代，竟撒了一个弥天大谎，说中国违反国际法，破坏通商条例，攻打英国的兵舰与商船，使之损失惨重，要求其政府保护他们的利益。最后，英国女王通过国会做出决定，派遣军队进攻中国。命义律的堂兄乔治·懿律为侵华总司令，任命伯麦为海军司令，率16艘兵舰，装载540门大炮，英军3个团，印度兵一个团，还有在印度驻防的20多艘兵舰，一齐向中国开来。

1840年6月21日英国侵略军到达澳门，次日宣布：自6月28日起封锁珠江口。从此，历时两年两个月的鸦片战争开始了。

面对英军的挑衅，林则徐除加强各炮台的防御，加紧水师、水勇的训练外，还向沿海民众发出告示，提醒民众密切注意英商的行动，并亲笔写信给福建、浙江、江苏、山东、河北等所有沿海各省总督、巡抚，请他们做好防御敌人入侵的准备。同时在广州沿海张贴斩杀洋鬼子的悬赏告示，唤起民众同仇敌忾。

知己知彼方能百战百胜，林则徐深知英国的舰队与大炮较我都占优势，便与关天培研究制定了以小股船队偷袭敌舰的作战方案。当敌舰接近我防线时，关天培早已准备好小战船，每船有三四名水手，船上装满了干草、火药。伪装成运粮运菜的民船，迷惑敌人。乘风势向大船开去。当乔治发现情况有异时，水船已纷纷围在每艘大船的周围。只见小船纷纷火起，火势直扑英国兵船。烧得英军狼狈逃窜。

一连几天都是如此，英军前进不熟悉水路，固守又无价值，最后想高价收买向导。义律派人费尽周折才找到 3 名愿意做向导的人，是一老二少。乔治十分高兴，先付 50 两银子，进入港口后再给 100 两。老头微笑着答应了乔治的条件，指引英船，越过一个又一个的暗礁，顺利地航行了 4 个多小时，来到一个小岛，老人说："我们先上岛上看看是否有埋伏，然后再前进！"乔治说："留一个人在船上。"老人带一名青年向小岛游去。当这一老一少消失在小岛上后，突然从小岛四周射出巨大的火龙，直向其船喷来，轰轰的爆炸声，吓得英军连呼带叫："中计了，中计了！"再寻找船上的向导，已无影无踪。乔治东一头、西一头乱闯一阵，好不容易才逃走，但还有一艘船触礁。

乔治狼狈地逃到公海后，淡水、食品都发生了危机，特别是淡水，所存无几。义律凭自己在中国多年，知道一些小岛有淡水，命 70 多人带着帆布桶去附近小岛取水。众人来到岛上，一见碧绿的泉水，高兴极了，每人都痛痛快快地喝起来，喝完后，都捧腹大叫："痛死了！"纷纷倒下死去，逃回来的人所带的水也不能饮用，使乔治茫然失措。

广东水师在林则徐、关天培的指挥下，连连胜利，道光皇帝接到捷报，更加高兴。传谕嘉奖林则徐、关天培及水师们。拨银 5 万两，赏林则徐玉如意一把，赏关天培宝刀一口。这节节胜利却遭到穆彰阿等佞臣的嫉妒与不满。

乔治攻打珠江口多月，毫无进展，还伤亡不少士兵，灰心丧气。义律建议道，中国政府像林则徐这样的官员少，我们可以攻打其他地方，比如北上攻厦门。乔治采纳了义律的建议北上攻打厦门。厦门是闽浙总督邓廷桢防守的地方，英军在这里又遭迎头痛击。被击伤击沉兵船 10 余艘。义律再劝乔治北上攻打定海。定海总兵张朝发、县令姚怀祥是一对庸庸碌碌的昏官，平日只知吃喝玩乐，毫无战斗准备，结果乔治顺利地攻下定海，张朝发在仓促应战中受伤，后不治而死。姚怀祥因定海失守，走投无路自杀身亡。

琦善、奕山卖国

乔治懿律攻下定海，觉得此处不易久留，在义律的建议下于 1840 年 8 月 13 日挥师直逼天津。他知道天津总督琦善不仅媚外，而且在鸦片贩卖中得到不少好处。事情的确如义律所料，乔治舰队开到天津，顺利攻到白河口。当义律见到琦善时，连恫吓带威胁，污蔑林则徐破坏了两国的贸易关系。琦善对别的不关心，提到林则徐反倒很有兴趣，因为林则徐禁烟，断了他的财路，而他又与穆彰阿关系极好，都想排斥林则徐，却又无从下手。义律一来，真是送上个好机会。所以对义律提出的条件丝毫不加考虑，立即答应转奏皇帝。

琦善连夜赶到北京，先找穆彰阿，商量如何奏明皇上，才能使他们的愿望实现。策划好之后，第二天琦善向皇上奏明义律提出的 5 项条件：

一、中国要赔偿英商全部损失；

二、赔偿军费；

三、开放广州等地为通商港口；

四、不得以查禁鸦片要挟英商；

五、两国交往，礼节平等。

二人一唱一和把责任全部推到林则徐的身上。昏聩无能的道光帝，竟信以为真，撤去林则徐两广总督之职。不久，又将林则徐、邓廷桢等革职，流放新疆伊犁。

琦善在穆彰阿的支持下，取得了两广总督的宝座，怀着不可告人的目的，来到广州上任。琦善接任后，大反林则徐之道而行之，下令撤防、裁军、解散水勇、减少大炮等等，这些命令遭到爱国将领的反对。镇守穿鼻洋的将军陈连升，闻讯后赶到总督衙门，陈述利害，但却遭到琦善痛斥，并要斩首示众。

幸亏关天培及时赶到，向琦善说明：陈连升忠心为国，决无二心，在抗英中立过功，请总督收回成命。这才使陈连升免去一死，仍镇守穿鼻洋。陈连升走后，琦善命令关天培：一、减船裁兵；二、解散水勇；三、设置在海里的铁链要拆毁；四、对英军要客气。并重申违令者，以军法论处。关天培气愤地离开了总督衙门。琦善怕各将领不听命令，又派出参军监督各处的撤防，以讨英国人的欢喜。

琦善的一系列举动，令乔治等人很满意，乔治派义律去总督府见琦善。义律提出：在虎门销毁的鸦片，要赔偿白银 600 万两；把香港割让给英国，并把写好的条件书扔给琦善，让他签字。琦善听后，大吃一惊，方知这奴才还真不好当。他不敢擅自做主，又害怕英国。

义律回到船上，与乔治商量，应该给琦善点颜色看看。于是，在道光二十一年十二月十五日（公元 1841 年 1 月 7 日）英军舰队直抵穿鼻洋，并用猛烈的炮火进行轰击。

穿鼻洋的守将正是陈连升与陈长鹏父子二人。陈连升行伍出身，为人忠心耿耿，在禁烟中，协助林则徐击退进攻磨刀洋的英军，被擢升为三江口副将。儿子陈长鹏，今年刚满 20 岁，自幼习武，有着父亲一样的品质，是其父的好帮手。陈连升决心誓死报效国家，报效皇上，与炮台共存亡。

在琦善撤防的命令下达后，三江口 2000 多兵士，仅剩 600 余名，炮减少一半，炮弹也有限。以这样的力量面对强大的敌人是难以取胜的。陈连升父子就率领这 600 余名官兵与英军展开浴血奋战，炮弹打光了，同敌人肉搏，打死打伤敌人无数。最后终因寡不敌众，又无援军，陈连升父子与 600 余名官军全部战死。

三江口失陷，吓得琦善魂不附体，乖乖地在条约上签字，签字后，为掩盖其卖国罪行，谎奏：赔款可以暂不付；香港只是一个荒岛，英国人只是在岛上居住。

道光帝见到琦善的奏折，虽说不高兴，但又觉得条件不太苛刻，只是说以后再议。而与此同时道光帝又见到广东巡抚怡良的奏折，将实际情况详细地奏明。道光帝大怒，立即命人传穆彰阿。老奸巨猾的穆彰阿见势不妙，立刻跪下，战战兢兢地把责任全推到琦善头上。道光帝下旨，撤去琦善两广总督之职，交刑部查办，家产没收入官。然后，命其侄奕山前去广州接任。

奕山，满洲镶兰旗人，是道光皇帝的侄子，侍卫出身，靠皇亲被提拔为御前大臣，在道光帝眼里是一位文武全才的人，所以道光帝命他为钦差赴广东处理琦善一事。然而奕山实际上是个贪婪无德的小人。

奕山身负皇命于公元1841年4月25日到达广州。仗其皇亲、钦差大臣的身份，立即宣读圣旨，公布琦善罪状。家产抄没入官，然后命人将琦善押下去。奕山到达广州近一个月，对琦善留下的祸根置若罔闻，甚至对皇帝多次的询问也充耳不闻。为了攫取更大的利益，英政府将年老多病的乔治和功绩不大的义律撤回本国。任命璞鼎查为全权代表，派陆军少将郭施、海军少将巴尔克率大军前来增援。一时英军云集于广州城外。

公元1841年5月21日晚，奕山盲目下令夜袭英军舰队。结果，竟将中国渔船击毁多艘。正在洋洋自得时，探子来报：英军舰队前头部队，已接近天字码头。奕山吓得慌慌张张地逃回广州城，龟缩在总督衙门里。广州城外的重要军事设施，泥城炮台、四方炮台的几十门大炮，全成了英军的战利品。英军轻而易举地占领了这些阵地。璞鼎查命令调转炮口，用中国的大炮，轰打广州总督衙门。

广东巡抚怡良建议奕山撤到越秀山。然而敌人的炮弹像长了眼睛一样，奕山跑到哪，炮弹就炸到哪，吓得奕山魂不附体，一无良策。为了保命，奕山同意了广州知府余保纯的建议，举白旗投降。

白旗挂出两小时后，敌人的炮声果然停止，英军通知让奕山派人前去谈判。奕山派余保纯做他的代表，前去与英军谈判。实际上根本不是什么谈判，而是把早已写好的《广州和约》交给余保纯。余保纯一见条约规定，中国军队撤离广州城外60里；赔偿英军损失600万银元。余保纯不敢做主，将此和约带回。

奕山听余保纯说只要答应这些条件，英军就撤出虎门，他不顾国家的耻辱，民族的兴亡，连忙一口答应，并在和约上签了字。

第二天，奕山上奏折，竟厚颜无耻地吹嘘：

承蒙圣上天威，与英军大战，一举获胜。英夷将领跪在我们脚下，一再乞求通商，表示从此顺从我大清意志。臣不敢擅自做主，恳请皇上准奏。

昏溃无能的道光帝，阅了奏折后，信以为真，不仅答应与英通商，还赞扬了奕山。这样，英国在广州的特权越来越大，他们肆无忌惮的行径，引起中国人民强烈愤慨。

陈化成血战吴淞

正当英国军舰驶进长江口的时候，吴淞口的两江总督（江苏、江西和安徽三省的最高官员）官邸里，正发生激烈的争吵。

70多岁的江南提督陈化成激动地说："总督大人，如果我们不做好准备，洋人打过来怎么办？"

"洋人来了，我们也不能打。"总督牛鉴怪声怪气地说，"关天培和洋人打得多激烈，虎门还不是失守了。"

陈化成见牛鉴是个贪生怕死的卖国贼，知道再劝他也没什么用了，便气愤地离开总督官邸。临出大门时，他对牛鉴说："既然总督大人不敢应战，我陈化成只好以死保卫吴淞口了！"

自从离开广州，英国军队一路上烧杀抢掠，给中国人民造成了沉重的灾难。尽管各地军民英勇抵抗，可是由于官府腐败，厦门、镇海和宁波都丢了。现在英舰已经开到了吴淞口的长江水面上。吴淞口炮台有东西两座，两炮台由陈化成亲自驻守。

陈化成刚回到炮台，就听江面上传来了隆隆的炮声。他向远处一望，只见无数只英国军舰正朝炮台扑来。"马上准备，打跑洋鬼子。"陈化成一边下命令，一边和炮手们调准大炮，瞄向远方江面。

英国军舰越来越近，就连桅杆上的米字旗（英国国旗）都能看得清清楚楚。陈化成大吼一声："放炮！""轰轰——"随着一阵炮弹的轰鸣，前面的几艘军舰立刻冒了烟儿，船上高挂的米字旗也被打成碎片儿，在硝烟中飞散。

"轰轰——"又是一阵密集的炮弹打向江面。前面那几艘军舰还没来得及逃跑，就沉进了江里。

这时候东炮台的清兵深受鼓舞，也朝洋鬼子猛烈地开起火来。炮弹雨点般地打向敌舰，璞鼎查不得不下令英国舰队迅速后撤。牛鉴正要准备溜走，听说陈化成打退了洋人的进攻，也顿时来了精神。不过，他想的并不是怎么样彻底地打垮洋鬼子，而是要赶快趁机抢点功劳。他钻进八抬大轿，领着人急急忙忙地朝炮台奔来。

牛鉴来到江边时，英国舰队发起了第二次进攻。璞鼎查一见江岸上出现了大队人马，便下令朝岸上开炮。随着炮弹爆炸的巨响，队伍里立刻乱了起来。有一颗炮弹竟把牛鉴的轿子掀去了一半儿。这家伙正洋洋得意地想着美事儿，却不料一下子被翻倒在地上。他还以为是洋鬼子已经冲上岸了，便不顾浑身骨头摔得生疼，连滚带爬地钻进了乱糟糟的人群中。士兵们一见当官的都这副怕死的模样，也纷纷四处奔逃。别看牛鉴这个蠢货打仗没本事，逃跑倒挺内行。他甩掉朝服和顶戴花翎，将被炸死的一个清兵的衣服扒下来就披在了身上。

镇守东炮台的清兵看见总督大人只顾自己逃命，便也没有抵抗洋人的劲头儿。一个个争先恐后地逃下了炮台。西炮台的一些清兵一见这情景也转身想溜。陈化成愤怒地挥刀砍死了其中一个，然后大声吼道："谁敢逃跑，这就是下场！"

清兵们不敢乱动了，可是这时候炮弹又出了问题。许多炮弹根本打不响。英国军舰便趁机疯狂地向炮台扑来。同时，一部分洋鬼子从没人看守的东炮台上了岸，从背后向陈化成包围过来。

陈化成见前后都是敌人，便鼓励士兵们说："弟兄们，皇上把炮交给了我们。如果我们活着，炮台却丢了，我们还有什么脸面去见皇上和乡亲父老们呢！今天，我们就是死，也要死在炮台上。"说着，他拉开一名牺牲了的炮手，瞄准了一艘扑来的英舰，拉燃了大炮。没想到这颗炮弹没有打出去，却在炮膛里爆炸了。大炮一下子炸裂，陈化成的脸和前胸都被炸伤，就连眉毛和胡子都被血染成了紫红色。

这时候，后面扑来的洋鬼子已经冲上了炮台。他们哇哇怪叫着朝陈化成杀来。陈化成不顾自身的伤痛，挥舞着大刀与敌人拼杀起来。他一连劈死了3个洋鬼子，当他正扑向第四个时，一颗炮弹突然在他面前爆炸了。这位70多岁的老英雄倒在了血泊里。

"为陈大人报仇——"清兵们见陈化成死得如此壮烈，群情激慨，义愤填膺。最后，将士们全部英勇牺牲。鲜红的血水染红了炮台，也染红了炮台周围的江面。

攻下吴淞口后，英国继续沿长江向内地侵犯。他们踏着中国人民的鲜血，把繁华的水乡城镇燃烧成一片片瓦砾。最后，洋鬼子们一直杀到了南京城下。

在北京享福的道光帝听说洋人都打到南京了，吓得差点儿要了命。可是这个昏庸的皇帝，不但不竭尽全力去同侵略者决战，相反却派耆英等人去和洋人和谈。

在敌人大炮的威胁下，耆英等人全部答应了洋鬼子的无理要求，从而签订了中国历史上第一个不平等条约——《南京条约》。这个条约规定，中国把香港割让给英国，赔偿英国各种损失2100万元。同时，英国人正式获得了在中国领土上胡作非为的权力。这样，这次鸦片战争就以英国人的胜利结束。从此，中国开始沦为洋人的半殖民地。

《南京条约》签订以后，腐败的清王朝为了偿还给英国的赔款，更加残酷地剥削贫苦的老百姓。老百姓本来就已经处于水深火热之中了，这下就更没了活路。朝廷不让老百姓活下去，老百姓就自己找活路。鸦片战争后不久，就爆发了轰轰烈烈的太平天国运动。

关天培血溅虎门

卖国贼奕山还没有赶到广州，英军已探得琦善签署的《穿鼻草约》被废，恼羞成怒，于公元1841年2月25日，向虎门发动大规模的进攻。各防线在琦善的撤防命令逼迫下，已是兵微将寡，大炮无几，弹药又少，防御工事几乎全毁。英军很快攻下虎门前横档、永安二炮台，正挥军向虎门后的镇远、威远二炮台进发。这是虎门仅存的两座炮台，由军门关天培镇守。

关天培，已62岁的高龄，身材魁梧，威风凛凛。他是江苏山阳人，行伍出身，为人正直，历任江苏太湖营水师副将、江南提督，公元1834年调任广东水师提督。林则徐禁烟时，他与邓廷桢都是林则徐的得力助手，他巩固海防，训练水师，组织水勇，攻打英军，立下赫赫战功。

关天培深知虎门这最后两座炮台也难以守住。镇远和威远同样兵微将寡，弹药又不充足，防御设施也遭到琦善的破坏。想守住虎门谈何容易。老英雄抱定与虎门共存亡的决心，他立即召集全体将士，进行新的布防，他对将士们说："人可死，志不可侮。今日，吾等面对强敌，只有决一死战，以报国恩。关某在此，对天盟誓，关某在，炮台在，决不后退！"全体将士被老英雄的气概深深感动，禁不住异口同声高呼："吾等愿与大人同生死，与炮台共存亡！"这呼声震天撼地，这浩气大义凛然，这是中华儿女的豪迈气魄。

关天培此前已写好一封绝别家书。信上说：上不能报君恩，下不能敬养老母，又没能教子成材，这一切只能由我妻代劳了。今日为国捐躯，是死得其所。切勿悲哀，望你们多保重，教育子女，勿忘国家民族，永不与奸佞同流合污。信写好后，与自己贴身衣物包在一起，让自己的亲兵孙长庆带上东西回家侍奉年迈的老娘。孙长庆日常在关大人的教育影响下，也有一颗报国之心，这次让他走，他觉得这是临阵脱逃，跪在地上说："恶战已迫在眉睫，我愿与大人死在一起！信，还是派别人送吧。"关天培陈说道理，强制孙长庆离营回家，二人只好挥泪而别。

平静的海面，出现几个黑点，越来越大，越来越多，关天培在望远境内看到英舰正向我炮台进发。立即命令兵士，做好战斗准备。并告诫兵士说："我们的炮弹少，要提高命中率，让敌人全部进入我们的射程，瞄准后狠狠地打。"

英舰指挥台上站着乔治、义律和伯麦。义律对乔治说："这是关天培老将军的防地，我与他打过多次，他十分厉害，应该小心点好！"乔治说："琦善把他撤得一无兵，二无弹药，这是英雄无用武之地。今天，我们必胜！"

话音刚落，舰前落下一排炮弹，轰炸声吓得乔治等人赶紧后退。乔治镇定后，下令从三面包围过去，同时开炮，一定要摧毁关天培的主炮台。敌人仗着船多，弹药充足，三面围攻，万炮齐发。

关天培镇定自若，沉着应战。但是关天培弹尽无援，炮台又起火，英军乘势登上炮台，关天培手挥大刀，率领兵士与敌人展开肉搏战，大刀、长矛杀得敌人纷纷后退。英军人多势众，官兵伤亡越来越惨重，关天培杀得浑身是血，肩头、胳膊已多处受伤，眼看周围尽是英军，老英雄最后劈死一个英军后，仰天大呼："英人可恶，琦善可恨，天培从此殉国了。"手中的剑，向颈一抹，引颈自刎。

镇远、威远失陷，老英雄关天培与数百名官军全部壮烈殉国。虎门要塞镇远、威远炮台随后也相继失守，但数百官兵无一投降、退逃，全部战死。

关天培殉难后，他80多岁的老母打开孙长庆带回的木盒，那里面装的是关天培掉落的牙齿和几件旧衣服。

农民军抗英

虎门炮台失陷之后，英国军舰长驱直入，驶入省河，广州形势十分危急。《广州和约》墨迹未干，占领广州城郊各炮台的英军便不断窜扰西北郊三元里、西村、泥城、萧冈等村庄，抢劫烧杀，奸淫妇女，焚毁民房，甚至挖掘坟墓，盗取死者身上的财物，激起当地民众的极大义愤，纷纷组织团练准备抵抗。

1841年5月29日早晨，10多名英国侵略军又窜到三元里行凶抢劫，调戏妇女。三元里的菜农韦绍光看到这样的情景，立即组织几个青年，围住这伙英兵，用手中的锄头扁担，当场就打死了八九名。其余英兵见势不妙，纷纷逃跑。这件事很快传遍全村。

大家料到敌人一定会进行报复。为了迎接英军的大举进攻，进一步教训侵略者，三元里人民决心团结起来与敌人血战到底。全村的青年男女都聚集到村北的"三元古庙"前，推举韦绍光为领袖，定古庙前的三星黑旗为令旗，并集体对旗发誓："旗进人进，旗退人退，宁死不屈，打死无怨。"

为了动员更多的群众对付敌人，当天下午韦绍光便派人与附近乡村联络，不多久103乡的代表全部聚集到三元里的牛栏，四乡八里的农民早就对英军的暴行深恶痛绝。大家聚在一起，很快便制定出战斗部署：决定15岁以上，50岁以下的男子一律出动；各乡自成单位，备大旗大锣，"一乡锣响，众多齐出"；战斗时，采用"诱敌出击，聚而歼之"的策略；将牛栏冈作为决战的地点。一支反侵略的强大武装迅速组成。5月29日这一天，整个三元里都沸腾起来。

5月30日拂晓，各乡群众约五六千人，高举大旗，手持锄头、铁锹、木棍、石锤、刀矛、鸟枪，浩浩荡荡主动向英军占领的四方炮台攻击。

这时英军正在吃早饭，突然听到杀声震天，抬眼一看，漫山遍野都是手持刀矛、锄把和各式旗帜的人群。英军司令沃乌古留下部分英兵驻守炮台，率领2000多英军便向人群冲杀过去。

农民群众看到英军冲来，故意调头后退。英国侵略军不知是计，衔尾直追，越追越远，为加快速度，便于快捷，他们将大炮等辎重武器纷纷抛弃。英军一直追到牛栏冈，沃乌古一看地形，方觉不妙，正犹豫，忽听一声锣响，四面瞬时冒出一万多伏兵。英军被团团围住。漫山遍野的群众手持刀矛、铁锄等武器，杀向敌人，怒吼声震天动地，英军顿时乱了阵脚。慌乱迎战，短兵相接中，农民军越战越勇，敌人被杀得只有招架之功而无还手之力。活乌古慌忙下令撤退。沿途又有几万群众从四面八方涌出，追歼敌人。

正午时分，天色突变，浓云密布，雷电交加，大雨倾盆而下。英军穿着大皮鞋走在泥泞中，又重又滑，一个个摔得四脚朝天，其状狼狈不堪。火药又被雨水淋湿，洋枪真正成了摆设。雨越下越大，道路泥泞，英军寸步难行，饥寒交加，一个个落汤鸡似的，有的伏在棚架下，浑身哆嗦；有的丢下洋枪，叩头求饶。"乞命之声震山谷"。

农民军披着蓑衣，戴着斗笠，凭借大雨的助阵，越战越勇。妇女们烧饭送饭，支援前线。广州城郊的打石工人和丝织手工业工人闻讯也赶来支援。群雄歼敌，英军死伤无数。农民英雄颜浩长，手持长矛，英勇机智，一个人就杀死好几个侵略军，英军少校军官毕霞就死在他的长矛之下。

直到傍晚，英军始终未能突围出去，侵略者第一次在中国感到"可怕到了极点。"

牛栏冈这场激动人心的战斗共歼灭英军200多人，活捉10多人，打伤不计其数，还缴获大炮两门、洋枪无数。胜利的喜讯传遍四方。

第二天一早，广州附近的佛山、番禺、增城、花县、从化等400多乡的群众闻讯赶到三元里会师。10万多群众，密密地围住四方炮台，英军官兵魂飞魄散。赶来救援他们的头子义律，也被围困在里面。

这次围攻四方炮台，三元里等地人民采取的办法是：长期围困，断绝供应，将侵略军活活饿死。他们将队伍分成几部分，轮流放哨、防守和休息，密切注意敌军的行动，稍有动静，便迎头痛击。

英军看到农民军不直接攻打炮台，而是采取围困的手段，知道农民军是要将他们饿死在里面。眼见炮台上的粮食和弹药不多，侵略者连连叫苦，明白自己已面临灭顶之灾。

就在三元里等地人民大败英国侵略军，把他们围在四方炮台的时候，清朝官吏却装聋作哑，不但没有任何表示，反而依照《穿鼻条约》制定的休战协定，将清军撤离广州，退到离城60里的金山。这些清军路过四方炮台的时候，农民军邀请他们参加抗英战斗，遭到拒绝。这一切被英国侵略军看在眼里，知道了清朝政府的态度。

义律和沃乌古立即给广州知府余保纯发出一封求救信，由汉奸混出重围送到广州。余保纯接到信后，赶快送给朝廷派往广州的命官，皇帝的侄子奕山。这奕山生怕三元里等地的人民的抗英斗争坏了他的投降计划。马上派余保纯赶到三元里替英军解围。

余保纯匆匆徒步赶到三元里，一面向英军道歉，宣称："乡民的敌对行动，当局并不知道，也没有批准，而且乡民中并没有大清官员。"随后，又向村民打躬作揖，为英军讨饶，要求群众宽恕。他欺骗群众说："现在朝廷已和洋人和好，洋人不会再来了，大家快把英国军队放走吧。"村民可不买账，有人当面揭穿他的无耻行为。

余保纯看到欺骗不成，马上变脸，威胁群众说："你们不把英国军队放走，将来出了事，一切由你们负责。"群众不怕威胁，仍然坚持不散。余保纯一计不成，又生一计，转而去威胁参加斗争的绅士，这些在当地有名有势的地主及退役退职官僚，天生对官府就有一种从命心态。在余保纯的恐吓下，开始动摇，有的害怕起来，偷偷溜走了；有的逢迎官吏，反而劝诱群众解散。这样一来，群众的情绪受到很大的影响，终于也陆陆续续全部散开了。被困的英国侵略军在群众的唾骂声中仓皇逃走。

这场声势浩大的反侵略斗争，由于清朝官吏的破坏而被断送了。但是这场斗争的实际作用和历史意义是不可低估的。

6月7日，英军头子义律竟恬不知耻地要中国人民"后毋再犯"。广州人民也立即贴出告示，警告侵略者："若不退出虎门，自有千百烧船妙法，烧尔片帐不返。"并庄严宣告："不用官兵，不用国币，自己出力"，即可杀退侵略者。由于惧怕人民进一步反抗，英军不得不从广州撤退，此后在相当长的时间里也不敢在广州附近横行无忌。

三元里斗争的事实让英国明白，中国是不可征服的。三元里人民的抗英斗争，揭开了近代中国人民反侵略斗争的序幕。从此，中国人民的反帝、反封建烈火连绵不断。

裕谦殉国

英国侵略军在三元里被农民军打得失魂落魄，灰溜溜地退回香港。但他们并不甘心失败。英军统帅璞鼎查与海军少将巴尔克、司令沃乌古商议，决定自广东沿海北上攻打厦门。

此时正值中英鸦片战争进入白热化阶段，闽浙局势危急。

闽浙总督颜伯焘是满族人，非常痛恨洋鬼子。他极力称赞邓廷桢巩固海防的做法，他认为不能只是防守不进攻，对来犯之敌必须穷追猛打，一个不留地全部消灭。他上任后，造船50余艘，征召新兵，组织水勇，构筑炮台。他上奏道光帝，请求备战，却遭到道光帝的痛斥。道光帝还是一味求和的态度。

公元1841年8月21日璞鼎查留2000人守香港，率领4000人，50艘军舰攻向厦门。颜伯焘得到消息后，立刻指挥部下加强海上巡逻，做好战斗准备。中午时分，英军舰队悬挂着米字旗，渐渐靠近鼓浪屿，颜伯焘站在指挥台上，命令各炮瞄准敌舰，敌舰越来越近，已进入射程之内，颜伯焘命令："瞄准右前方，开炮！"数炮齐发，5艘英舰中弹起火。

颜伯焘笑道："打得好！打得好！瞄准，再打！"然而，此时鼓浪屿遭到英军三面攻击，清兵被打得措手不及，兵舰被击沉多艘，士兵伤亡过半。颜伯焘命令退到三座炮台坚守。并命三炮一齐向敌人开火，三炮齐轰，确实有威力，炸得敌人哇哇乱叫。无奈，炮台陈旧，炮弹太少，敌人兵多，炮火猛，三座炮台被毁，敌人乘机驾小艇登陆。颜伯焘一见，举起大刀，高喊："和敌人拼！"带领众官兵冲入敌群。怎奈敌众我寡，激战中总兵江继岩、副将凌志、都司王世俊、把总纪国庆和数百名官兵战死。颜伯焘悲痛万分，流着泪在部分军兵的保护下退出厦门。

英军占领厦门，无恶不作，激起厦门百姓的愤怒。他们秘密串联500多人，乘黑夜敌人熟睡时，悄悄摸到敌人驻地，举起大刀、长矛、锄头向鬼子头上猛砸。500多人大杀一阵后，神速撤走。天亮后，璞鼎查发现一夜间，糊里糊涂竟被打死100多人。吓得英军惶惶不可终日，璞鼎查无奈，只好退出厦门，转攻定海。

定海是浙江的门户，此时的两江总督叫裕谦。是蒙古镶黄旗人，公元1817年中进士，曾任荆州知府，后调任两江总督。他十分敬佩林则徐，上任后，增添火炮，训练水师，并上奏皇上，请求撤回裁兵节饷的决定，同样遭到道光帝的训斥。

英军攻下厦门时，移师北上。裕谦获此消息后，立即上奏道光皇帝，请求派两广总督奕山出兵香港，一可收回香港，二又解定海之围。道光帝同意，命奕山攻取香港。然而贪生怕死的奕山却一再宣扬"守为上策，攻战次之"，完全拒绝进兵香港的决策。

1841年10月1日，英军在强大炮火的掩护下向定海发动猛攻，葛云飞、王锡朋、郑国鸿3位总兵率5000守军同英军浴血奋战6昼夜后壮烈牺牲，定海再次失陷。

定海的失陷，犹如打开了通向镇海的大门，情况万分危急。裕谦准确地判断英军不久就会进攻镇海，他立即组织进一步加强防务，在城外易守难攻的招宝山金鸡岭一带部署重兵，准备抗敌。另一方面，为鼓舞斗志，他集众宣誓，激发将士们的爱国激情，坚定誓死保家卫国的决心。同时，为了以防万一，他将机密文件运往后方又在家属面前对后事作了详细交代。

10月9日，英军猛攻镇海外围清军阵地。裕谦冒着炮火登城指挥作战，激励官兵奋勇杀敌。这时曾以脚痛为由躲避会誓的浙江提督余步云竟从前沿阵地招宝山炮台指挥岗位擅自离开，跑回城里，要求裕谦派遣外委陈志刚赴敌舰和谈。裕谦听后怒不可遏，怒斥他："你何去何从自己选择吧。"

余步云碰了一鼻子灰，懊丧地回到招宝山炮台，不思悔改，反而变本加厉，在炮台上偷偷挂起白旗，向英军乞和。当英军继续进攻时，他竟临阵逃脱，从而导致招宝山守军全线溃退，炮台失陷。英军在招宝山得手后，便集中力量猛攻金鸡岭要塞，并利用招宝山的炮火，向金鸡岭轰击。守军顽强抵抗，将领谢朝思、托云保董祥等壮烈牺牲，到第二天，金鸡岭要塞也被攻占，这样，镇海城内完全暴露在居高临下的英军炮火之中。

10月10日，英军攻城的炮火越来越密。炮弹接二连三地在裕谦率军坚守的镇海东门内学宫附近爆炸，有几发炮弹落入学宫门前，激起股股冲天水柱。在这生死关头，裕谦决定"舍身成仁"，他将帅印交给副将丰申泰，叮嘱他把这儿的情况转告浙江巡抚刘韵珂，让他上报皇上。说罢，裕谦从容地走向泮池，丰申泰等人未能拦住，裕谦纵身跳入水中。

裕谦死后，朝廷追封谥号"靖节"。一代爱国忠臣终因其宁死不屈的英雄气概，深受人们尊敬。

金田起义

广西省桂平县紫荆山南麓，万峰重叠，形势险要。道光三十年十二月初十（公元1851年1月11日），即《南京条约》签订的第二年，一个叫金田的村寨，爆发了一场轰轰烈烈的农民起义，建号太平天国。历史上称这次起义为"金田村起义"。

太平天国农民革命运动的领袖洪秀全，是中国近代最早向西方寻找真理的人。洪秀全和太平天国另一创始人冯云山都是广东花县人。在鸦片战争及其以后的时期，广州是中国对外关系和内部社会关系剧烈震动的中心。出生于广州附近的这两个青年成了太平天国革命运动的创始人。

广州城北约100里，有个名叫官禄㙻的小山村，是洪秀全出生的地方。

他父兄都以耕田为生，家境中上，但世代都目不识丁。到了洪秀全 7 岁那年，父亲破例地送他到私塾读书，五六年间，就能熟读"四书""五经"。后来又自读中国史籍。在他十五六岁时，家境日趋贫困，他只好辍学务农。18 岁起，他开始在本村和邻村的蒙馆当塾师。一当就是 10 多年。在这期间，他多次到广州考秀才，均未考上。这一系列的遭遇，使他逐步建立一种新的宗教信仰。

比他年幼的冯云山，是他在任塾师时结识的朋友，也是一个乡村塾师，家境和洪秀全差不多，都是中农家庭出身的青年。

道光十六年（公元 1836 年）洪秀全到广州应试，没有考中，却偶然在街头从两个不相识的人手里得到了一部叫《劝世良言》的小书，带回家中，粗读了一下，便搁在了一边。第二年他又到广州应试，仍然失败，回家后生了一场大病。病中他感到被天使接到了天堂，一个庄严的老人向他指出妖魔迷惑世人的情形，并给予他宝剑，令他把闯上高天的妖魔一一逐入地狱，旁边还有个年轻人帮他斩妖，如此等等。到了道光二十三年（公元 1843 年）他重读 7 年前得到的这部小书，感到书中所述与那年"升天"时所见情形有很多地方非常相符。原来他在天上遇到的就是书上所说的上帝和上帝的儿子耶稣，而他乃是上帝的次子，那一次，上帝已交付他神圣的斩妖使命，让他下降凡间，拯救世人。

当初买这本书的时候，洪秀全万万没想到，这本书会对他今后的命运产生这么巨大的作用。这不仅改变了洪秀全，还由洪秀全创造了一段非凡的人类历史。《劝世良言》的作者梁阿发也没想到，他写的这部书到了洪秀全这样的读者手里，会使这部书发挥令人间震荡的作用。他怎么也没料到，以后的"拜上帝会""金田村起义"、建立太平天国农民政权，这部书起了启蒙的作用。

洪秀全本来一直为多次科举考试失败而愤懑，可新的信仰已让他下决心放弃从考场中找出路的打算。他已感到他肩担了改变社会腐朽黑暗、不公正现象的使命。他决定利用书中所说的一些宗教形式来发动组织群众，用他的新的宗教信仰作为医治这个社会的"福音"。

他找到了好友冯云山、族弟洪仁玕，把自己的梦境和《劝世良言》一书对他的启发告诉了他们。并表明了自己想成立拜上帝会的想法。1843 年夏季，洪秀全、冯云山、洪仁玕一同到石角潭举行了洗礼，"拜上帝会"正式成立，新会员多了起来。

最初，洪秀全和冯云山一直在家乡附近各村镇活动，吸收会员，宣讲教义。后来，他们砸了村塾里的孔子牌位。这些对封建社会圣贤的亵渎行为和对封建制度的造反行为，表明了他们与传统的封建观念彻底决裂的态度，因而遭到了当地封建势力的敌视。洪秀全、冯云山被赶出了私塾，而且在当地也无法容身，只好离开家乡到外地。这一出游成了"拜上帝会"活动的重大转折。

他们历经广州、顺德、南海等 10 多个地区，一直到了广西。他们沿途吸收会员，宣讲教义。在这种宣讲中，宗教信仰已和实际的阶级斗争紧紧地联系起来，成了一种所能利用的武器，但不久他们就发现拜上帝教的理论还很粗略，难以动员大批的人们入教。所以他们决定分头行动。

当年，洪秀全回到花县，他决心写出自己的传道书，让大家听了以后，就像说自己身边发生的事，这样才能引起民众的关注。于是他在家乡写了《原道救世歌》《原道醒世训》等作品，内容已远远超出了道德的、宗教的说教，他把农民的纯朴的道德观念加以发挥，启发群众走向严肃的斗争。许多矛头已明确地对准了清朝统治者。并在宗教的外衣下，为苦难的农民展示出值得为之奋斗的美好前景："天下多男人，尽是兄弟之辈，天下多女子，尽是姊妹之群，""乱极则治，暗极则光，天之道也。于今夜退而日升矣……行见天下一家，共享太平。"这一些鼓动民众奋起的主张，为以后太平天国革命奠定了理论基础。

洪秀全回到家乡写书时，冯云山到了广西桂平县的紫荆山区。紫荆山绵亘起伏，地势险要，是一个退可以守、进可以攻的军事要地。冯云山初到这里，人生地疏，举目无亲，只得靠出卖劳动力，帮人捡牛粪、打短工为生。后来因为他在吟诵一首诗时被人发现，而后到了一富户家做塾师。在两年多的时间里，他在这里举行了艰苦的宣传和组织工作。在穷苦农民和烧炭工人中间，发展了3000多拜上帝教会员。太平天国的重要领导人物如杨秀清、萧朝贵等，就是这期间发展入教的。紫荆山已成为发动太平天国革命的基地。

1847年8月，洪秀全也来到紫荆山，与冯云山再次相会。这时杨秀清、萧朝贵、石达开等也加入了"拜上帝会"。看到力量迅速发展壮大。洪秀全立即提议秘密建立军队，制造军械，筹备军费，规定纪律。一支农民武装逐渐形成。

为进一步发动群众，洪秀全和冯云山组织了一场破坏偶像、捣毁神庙的反神权斗争。捣毁象州甘王庙就是当时"拜上帝会"的最著名一次反神权斗争。甘王在当地群众心目中是一个最凶恶可怕的神。洪秀全、冯云山于1847年10月28日率领"拜上帝会"的群众数人，捣毁了甘王的塑像。甘王这个可恶的凶神被打倒，掀去了群众心中的重压，使得"拜上帝会"在群众中树立了极高的威信，他们在群众中的影响越来越大。这自然引起了封建势力的仇视，地主阶级的团练开始了对"拜上帝会"进行镇压。这样"拜上帝会"的宗教斗争就转化为反封建的政治斗争。

在这期间，冯云山曾被地主团体逮捕。在大家的努力下，9个月后他被救了出来。至此，"拜上帝会"与团练的斗争愈演愈烈。不仅紫荆山如此，整个广西农民起义都如火如荼，迅猛发展，洪秀全觉察到革命浪潮已经到来，于是向各地拜上帝教发出了"团营"（集中待命）的命令，命令大家在道光三十年十月一日（公元1850年11月4日）以前赶到金田村集合，准备起义。

两万多会众陆续赶到了金田村，会众中以农民为最多，其次是手工业工人，也有一部分游民、知识分子和地主商人。在这些会众中，以汉族为多数，其余还有壮族、瑶族、苗族等少数民族，这是一支以农民为主体，包括不同阶级、不同民族的农民革命武装。

道光三十年十二月初十日（公元 1851 年 1 月 11 日）是洪秀全的诞辰。就在这一天"拜上帝会"正式宣布起义，建号太平天国，公开宣告同整个封建势力对立。众多太平军战士立刻发出杀妖的呐喊，喊声震撼了紫荆山麓。历史上有名的金田起义就这么爆发了。

太平天国定都南京

道光三十年，奕詝继承皇位，即咸丰皇帝。十二月十日（公元 1851 年 1 月 11 日）洪秀全在广东金田起义。定国号为太平天国。他宣布五条军纪：一、听从命令；二、男女分营；三、秋毫莫犯；四、财产归公，团结和睦；五、同心合力，不得临阵脱逃。从此，举世震惊的太平天国革命开始了。

金田起义后的第三天，洪秀全挥师东进，首战于东岭，将尾追其后的广西提督向荣杀得大败而逃。洪秀全又乘永安空虚，挥得胜之师一举攻下永安，并在州城和城郊 70 多个村庄设营布防，严阵以待来犯之敌。在永安城，洪秀全正式称天王。开始封王建制，封杨秀清为东王、萧朝贵为西王、冯云山为南王、韦昌辉为北王、石达开为翼王、洪大全为德王，秦日纲、林凤祥等 40 余名首领，各称丞相、军师，军队由东王统一调度。

洪秀全占领永安，咸丰帝派赛尚阿率精兵 4000 前来围剿，洪秀全决定突围向西攻桂林。在突围中德王洪大全被俘，押北京后处死。攻击蓑衣渡，冯云山战死。但这没有影响太平军的士气，在天王洪秀全的率领下攻下永州、江华、永明、兰山、桂阳、郴州。大军直逼长沙，长沙守将骆秉章，防守严密，激战中西王萧朝贵又战死。洪秀全考虑不能停在一处，于是改攻宁乡、益阳、湘阴。占领了岳州府后又获得大批武器弹药。然后沿江而下，一举攻克汉阳、汉口，接着夺取了武昌，并休整军队，备粮草，造船只，准备东进。

咸丰三年（公元 1853 年）正月，太平军水陆并进，犹如霹雳闪电般破九江，夺安庆，大军直逼南京城。

镇守南京的两江总督陆建瀛，曾在湖北与太平军交战失利，退守南京，此人武功高深，但年岁太大。洪秀全、杨秀清二人站在南京城下，杨秀清指着脚下，小声说："我们从这向仪凤门城楼挖一条通道，然后用炸药轰开城墙，杀进去！"

洪秀全说："好！好办法！"

咸丰三年年初，太平军战士黎明前挖好一条通道，将炸药放入，点燃后，轰的一声，将城墙轰开一个大缺口，太平军士兵蜂拥而入。清兵对突如其来的太平军，慌忙应战，渐渐不敌，陆建瀛被太平军杀死，仪凤门被太平军攻下，接着城南聚宝门、水西门也被太平军占领。江宁守将祥厚、霍隆武在激战中被太平军杀死。12 天的战斗，清军死的死，降的降，整个南京城全部被太平军所占领。

3 月 22 日天王洪秀全，在大队人马的护卫下进入南京城，从此开创了太平天国的新天地，正式建立了与清王朝对峙的政权。

洪秀全进入南京后，在原总督府召开了各王及诸将会议。大殿正中坐着洪秀全，他的东侧身边坐着杨秀清。下面的太师椅上依次坐着：韦昌辉、石达开、林凤祥、胡以晃、赖汉英、陈玉成、李秀成、蒙得恩、赖文光、秦日纲等人。洪秀全环视一下说："在天父天兄的护佑下，我等顺利攻下南京，吾意在此建都，不知诸位认为如何？"各将领对此意见很不一致。林凤祥说："我认为建都南京、洛阳、汴京或是北京，都不是主要的。主要的是我们天国务要除妖净尽，占据全国，斗争不可半途而废。如若建都南京，稍事休整，就应扫清南京周围，下攻镇江、扬州；上取安庆、九江。最重要的是北伐，攻下清妖老窝北京！"

林凤祥的话有理有据，又有远大志向。洪秀全、杨秀清听后不得不赞扬几句。但二人关心的是建都，所以杨秀清接着说："我看，定都南京，大家并不反对，就这样定了。"

洪秀全还提出："把南京改做天京，即可颁布《天朝田亩制度》。实行耕者有其田，有饭同吃，有衣同穿，有钱同使，无处不均匀，无处不饱暖。"等等。

会后，杨秀清又建议扩建总督府为天王府，同时又修建了东王府、北王府、翼王府等。扩建后的天王府，洪秀全非常满意。周围10余里，内外两重，外城名曰太阳城，内城名曰金龙城。外城城门朝南，额朝称为真神荣光门，又称皇天门。内城为二门，称作真神圣天门。左右设钟鼓楼。进二门后有大殿名曰金龙殿，又称天父上帝真神殿，极为壮观。殿后为内宫，宫后建有后林苑。

洪秀全临朝，头戴纯金精制的王冠，金项链，身穿纯金纽扣的绣金龙袍。出门时，乘宫女手牵的金车。并与杨秀清制定了等级森严的礼制：官员一律乘轿。天王是64人大轿，东王为40人。东王每次出巡，仅仅仗队就有1000多人。见天王跪拜称万岁，见东王也跪拜称千岁。北王、翼王及百官见东王也需跪拜称千岁。

此时的洪秀全、杨秀清有些放松对清廷的进攻，在战略部署上也产生了分歧。两人各有各的打算，对现状偏于满足，杨秀清更是狂妄自大起来。在南京城东孝陵卫向荣的江南大营和扬州的江北大营，正是为了阻扼太平军向东、向北发展，并伺机夺取金陵。